청대 강남의 농업 경제

지은이 | 강 판 권

1961년 경상남도 창녕군 고암 출생
계명대학교 인문대학 사학과 졸업
계명대학교 대학원 역사학과 졸업(문학석사)
경북대학교 대학원 사학과 졸업(문학박사)
현재 계명대학교 인문대학 사학과 초빙전임강사

저서
『미국의 중국근대사 연구』(공역, 고려원, 1995)
『근대 동아시아 국제관계의 변모』(공저, 혜안, 2002)
『어느 인문학자의 나무세기』(지성사, 2002)
『생명에 관한 아홉가지 에세이』(공저, 민음사, 2002)
『공자가 사랑한 나무, 장자가 사랑한 나무』(민음사, 2003)

청대 강남의 농업 경제
강 판 권

2004년 4월 26일 초판 1쇄 인쇄
2004년 4월 30일 초판 1쇄 발행
펴낸이 · 오일주
펴낸곳 · 도서출판 혜안
등록번호 · 제22-471호
등록일자 · 1993년 7월 30일

⑨ 121-836 서울시 마포구 서교동 326-26번지 102호
전화 · 3141-3711~2 / 팩시밀리 · 3141-3710
E-Mail hyeanpub@hanmail.net

ISBN 89-8494-215-4 93910
값 20,000원

청대 강남의 농업 경제

강 판 권

혜안

머리말

　농업은 호흡과 같다. 숨을 쉬지 못하면 죽는 것처럼 농업이 죽으면 인간이 살 수 없기 때문이다. 그러나 현재 농업은 다른 분야에 밀려 벼랑에 서 있고, 나는 벼랑에 선 농업에 목숨을 걸고 있다. 내가 희망찬 분야가 아닌 벼랑에 선 농업에 목숨을 걸기로 작정한 것은 박사과정을 마친 직후였다. 그간 한번도 모험하지 않고 살았던 내가 논문 주제를 농업사로 바꾼 것은 일종의 '도박'이었다. 나는 무엇 때문에 모험할 수밖에 없었는가?

　당시 나는 먹는 문제를 비롯해서 어떻게 살지를 절박하게 고민할 수밖에 없는 처지였다. 절박한 상황에서 같은 처지인 농업을 선택한 것은 평생을 농업에 몸담고 계시는 부모님 덕분에 농업을 가장 잘 알기 때문이기도 했지만, 농업에 대한 이해 없이는 역사를 이해할 수 없었기 때문이다. 그러나 내가 농업을 선택한 것은 단순히 농촌 출신이라는 개인적 경험과 인류의 역사가 신석기 이후 산업혁명까지 농업의 역사였기 때문만은 아니다. 내가 농업을 선택할 때 고민한 것은 인류의 미래였다. 농업이 생명의 원천이기 때문이다. 나는 농업을 선택한 것이 아니라 생명을 선택했다. 생명에 관심을 갖는 순간 나의 삶과 학문과 인류의 미래는 결코 분리할 수 없다.

　선택만큼 어려운 일은 실천이다. 박사과정 지도교수이신 경북대학교의 김한식 선생님은 내가 선택한 길을 실천할 수 있도록 허락하셨다. 지금도 그 당시를 상기하면 아찔하다. 선택보다 누군가의 선택을 존중

하기란 결코 쉽지 않다. 김한식 선생님은 잠시 침통한 표정을 지은 뒤 나의 선택을 존중해 주셨다. 이는 내가 지금껏 학문에 종사할 수 있는 힘이다. 명지대학교의 정철웅 선생님은 내가 농업을 선택한 후 길을 안내한 분이다. 선생님은 내가 길을 묻기 위해 찾았을 때 학교 앞 국밥집에서 친절하게 길을 설명해 주셨다. 그때 선생님이 일러준 길은 아직도 내가 가야 할 곳이고, 함께 먹은 국밥은 아직도 나에게 에너지를 제공하고 있다.

한국에서 학위논문을 출판하는 일은 결코 쉽지 않다. 그래서 학위논문 출판에는 학자의 능력 이상으로 출판 관련자의 철학과 용기가 있어야 한다. 오일주 사장님은 내가 약간 수정·보완한 박사학위논문을 통해 이 땅에서 희망의 씨앗을 뿌릴 수 있는 기회를 주셨다. 아울러 편집자 여러분들은 희망의 씨앗이 발아할 수 있는 집을 만들어 주셨다.

2004년 4월
강판권(쥐똥나무)

목 차

머리말 5

1장 서론 15

2장 농서의 발달과 농업 생산기술 25
   1. 농서 편찬의 양적 추이와 그 특징 25
   2. 농서에 나타난 농업기술 34

3장 곡물 농업 생산과 수확량 71
   1. 인구 변동와 田地 規模 71
   2. 벼 품종의 양적 추이와 그 특징 85
      1) 벼 품종의 양적 추이 85
      2) 벼 品種의 特徵과 商品化 104
   3. 벼 收穫量과 米價動向 111
   4. 春花 농업의 발달과 그 특징 144
      1) 춘화 재배와 그 성격 144
      2) 맥·두가 동향 148

4장 곡물 생산력의 저하와 면·상 재배의 확대 155
   1. 자연재해와 곡물 수확량의 저하 155
      1) 수리시설의 미비와 자연재해 155
      2) 농작물 피해 규모와 수확량의 감소 161

2. 棉·桑의 재배 상황과 가격 동향 173
     1) 면·상 재배와 그 특징 173
     2) 棉·布·絲·紗價 動向 183

5장 농가 소득과 강남 농업의 성격 191

6장 결론 207

   附錄 1. 청대 강소성의 벼 품종 표 217
   附錄 2. 청대 강소성의 이맥·두 품종 표 240
   참고문헌 255
   찾아보기 279

표 목 차

<표 1> 농서 종류별 편수 27
<표 2> 1644~1850년 강소성 남부 출신 편찬 농서와 편찬 시기(1) 30
<표 3> 1644~1850년 강소성 남부 출신 편찬 농서와 편찬 시기(2) 31
<표 4> 1644~1909년 절강성 출신 편찬 농서와 편찬 시기 31
<표 5> 1657~1820년 강녕부의 인구와 전지 71
<표 6> 1683년 강녕부의 지역별 인구와 전지 72
<표 7> 1809년 강녕부의 지역별 인구와 전지 72
<표 8> 1658~1820년 진강부의 인구와 전지 73
<표 9> 1683년 진강부의 지역별 인구와 전지 73
<표 10> 1657~1820년 상주부의 인구와 전지 74
<표 11> 1645년~1691년 상주부의 지역별 인구(丁) 74
<표 12> 1683년 상주부의 지역별 인구와 전지 75
<표 13> 1644~1838년 상주부 정강현의 인구와 전지 75
<표 14> 1660~1838년 상주부 강음현의 인구와 전지 76
<표 15> 1657년~1830년 소주부의 人口 76
<표 16> 1674년·1810년·1830년 소주부의 지역별 인구 77
<표 17> 1674년 소주부의 지역별 인구와 전지 77
<표 18> 1830년 소주부의 지역별 인구와 전지 77
<표 19> 1657년~1820년 송강부의 인구 78
<표 20> 1657~1820년 송강부의 인구와 전지 79
<표 21> 1683년 송강부의 지역별 인구와 전지 79
<표 22> 1810년 송강부의 지역별 인구와 전지 79
<표 23> 1674년·1820년 태창주의 인구와 전지 80
<표 24> 1645년~1830년 태창주 가정현의 인구와 전지 81
<표 25> 1725년~1830년 태창주 보산현의 인구와 전지 81
<표 26> 청대 절강성의 인정·전무 수 83
<표 27> 嘉慶 25年 호주부·가흥부·항주부의 인구·전지·징세액 83
<표 28> 동치9년 호주부의 전·지·산·탕액과 징세액 84
<표 29> 청대 호주부 각 현의 인정 84

<표 30> 18세기 초 강녕부의 벼 품종 88
<표 31> 18세기 중엽 단양현의 벼 품종 89
<표 32> 17세기 말 常州府의 벼 품종 89
<표 33> 18세기 초 상주부의 벼 품종 90
<표 34> 18세기 중엽 상주부 강음현의 벼 품종 90
<표 35> 18세기 중엽 상주부 정강현의 벼 품종 90
<표 36> 17세기 말 소주부 상숙현의 벼 품종 92
<표 37> 18세기 중엽 소주부 상숙현의 벼 품종 92
<표 38> 18세기 중엽 소주부 곤산현의 벼 품종 93
<표 39> 19세기 초 소주부 곤산현·신양현의 벼 품종 93
<표 40> 18세기 초 송강부의 벼 품종 95
<표 41> 18세기 중엽 송강부 상해현의 벼 품종 96
<표 42> 18세기 중엽 송강부 청포현의 벼 품종 96
<표 43> 19세기 초 송강부의 벼 품종 96
<표 44> 18세기 湖州府의 벼 품종(1) 99
<표 45> 18세기 湖州府의 벼 품종(2) 99
<표 46> 19세기 湖州府의 벼 품종(1) 99
<표 47> 19세기 湖州府의 벼 품종(2) 100
<표 48> 19세기 湖州府의 벼 품종(3) 100
<표 49> 19세기 湖州府의 벼 품종(4) 100
<표 50> 19세기 湖州府의 벼 품종(5) 100
<표 51> 18세기 湖州府의 비 중복 벼 품종 101
<표 52> 19세기 湖州府의 비 중복 벼 품종 101
<표 53> 1718년 소주 향신·양회상인 1·2次 어도 수확량 114
<표 54> 1717년 강녕부 사민 어도 수확량 115
<표 55> 순치연간 송강부의 미가 120
<표 56> 강희연간 강녕부의 미가(1) 121
<표 57> 강희연간 강녕부의 미가(2) 123
<표 58> 강희연간 소주부의 미가 124
<표 59> 강희연간 소주부의 미가 125
<표 60> 강희연간 소주부 미가 126
<표 61> 강희연간 송강부의 미가 127
<표 62> 강희연간 송강부 상해현의 미가 128
<표 63> 옹정연간 소주부의 미가 131

<표 64> 옹정연간 소주부의 미가 132
<표 65> 옹정연간 소주부의 미가 132
<표 66> 옹정연간 소주부의 미가 133
<표 67> 건륭연간 강남의 미가 136
<표 68> 1832년 8월 강소성의 미가 140
<표 69> 1832년 9월 강소성의 미가 140
<표 70> 미 품질간 가격 차 141
<표 71> 1820년 강소성의 인구·전지·액징 전부·1인 무수 142
<표 72> 순치~강희시기 송강부의 맥가 148
<표 73> 순치~강희시기 송강부의 두가 149
<표 74> 강희연간 강녕부의 맥·두가 150
<표 75> 1832년 8월 강소성의 소맥·대맥·황두가 150
<표 76> 건륭~도광시기 소주부 수리 현황 159
<표 77> 순치~옹정시기 자연재해 상황 162
<표 78> 자연재해로 인한 곡가 165
<표 79> 건륭~도광시기 자연재해 상황 166
<표 80> 건륭~도광시기 재해로 인한 곡가 현황 170
<표 81> 순치~강희시기 송강부의 면화가 183
<표 82> 건륭시기 강남의 면화가격 184
<표 83> 순치~강희시기 강남의 면포가격 186
<표 84> 강희~건륭시기 소주부의 사 가격 188
<표 85> 강희 말 강남의 新絲 가격 189
<표 86> 1735년·1820년 강남의 인구 191
<표 87> 1735년·1820년 강남의 전지(무) 191
<표 88> 1735년 강남의 벼 생산량과 소득 192
<표 89> 1820년 강남의 벼 생산량과 소득 192
<표 90> 1735년 강남의 쌀 생산량과 소비량 205
<표 91> 1820년 강남의 쌀 생산량과 소비량 205

附錄 1. 청대 강소성의 벼 품종 표
  <표 1> 19세기 海州의 벼 품종 217
  <표 2> 18세기 淮安府의 벼 품종 217
  <표 3> 18세기 揚州府의 벼 품종( ) 217
  <표 4> 18세기 揚州府의 벼 품종 1) 217

<표 5> 18세기 揚州府의 벼 품종(2) 218
<표 6> 18세기 揚州府의 벼 품종(3) 218
<표 7> 19세기 揚州府 벼 품종(1) 219
<표 8> 19세기 揚州府의 벼 품종(2) 220
<표 9> 19세기 揚州府의 벼 품종(3) 220
<표 10> 19세기 揚州府의 벼 품종(4) 221
<표 11> 19세기 揚州府의 벼 품종(5) 221
<표 12> 18세기 松江府의 벼 품종(1) 221
<표 13> 18세기 松江府의 벼 품종(2) 222
<표 14> 18세기 松江府의 벼 품종(3) 222
<표 15> 19세기초 松江府의 벼 품종 222
<표 16> 19세기 말 松江府의 벼 품종 223
<표 17> 18세기 通州의 벼 품종 223
<표 18> 17세기 常州府의 벼 품종 223
<표 19> 18세기 常州府의 벼 품종(1) 224
<표 20> 18세기 常州府의 벼 품종(2) 224
<표 21> 18세기 常州府의 벼 품종(3) 224
<표 22> 19세기 常州府의 벼 품종(1) 224
<표 23> 19세기 常州府의 벼 품종(2) 225
<표 24> 19세기 常州府의 벼 품종(3) 225
<표 25> 19세기 常州府의 벼 품종(4) 225
<표 26> 18세기 通州의 벼 품종 225
<표 27> 17세기 太倉州의 벼 품종 226
<표 28> 18세기 太倉州의 벼 품종 226
<표 29> 19세기 太倉州의 벼 품종 226
<표 30> 18세기 鎭江府의 벼 품종 227
<표 31> 17세기 蘇州府의 벼 품종 227
<표 32> 17~18세기 蘇州府의 벼 품종 227
<표 33> 18세기 蘇州府의 벼 품종(1) 228
<표 34> 18세기 蘇州府의 벼 품종(2) 228
<표 35> 18세기 蘇州府의 벼 품종(3) 229
<표 36> 18세기 蘇州府의 벼 품종(4) 229
<표 37> 18세기 蘇州府의 벼 품종(5) 229
<표 38> 18세기 蘇州府의 벼 품종(6) 230

표목차 13

\<표 39\> 18세기 蘇州府의 벼 품종(7)　230
\<표 40\> 18세기 蘇州府의 벼 품종(8)　230
\<표 41\> 19세기 蘇州府의 벼 품종(1)　231
\<표 42\> 19세기 蘇州府의 벼 품종(2)　231
\<표 43\> 19세기 蘇州府의 벼 품종(3)　231
\<표 44\> 淸代 江蘇省의 非重複 벼 품종　232
\<표 45\> 淸代 江蘇省의 非重複 벼 품종　233
\<표 46\> 18세기 通州의 非重複 벼 품종　234
\<표 47\> 18세기 松江府의 非重複 벼 품종　234
\<표 48\> 19세기 松江府의 非重複 벼 품종　234
\<표 49\> 18세기 江寧府 非重複 벼 품종　235
\<표 50\> 18세기 常州府의 非重複 벼 품종　235
\<표 51\> 19세기 常州府의 非重複 벼 품종　235
\<표 52\> 18세기 鎭江府의 非重複 벼 품종　236
\<표 53\> 18세기 太倉州의 非重複 벼 품종　236
\<표 54\> 19세기 太倉州의 非重複 벼 품종　236
\<표 55\> 18세기 揚府의 非重複 벼 품종　236
\<표 56\> 19세기 揚府 非重複 벼 품종　237
\<표 57\> 17세기 蘇州府의 非重複 벼 품종　238
\<표 58\> 18세기 蘇州府의 非重複 벼 품종　238
\<표 59\> 19세기 蘇州府의 非重複 벼 품종　239

附錄 2. 청대 강소성의 이맥·두 품종 표
\<표 1\> 18세기 淮安府의 麥 품종(1)　240
\<표 2\> 18세기 淮安府의 麥·豆 품종(2)　240
\<표 3\> 18세기 淮安府의 麥·豆 품종(3)　240
\<표 4\> 19세기 海州의 麥 품종　240
\<표 5\> 18세기 揚州府의 麥·豆 품종(1)　241
\<표 6\> 18세기 揚州府의 麥·豆 품종(2)　241
\<표 7\> 18세기 揚州府의 麥·豆 품종(3)　241
\<표 8\> 18세기 揚州府의 豆 품종(4)　242
\<표 9\> 18세기 江寧府의 麥·豆 품종(1)　242
\<표 10\> 18세기 江寧府의 豆 품종(2)　242
\<표 11\> 19세기 揚州府의 麥·豆 품종(1)　243

<표 12> 19세기 揚州府의 麥·豆 품종(2) 243
<표 13> 19세기 揚州府의 麥·豆 품종(3) 244
<표 14> 19세기 揚州府의 麥·豆 품종(4) 244
<표 15> 18세기 通州의 麥·豆 품종(1) 244
<표 16> 19세기 通州의 麥·豆 품종(2) 245
<표 17> 17세기 常州府의 麥·豆 품종 245
<표 18> 18세기 초 常州府의 麥·豆 품종(1) 245
<표 19> 18세기 중엽 常州府의 麥·豆 품종(2) 246
<표 20> 19세기 常州府의 麥·豆 품종(1) 246
<표 21> 19세기 常州府의 麥·豆 품종(2) 247
<표 22> 19세기 常州府의 麥·豆 품종(3) 247
<표 23> 19세기 常州府의 豆 품종(4) 247
<표 24> 18세기 松江府의 麥·豆 품종(1) 247
<표 25> 18세기 松江府의 麥·豆 품종(2) 248
<표 26> 19세기 초 松江府의 麥·豆 품종 248
<표 27> 18세기 鎭江府의 麥·豆 품종 248
<표 28> 19세기 말 鎭江府의 麥·豆 품종 249
<표 29> 17세기 蘇州府의 麥·豆 품종 249
<표 30> 17~18세기 蘇州府의 麥·豆 품종 249
<표 31> 18세기 蘇州府의 麥·豆 품종(1) 249
<표 32> 18세기 蘇州府 麥·豆 품종(2) 250
<표 33> 18세기 蘇州府의 麥(3) 250
<표 34> 18세기 蘇州府의 麥·豆 품종(4) 250
<표 35> 18세기 蘇州府의 麥·豆 품종(5) 250
<표 36> 18세기 蘇州府의 麥·豆 품종(6) 250
<표 37> 18세기 蘇州府의 豆 품종(8) 251
<표 38> 19세기 蘇州府의 麥·豆 품종(1) 251
<표 39> 19세기 蘇州府의 麥·豆 품종(2) 251
<표 40> 19세기 蘇州府의 麥·豆 품종(3) 251
<표 41> 19세기 蘇州府의 麥·豆 품종(4) 252
<표 42> 17세기 太倉州의 麥·豆 품종 252
<표 43> 18세기 太倉州의 豆 품종 252
<표 44> 18세기 太倉州의 豆 품종 252
<표 45> 19세기 太倉州의 麥·豆 품종 253

1장 서론

 신석기에서 20세기 중반까지 농업은 중국의 주요 경제 기반이었다. 따라서 농업경제에 대한 이해는 중국의 경제를 이해하는 데 필수적이다. 특히 강남 농업은 당 중기 이후 중국 경제에서 높은 비중을 차지하였다. 그간 중국 농업사 연구가 강남 중심으로 이루어진 것도 강남의 높은 경제적 비중 때문이었다. 그간의 연구자들은 대부분 강남 경제를 중국 경제를 이해하는 중요한 기준으로 삼았을 뿐 아니라 명·청 시대의 전형으로까지 인식하였다. 강남 경제에 대한 이러한 평가는 중국 사회에 대한 성격 파악과 맞물려 있다. 즉 강남은 이른바 '資本主義萌芽論爭'에서 가장 주목받은 지역이었다. 이 논쟁은 현재 결론 없이 끝났지만 강남 경제에 대한 연구 수준을 높이는 데 크게 기여하였다. 아울러 이 논쟁은 강남 경제에 대한 인식 전환의 필요성도 제공하였다. 최근 활발히 이루어지고 있는 지역사 연구[1]는 강남 중심의 연구만으로는 중국의 경제 성격을 파악할 수 없다는 인식에서 출발하고 있다.
 지역사 연구는 중국의 사회경제적 실체에 접근하기 위해서는 선행되어야 할 작업이다. 물론 그간 강남에 대한 연구도 지역사 연구로 볼

---

1) 중국의 지역사 연구의 성과와 개념에 대해서는 閔斗基, 「中國史硏究에 있어서의 地方史硏究」, 『大丘史學』 30, 1986. 최근에는 중국, 일본, 대만뿐 아니라 歐美에서도 지역사회에 대한 관심이 높다. 이에 대해서는 鄭炳喆, 「明末淸初의 華北社會 硏究-動亂期 山東圈의 社會經濟的 諸樣相-」, 서울大學校 大學院 博士學位論文, 1996, 2쪽, 注 4) 참조.

수 있다. 그러나 그간의 강남에 대한 연구는 강남 전체를 하나의 단위로 분석하였다. 이러한 연구방식은 대체로 중국을 8개의 경제 구역으로 분류한 스키너의 방법론에 따른 것이다.2) 하천 유역별로 구분한 자연 지리적 단위와 밀접히 관련된 스키너의 지역도시 체계는 구성 요소 간의 기능적 상호 관계를 파악하는 데는 적당하다. 그러나 지리·경제적 결정 요소가 너무 배타적이라는 비판을 받고 있다.3) 더욱이 강남 전체를 하나의 단위로 분석할 경우 청대에 한층 확산되었던 강남의 사회경제적 기능 분화4)를 충분히 설명할 수 없다.

명·청대의 강남은 江寧府·鎭江府·常州府·蘇州府·松江府·杭州府·湖州府·紹興府 등으로 구성되어 있을 만큼 넓다.5) 이 지역은 유사한 사회 경제적 특성을 지니고 있는 경우도 있지만, 부 단위에서조차 상이한 특성을 지니고 있다. 따라서 강남에 대한 연구는 강남 전체를 하나의 단위로 분석하기보다는 분석지역을 세분화해야만 구체적인 실상에 접근할 수 있다. 본고에서 강남 지역, 그 중에서도 항주부와 소흥부를 제외한 강남을 각각 부 단위로 분석한 이유도 바로 여기에 있다. 한편 시기도 청대 전체를 파악하기에는 기간이 길 뿐 아니라 개항 이전과 이후간의 차이를 드러내는 데도 한계가 있다. 따라서 본고에서는 개항 전을 중점적으로 분석할 것이다.

강남은 북아열대 계절풍 기후로 온난·습윤한 곳이다. 또한 이 지역은 대부분 중성과 微산성토로 이루어진 평원이다.6) 그런데 강남도 지

---

2) William G. Skinner, *The City in Late Imperial China*, Stanford University Press, 1977, 211~249쪽.
3) Paul A. Cohen, *Discovering History in China, American Historical Writing on the Recent Chinese Past*, Columbia University Press, 1984/장의식 외 譯,『미국의 중국 근대사 연구』, 서울 : 고려원, 1995, 164쪽.
4) 吳金成,「中國近世의 農業과 社會變化」,『東洋史學硏究』41, 1992, 80쪽.
5) Li Bozhong, *Agricultural Development in Jiangnan, 1620-1850*, ST. Macmillan Press, 1998, 3쪽.
6) 강남의 지리 환경에 대해서는 張同鑄,『江蘇省經濟地理』, 湖北 : 新華出版

역에 따라 토양이 달랐다. 강소성 남부만 하더라도 소주부를 기점으로 소주부 북쪽과 송강부, 太倉州는 대체로 砂丘이며, 소주부 서쪽은 臺地와 구릉지이다. 이 같은 상이한 토양 조건은 농작물 재배에 영향을 주었다. 특히 송강부와 태창주는 元 이후 중국의 주요 棉業 지역이었으며, 소주부 남쪽과 절강성의 호주부·항주부·嘉興府는 명 이후 주요 桑재배 지역이었다. 이러한 강남의 지리 환경은 이 지역의 경제성장에 큰 역할을 하였다. 이 때문에 이 지역의 농업경제는 청조의 재정에 중요한 위치를 차지하고 있다.

강남의 농업경제에 대한 그간의 연구는 대체로 토지소유권·수확의 분배 방식 등 생산관계를 중심으로 이루어졌다. 그런데 농업 전반을 이해하기 위해서는 생산관계 이외 부문에 대한 연구는 간과할 수 없다. 최근 강남의 벼농업에 대한 연구,[7] 물가 연구,[8] 수리·유통 연구,[9]

社, 1993 ; 本書編寫組 編, 『中國地理槪覽』, 上海 : 東方出版中心, 1996 참조.
7) 川勝守, 『明淸江南農業經濟史硏究』, 東京 : 東京大學出版會, 1992 ; 趙岡 等, 『淸代糧食畝産量硏究』, 北京 : 中國農業出版社, 1995 ; 太湖地區農業史 硏究課題組 編著, 『太湖地區農業史稿』, 北京 : 農業出版社, 1991 ; 游修齡 編著, 『中國稻作史』, 北京 : 中國農業出版社, 1995 ; 李伯重, 「明淸時期江南 水稻生産集約程度的提高」, 『中國農史』 1984-1 ; 李伯重, 「桑爭稻田與明淸 江南農業生産集約程度的提高-明淸江南農業經濟發展特點探討之二-」, 『中 國農史』 1985-1 ; 李伯重, 「明淸江南農業資源的合理運用-明淸江南農業經 濟發展特點探討之 三-」, 『農業考古』 1985-2 ; 李伯重, 「明淸江南農種稻業 戶生産力初探-明淸江南農業經濟發展特點探討之四-」, 『中國農史』 1986-3 ; 李伯重, 「"天"·"地"·"人"的變化與明淸江南的水稻生産」, 『中國經濟史 硏究』 1994-4 ; 孔祥賢, 「江南各省的雙季稻是在康熙後期開始推廣的」, 『農 業考古』 1983-5·6 ; 游修齡, 「占城稻質疑」, 『農業考古』 1983-5·6 ; 閔宗 殿, 「江蘇稻史」, 『農業考古』 1986-11·12 ; 閔宗殿, 「明淸時期太湖農業發展 的道路」, 『農史硏究』 10, 1990 ; 足立啓二, 「明淸時代長江下流の水稻作發展 -耕地と品種として」, 『文學部論叢(熊本大學, 史學編)』 21, 1987 ; 川勝守, 「十六·十七世紀中國における稻の種類·品種特性とその地域性」, 『九州大 學東洋史論集』 19, 1991.
8) 岸本美緖, 『淸代中國の物價と經濟變動』, 東京 : 硏文出版, 1997 ; 王業鍵· 黃國樞, 「18世紀中國糧食供需的考察」, 中央硏究院近代史硏究所編, 『近代

면·상 작물·경영 형태 연구10) 등 일련의 연구들은 강남의 농업경제를 이해하는 데 큰 도움을 주고 있다. 그러나 기존의 연구는 적지 않은 성과를 낳았는데도 몇 가지 측면에서 보완할 필요가 있다.

첫째, 기존의 연구에서는 청대 강남의 농업 변화에 대해서 큰 관심을 보이지 않고 있다. 중국의 경제 변화에 대해서는 긍정적·낙관적 평가11)와 부정적·비관적 평가12)로 나누어져 있다.13) 이러한 서로 다

『中國農村經濟史硏究討會論文集』, 台北, 1989 ; 全漢昇, 「乾隆13年的米貴問題」, 『慶祝李濟先生70歲論文集』, 台北, 1972-2 ; 全漢昇, 「淸康熙年間(1662~1722) 江南及附近地區的米價」, 『香港中文大學中國文化硏究所學報』10-上, 1979 ; 全漢昇·王業鍵, 「淸雍正年間(1723-35)的米價」, 『中央硏究院歷史語言硏究所集刊』 30, 1972-2 ; 全漢昇·王業鍵, 「淸中葉以前江浙米價的變動趨勢」, 『中央硏究院歷史語言硏究所集刊』 外篇4, 1972-2 ; 黃國樞·王業鍵, 「淸代糧價的長期變動(1763-1910)」, Academia Economic Papers, vol. 9 No. 1, 1981 ; 岸本美緖, 「康熙年間の穀賤につにて」, 『東洋文化硏究所紀要』 89, 1982 ; 中山美緖, 「淸代前期江南の米價動向」, 『史學雜誌』 87-9, 1978 ; 則松彰文, 「雍正期における米穀流通と米價變動」, 『九州大學東洋史論集』 14, 1985 ; 則松彰文, 「淸代中期の經濟政策に關する一試論-乾隆13年(1748)の米貴問題を中心に-」, 『九州大學東洋史論集』 17, 1989.

9) 葉依能, 「明淸時期太湖地區市鎭發展之硏究」, 『農業考古』 1985-9·10 ; 足立啓二, 「大豆粕流通と淸代の商業的農業」, 『東洋史硏究』 37-1, 1978 ; 足立啓二, 「中國における近代への移行―市場構造を中心として―」, 中村哲編, 『東アジア專制國家と社會·經濟』, 東京 : 靑木書店, 1993 ; 川勝守, 「明末淸初, 長江デルタにおける棉作と水利(1)·(2)」, 『九州大學東洋史論集』 6·8, 1977·1979 ; 則松彰文, 「淸代における『境』と流通」, 『九州大學東洋史論集』 20, 1992 ; 三田明, 「淸代常州の浚河事業について」, 中國水利史硏究會編, 『佐藤博士退官記念中國水利史論叢』, 東京 : 國書刊行會, 1984.

10) 橫山英, 「淸代における踹布業の經營形態」, 『東洋史硏究』 19-3·4, 1981 ; 橫山英, 「淸代における包頭制の展開」, 『史學雜誌』 71-1·2, 1962 ; 田尻利, 「淸代の太湖南岸地方における桑葉賣買(上)」, 『鹿兒島經大論集』 27-4, 1987 ; 田尻利, 「淸代の太湖南岸地方における桑葉賣買(下)」, 『鹿兒島經大論集』 28-1, 1987 ; 足立啓二, 「明淸時代の商品生産と地主制硏究をねぐって」, 『東洋史硏究』 36-1, 1977 ; 足立啓二, 「明末淸初の一農業經營」, 『史林』 6-1, 1978 ; 寺田隆信, 「蘇州踹布業の經營形態」, 『東北大學文學部硏究年報』 18, 1968.

11) 吳承明・許滌新,『中國資本主義萌芽(中國資本主義發展史第一卷)』, 北京：人民出版社, 1985 ; Yen-p'ing Hao, *The Commercial Revolution in Nineteenth-Century China : The Rise of sino-Western Mercantile Capitalism*, Univ. of California Press, 1986 ; Loren Brandt, *Commercialization and Agricultural Development : Central and Eastern China, 1870-1937*, Cambridge Univ. Press, 1989 ; Hong Cheng, *The Rurel Commodities Market in the Yangzi Delta, 1920-1940 : A Social and Economic Analysis*, Univ. of California, Ph.D., diss., 1990.
12) Perkin, Dwight H., *Agricultural Development in China, 1369-1968*, Chicago, 1969 ; Elvin, Mark, *The Parttern of Chinese Past : A Scioal and Economic interpretation*, Stanford University Press, 1973/李春植・金貞姬・任仲爀 共譯,『中國歷史의 發展形態』, 서울 : 신서원, 1989 ; Elvin, Mark, "The Technology of Farming in Late-Traditional", ed.by R.Barker and R.Rose, *The Chinese Agricultural Economic*, Boulder, Colorado, 1982 ; Philip C.C.Huang, *The Peasant Family and Rural Development in the Yangzi Delta, 1350-1988*, SMC Publishing Inc. Taipei, 1992.
13) 중국 경제 변화에 대한 평가는 鄭哲雄,「중국 근대 경제 발전에 대한 접근 방법-Philip C.C.Huang의 연구 성과를 중심으로-」,『歷史學報』151, 1996 참조. 특히 필립 황은 중국사 이해에 대한 그간의 방법론을 비판하고, 새로운 방법론을 모색한 바 있다(Philip C. C. Huang, The Paradigmatic Crisis Chinese Studies, Paradoxes in Social and Economic History, *Modern China* Vol.17 No.3, July 1991). 필립 황은 상품화가 반드시 향촌의 현대화를 가져오지 않는다고 보고 있다. 즉 상품화는 인구 압력 때문에 일어난 것이지 이윤 때문이 아니라는 것이다. 아울러 그는 식량 생산보다 더 많은 노동력 투입을 요구한 상품 생산과 수공업 생산은 총생산을 증가시켰지만 동시에 생산성은 낮았다고 본다. 필립 황은 인구 압력과 토지 면적의 축소에 따른 이러한 상품화를 '過密型 商品生産'으로 부르고 있다. 반면에 Myers는 중국의 농촌 경제도 상품화를 통한 자본주의적 발전이 진행되었으나, 농업 기술의 낙후・정부의 부패와 무능・사회 기반 시설의 미비・자연재해 등으로 그 발전이 서서히 이루어졌다고 평가한다(Ramon H. Myers, How Did the Modern Chinese Economy Develop?-A Review Article, *The Journal of Asian Studies*, Vol 50-3, 1991). 필립 황의 중국사에 대한 방법론 모색은 최근까지 계속되고 있다(Symposium : Theory and Practice in Modern Chinese History Research : Paradigmatic Issues in Chinese Studies, V, *Modern China*, Vol.24 No.2, April 1998 ; Philip C. C. Huang, Biculturality in Modern China and in Chinese Studies, *Modern China* Vol.26 No.3, January 2000 ; Prasenjit

른 주장은 접근 방법의 차이에서 비롯되고 있다. 즉 전자는 농촌경제와 근대 공업과의 관련 속에서 변화를 모색하여 농촌의 외적 요소를 강조한 반면, 후자는 농촌경제의 내적 요소에 중점을 두었다.

양자의 주장은 농촌경제의 변화를 읽는 데 많은 도움을 주고 있다. 그러나 양자의 주장 중 전자의 경우는 외적 요인을 강조한 나머지 내적 요인을 소홀히 취급한 반면, 후자의 경우는 내적 요인을 강조한 나머지 외적 요인을 소홀히 다루고 있다. 그런데 청대의 농촌경제는 양측에서 주장하는 요소를 모두 지니고 있다. 문제는 그러한 요소를 어떻게 평가하느냐이다. 평가에 앞서 우선적으로 검토해야 할 것은 아편전쟁 전·후의 농촌경제를 구체적으로 분석하는 일이다. 특히 아편전쟁 전·후의 농촌경제는 구조적인 차이가 있기 때문에 두 시기를 나누어 검토할 필요가 있다. 따라서 본고에서는 아편전쟁 이전 시기에 관심을 두면서 개항 전 강남의 농업경제를 중점적으로 검토할 것이다.

둘째, 기존의 연구에서는 농업 생산기술에 소홀하였다. 생산기술은 한 시대의 생산 수준을 평가하는 가장 중요한 부분이다. 각 시대의 생산 수준을 이해하는 데 필요한 자료는 많지만 그 중에서도 농서는 생산기술을 이해하는 데 필수 자료이다. 그러나 그간의 연구에서는 農書에 대한 구체적인 분석이 상당히 부족했다. 특히 체계적인 淸代 農學史 연구는 찾아보기 어렵다. 이런 점에서 강남을 대상으로 한 농서 분석은 이 지역의 생산기술 수준을 이해하는 데 중요한 역할을 할 것이다.

셋째, 기존의 연구에서는 식량 작물과 면·상 재배 상황에 대해 구체적으로 분석하지 않았다. 식량 작물에 대한 분석은 이 시기의 농업기술은 물론 이 지역의 식량 사정을 이해하는 데 매우 중요하다. 그러나 그간의 연구에서는 벼와 이맥(二麥), 즉 대맥(大麥, 보리)과 소맥

Duara, Response to Philip Huang's "Biculturality in Modern China and in Chinese Studies", *Modern China* Vol.26 No.3, January 2000).

(小麥, 밀)에 대한 구체적인 분석은 미진하다. 특히 명대 이래 강남의 농가 소득에 크게 기여한 맥 재배 상황에 대한 검토는 이 지역의 농촌경제를 이해하는 데 큰 비중을 차지하는데도 이 부분에 대한 관심은 아주 부족하였다. 또한 맥 재배는 벼 재배 주기에도 영향을 주어 벼 생산에도 밀접하게 관련되어 있었다. 따라서 맥의 재배 상황은 벼 재배 상황을 이해하는 데도 중요한 부분이다. 아울러 곡물 재배는 면·상업의 비중을 이해하는 데도 중요하다. 그런데 그간의 연구에서는 면·상에 대한 평가도 각 지역별 재배 상황을 충분히 고려하지 않은 채 이루어졌다. 따라서 강남의 농업경제를 이해하기 위해서는 무엇보다도 식량과 면·상 작물에 대한 실상을 정확하게 파악해야 한다.

마지막으로 기존의 연구에서는 물가, 수리·유통, 면·상 작물, 경영 형태 등 개별 주제를 통해 강남의 경제 변화를 분석하였다. 물론 이러한 분석은 이 지역의 사회 경제를 이해하는 데 기여하였다. 그러나 강남 농업경제를 이해하기 위해서는 각 주제를 유기적으로 검토할 필요가 있다. 왜냐하면 곡물 재배는 곡물 소득과 밀접히 관련되어 있으며, 면·상 재배는 곡물 재배의 한계와 밀접히 관련되어 있기 때문이다. 또한 곡물 재배의 한계와 면·상 재배의 확대는 농업기술상의 문제, 그리고 자연재해 등과 관련되어 있기 때문이다. 따라서 강남의 농업경제를 이해하기 위해서는 각 분야를 유기적으로 검토해야만 그 실상을 정확하게 파악할 수 있다. 본고에서는 이러한 문제 의식 아래 다음과 같이 나누어 살펴보고자 한다.

2장에서는 농서의 발달과 농업 생산기술에 관해서 살펴보고자 한다. 우선 청 전·중기 강남을 대상으로 한 농서 편찬의 양적 추이를 검토할 것이다. 농서는 중요한 농업기술을 담고 있다. 따라서 농서 편찬의 양적 추이는 농업 생산을 이해하는 잣대 중 하나이다. 따라서 강남을 대상으로 한 농서 중 어느 시대·지역 출신이 어떤 종류의 농서를 편찬했는지를 검토하는 작업은 농학사 차원뿐 아니라 각 지역의 농업 상황을 이해하는 데 중요한 의미를 지닌다. 다음으로 강남을 대상으로 한 농서 중 곡물 농업과 면·상 업과 관련한 농서의 생산기술 내용을 구체적으로 검토할 것이다.

3장에서는 곡물 농업 생산과 수확량에 관해서 살펴보고자 한다. 우선 강남의 인구 변동과 경지 규모에 대해 검토할 것이다. 특히 각 지역의 인구 변동은 재배 작물은 물론 경지 규모, 나아가 물가, 농가 소득 등 각 분야에 영향을 미친다. 다음으로 각 지역별 벼 품종의 양적 추이를 살펴볼 것이다. 청대 벼농업의 변화 중 하나는 품종 수의 증가이다. 따라서 각 지역별 벼 품종의 양적 추이는 벼농업 발달과 밀접히 관련되어 있다는 점에서 중요한 의미를 지닌다. 그리고 벼 품종의 특징을 상품화와 관련해서 분석할 것이다. 아울러 다양한 벼 품종을 통해 어느 정도 수확하고 있는지에 대해 검토할 것이다. 각 시대별 畝當 생산량의 추이는 강남의 벼농업 수준을 가늠하는 데 중요한 의미를 지닌다. 그리고 이러한 벼는 과연 얼마에 판매되었는지에 대해서 검토할 것이다. 마지막으로 벼와 이모작 형태로 이루어진 맥 재배와 맥·두 가에 대해서도 살펴볼 것이다.

4장에서는 곡물 생산량의 저하와 면·상 재배의 확대에 관해서 살펴보고자 한다. 우선 자연재해와 곡물 생산량의 저하에 대해 검토할 것이다. 강남의 자연재해는 수리 시설의 미비와 밀접히 관련되어 있었다. 특히 道光(1821~1850) 시기 강남의 곡물 생산량의 저하는 생산기술의 한계와 더불어 이 지역의 빈번한 자연재해 때문이었다. 강남의 면·상 재배의 확대는 이러한 상황에서 이루어졌다. 또한 면·상 재배의 확대는 면·상 제품의 가격 동향과도 관련되어 있다. 따라서 면·상 재배 상황을 면·상 제품의 가격과 관련해서 분석할 것이다.

5장에서는 농가 소득과 강남 농업의 성격에 관해서 살펴보고자 한다. 농가 소득은 농업 생산 수준을 가늠하는 중요한 잣대이다. 이 장에서는 곡물과 면·상 생산량과 가격을 통해 농업 생산 수준이 어느 정도였는지를 검토하고자 한다. 우선 강남의 곡물, 그 중에서도 벼 산출량과 농가 소득을 검토하고, 소주부와 송강부의 예를 통해 면·상 소득에 대해 살펴볼 것이다.

　농업 생산기술, 곡물 농업 생산량과 가격, 면·상 생산과 가격 등을 통한 강남의 농업경제 분석은 우선 개항 이전 중국 선진 지역의 곡물 농업의 변화와 수준을 이해하는 데 도움을 줄 것이다. 아울러 강남에 대한 각 지역별 곡물과 면·상 재배 현황 분석은 강남의 농작물 분포를 이해하는 데 기여할 것이다. 특히 곡물 생산량의 저하에 따른 면·상 재배에 대한 구체적인 분석은 개항 이후 면·상, 그 중에서도 상 재배가 농가 소득에 큰 비중을 차지한 배경을 이해하는 데도 도움을 줄 것이다.

2장 농서의 발달과 농업 생산기술

1. 농서 편찬의 양적 추이와 그 특징

 농서는 농업 기술·생산에 관한 여러 문제, 농업 기술·생산에 기초한 사회 형태가 반영되어 있다. 따라서 농서는 편찬 시기의 농업 생산의 발전 정도와 생산 기반을 파악하는 데 중요한 자료이다. 물론 농서가 농업 상황을 빠짐없이 담고 있지 않기 때문에 농서를 통해 농업 생산을 이해하는 데는 일정한 한계도 있다. 그러나 어느 시점에서 농서가 편찬되고 그것이 이용·보급되었다면, 농서의 생산기술은 농업 생산의 일정한 지침이 되었을 것이다. 따라서 농서는 편찬 시기는 물론 그 이전 시기의 농업 기술·생산을 이해하는 중요한 지표이다. 이런 점에서 농서 편찬의 양적 추이는 농서의 보급을 전제로 할 경우 농업 기술과 생산을 이해하는 데 중요하다.
 청대의 농서가 몇 편인지에 대해서는 의견이 다양하다. 국내에서 유일하게 농서의 편수를 언급하고 있는 吳金成의 글[1]에서는 중국 역사상 나타난 농서가 대개 500여 편이고, 그 중에서 명·청대에 280여 편인 것으로 파악하고 있다. 오 교수의 이 같은 지적이 어디에 근거한 것인지는 출처를 밝히고 있지 않아 알 수 없다. 또한 명대와 청대를 구분하고 있지 않아 청대에 몇 편의 농서가 간행되었는지도 불분명하다.

---

1) 吳金成, 앞의 논문, 119쪽.

그런데 농서 수를 확인하는 방법 중의 하나는 농서 목록을 이용하는 것이다. 그간 간행된 대표적인 농서 목록은 王毓瑚의『中國農學書錄』2)일 것이다. 先秦에서 民國 17년(1928)까지의 농서를 수록하고 있는 이 목록의 전체 농서는 542편이며, 그 중 현존 농서는 289편, 遺失 농서는 253편이다. 이 중 청대 농서는 200편으로 전체 농서의 36.9%를 차지하고 있다. 그러나『중국농학서록』은 1957년에 初刊되었기 때문에 누락된 농서가 상당히 많다. 특히 蠶桑 농서가 많이 누락되어 있다. 한 연구에 의하면『중국농학서록』에 수록되지 않은 명·청대의 잠상 농서는 204편이며, 그 중 청대의 잠상 농서는 197편이다.3) 이는『중국농학서록』에 수록되어 있는 청대의 잠상 농서 30종에 비하면 크게 증가한 양이다. 그러나 이 연구도 명·청대의 잠상 농서를 정확하게 분석한 것은 아니다. 1980년에 출판된 華德公의『中國蠶桑書錄』4)에는 잠상 농서가 명대 17편, 청대(1911년까지) 216편이 수록되어 있다. 그리고 1995년에 간행된 中國農業百科全書總編纂委員會의『中國農業百科全書 農業歷史卷』5)에는 총 691편이 수록되어 있다. 이는 앞의 두 목록에서 검토한 총 편수에 비해 적지만, 이 가운데 청대의 농서가 469편으로 전체 농서의 67.8%를 차지하고 있을 만큼 이전 목록의 농서 편수에 비해 많다. 이처럼 농서 목록상 중국의 전체 농서는 최소한 818편이며, 그 중 청대의 농서는 469편이다.

농서 목록에 따라 농서의 편수도 다르지만 아직 편찬 농서를 정확하게 알 수 없다. 왜냐하면 아직 미발견 혹은 미간행 농서가 아주 많기 때문이다. 최근 王達의 농서 목록6)에 따르면, 명·청대의 농서는 1,388

---

2) 王毓瑚 編著·天野元之助,『中國農學書錄』, 東京:龍溪書舍, 1975.
3) 游修齡,「淸代農學的成就和問題」,『農業考古』1990-19·20, 158쪽.
4) 華德公,『中國蠶桑書錄』, 北京:農業出版社, 1990.
5) 中國農業百科全書總編纂委員會,「中國古農書存目」,『中國農業百科全書(農業歷史卷)』, 北京:農業出版社, 1995, 474~486쪽.
6) 王達,『中國明淸時期農書總目』,『中國農史』2001-1, 102~113쪽;『中國農

종이다. 왕달의 농서 목록에서 청대의 농서만 정리하면 1,014종으로, 청대의 농서가 절대다수를 차지한다. 명대의 농서는 겨우 374종에 불과하다.7) 이처럼 중국의 농서 편찬 수는 앞으로도 계속 나올 가능성이 높다. 따라서 현재 중국의 농서 수를 섣불리 속단하는 것은 바람직하지 않다.

한편 청대 농서를 기존의 농서 목록 중 토대로 종류별·시대별·출신지별로 검토해 보자.8) 우선 종류별 편수를 살펴보면 다음 <표 1>과 같다.

<표 1> 농서 종류별 편수

종류 \ 시대	『中國農學書錄』『中國蠶桑書錄』		『中國農業百科全書』	
	全體	淸代	全體	淸代
綜合類	132	35	99	58
氣象·占候類(植物·氣象·占候)	19	6	30	16
耕作·農田水利類	31	21	54	45
農具類	3	1	6	3
大田作物類	12	7	47	44
竹木·茶類	28	3	54	17
蟲害防治類	10	10	28	25
園藝通論類	29	9	164	84
蔬菜·野菜類	17	4		
果樹類	19	7		
花卉類	107	50		
畜牧·獸醫類	81	9	35	20
水産類	12	4	22	9
蠶桑類	265	216	152	148

史』 2001-2, 104~109쪽;『中國農史』 2001-3, 104~112쪽;『中國農史』 2001-4, 106~110쪽;『中國農史』 2002-1, 74, 108~113쪽.

7) 王達의 농서 목록의 특징에 대해서는 姜判權,「郝懿行의『寶訓』과 淸代 山東省 棲霞縣의 農業」,『大丘史學』69, 242~244쪽 참조.

8) 단지 여기서는 왕달의 농서 목록은 지역을 알 수 없기 때문에 제외하였다.

청대 농서 중 두드러진 특징 중의 하나는 잠상류가 차지하는 비중이 높다는 점이다. 특히 청대의 잠상 농서 216편은 중국 전체 잠상 농서 265편의 82%에 해당한다. 이는 잠상 농서가 중국 농업사에서 높은 비중을 차지하고 있음을 통계로 보여주는 것이다. 또 하나의 특징은 蟲害防治 관련 농서의 절대다수가 청대에 편찬되었다는 점이다. 이 역시 청대에는 이전 시기에 비해 병충해 방지법을 갖추고 있었음을 보여주는 것이다. 청대는 물론 중국 농서 중 가장 적은 분야가 농구 농서라는 점도 하나의 특징이다. 중국 전체 농서 중 농구서는 6편에 불과하다. 이러한 현상은 당시 농구에 대한 관심이 다른 분야에 비해 적었거나, 농구의 발달이 다른 분야에 비해 훨씬 더디었다는 사실을 반영한 것으로 볼 수 있다. 이외에 청대의 농서는 앞 시대에 비해 실용 조작 기술이 풍부·상세하고, 각 지역의 지형·토질·기후 등이 서로 다른 점에 유의하여 지역적 특성에 맞는 농서가 증가하였다. 또한 농장 경영 관리에 관한 전문 농서가 출현하였으며, 서양의 식물학을 흡수하였다는 특징을 지니고 있다.[9] 그러나 청대 농학 수준이 앞 시대에 비해 나아졌더라도 서양과 비교하면 분명한 한계도 있었다. 우선 농학이론 부분에서도 楊屾이『知本提綱』에서 南宋 陳敷의 '常新論'과 明 馬一龍의 '陰陽化生論'을 계승·발전시켰지만, 근대 화학 지식과 화학원소 분석이 부족하여 동시대 서양의 수준에는 도달하지 못했다. 나아가 과학기술 경시와 생물과학의 낙후도 농학 발전을 저해하는 요인이었다.[10]

마지막으로 농서 편찬자의 출신지를 살펴보자. 綜合類 35편 중 절강 4명, 강소 3명, 산동 5명, 섬서 4명, 사천 2명, 안휘 1명, 호북 2명, 호남 5명, 산서 1명, 하북 2명, 복건 1명 등이다. 농업 기상·占候類 6편 중 절강 1명, 사천 2명, 호북 1명, 호남 1명, 복건 1명 등이다. 耕作·農田水利類 21편 중 절강 1명, 강소 5명, 산동 1명, 섬서 1명, 호북 1명, 호

---

9) 游修齡·吳金成, 앞의 논문.
10) 游修齡, 앞의 논문, 161~164쪽.

남 3명, 산서 1명, 하북 1명, 복건 1명, 강서 2명 등이다. 농구류 1편(5편 미확인)은 강소이다. 大田作物類 7편 중 복건 1명, 강소 3명, 하남 2명 등이다. 竹木·茶類 3편 중 복건 1명, 강소 1명, 운남 1명 등이다. 蟲害防治類 10편 중 강소 2명, 절강 1명, 하북 1명, 섬서 1명, 복건 1명 등이다. 園藝通論類 9편 중 강소 2명, 절강 4명, 호남 1명 등이다. 蔬菜·野菜類 3편 중 강소 1명, 호북 1명, 절강 1명 등이다. 과수류 7편 중 복건 2명, 강소 2명, 광동 1명, 절강 1명 등이다. 화훼류 50편 중 강소 14명, 절강 9명, 호북 1명, 사천 1명, 강서 2명, 산동 5명, 안휘 1명, 귀주 1명, 호남 1명 등이다. 축목·獸醫類 9편 중 산동 1명, 절강 1명, 강서 1명, 호북 1명, 사천 1명 등이다. 수산류 4편 중 복건 2명, 산동 1명 등이다. 잠상류 216편 중 산동 14명, 절강 34명, 광동 6명, 강소 21명, 섬서 7명, 안휘 14명, 사천 8명, 강서 5명, 호남 7명, 광서 2명, 봉천 1명, 귀주 10명, 운남 4명, 길림 3명, 호북 4명, 산서 3명, 하남 5명, 하북 4명 등이다.

청대 농서 편찬자의 출신지는 절강 56명, 강소 55명, 산동 27명, 호남 18명, 안휘 16명, 사천 14명, 섬서 13명, 호북 11명, 강서 10명, 귀주 11명, 하북 8명, 하남 7명, 광동 7명, 산서 5명, 운남 5명, 길림 3명, 광서 2명, 봉천 1명이다. 이 같은 농서의 출신지 통계에서 다음과 같은 몇 가지 사실을 알 수 있다.

우선, 절강과 강소 두 지역이 전체 농서의 약 30%를 차지하고 있다는 점이다. 두 곳은 청대 농업의 선진 지역이다. 물론 농서의 출신지 비율이 그 지역의 농서 편찬 비율과 반드시 일치하지는 않지만, 농업 선진지역 출신들이 농서를 가장 많이 편찬하였으며, 이는 곧 이들 지역 출신자들이 농업에 대한 지대한 관심을 의미한다. 아직 각 농서의 대상 지역을 하나하나 검토하지 않았지만, 농서의 대부분이 농서 편찬자의 출신지 혹은 인근 지역을 대상으로 하고 있다는 점을 고려하면, 농서 출신지 비율은 그 지역의 농업과 밀접히 관련되어 있다. 그런데 잠상 농서를 제외한 농서 편찬은 강소 34명, 절강 22명으로 강소 출신자가 많다. 또한 출신지 비율은 농서의 비율과 마찬가지로 잠상 농서가 중요한 변수로 작용하고 있다. 특히 절강의 농서는 절반 이상이 잠상 농서이다. 이처럼 절강 출신이 편찬한 잠상 농서의 비율은 이 지역이 중국의 주요 잠상 생산지였다는 사실과 일치한다.

<표 2> 1644~1850년 강소성 남부 출신 편찬 농서와 편찬 시기(1)

種 類	編纂者	出身地	農書名	時期
綜合類	姜皐	上海(松江)	浦泖農咨	1834
氣象・占候類				
耕作・農田水利類	陸世儀	太倉	思辨錄輯要	1661~1662
	陳瑚	太倉	築圍說	明末~淸初
	潘曾沂	吳縣(蘇州)	豊豫莊本書	1834
	奚誠	吳縣(蘇州)	多稼集(畊心農話)	1832~1847
農具類	陳玉璂	武進(常州)	農具記	康熙年間
大田作物類	陸燿	吳江(蘇州)	甘藷錄	乾隆年間
	陸燿	吳江(蘇州)	煙譜	乾隆年間
	褚華	上海(松江)	木棉譜	乾嘉年間
竹木・茶類				
蟲害防治類				
園藝通論類	盛國芳	上海(松江)	老圃志	順治年間
蔬菜・野菜類				
果樹類	陳鼎	江陰(常州)	荔枝譜	康熙年間
	褚華	上海(松江)	水蜜桃譜	1813
花卉類	鈕琇	吳江(蘇州)	亳州牧丹述	1683
	陸廷燦	嘉定(松江)	藝菊志	1718
	秋一桂	無錫(常州)	洋菊譜	1756
	朱克柔	吳縣(蘇州)	第一香筆記	1796
	楊鍾寶	上海(松江)	互荷譜	1808
	屠用寧	荊溪(常州)	蘭蕙鏡	1811
	張光照	宜興(常州)	興蘭譜略	1816
	許兆熊	吳縣(蘇州)	東籬中正	1817
	閔廷楷	吳縣(蘇州)	海天秋色譜	1838
	顧祿	吳縣(蘇州)	藝菊須知	1838
畜牧・獸醫類				
水産類				

출처 : 왕육호 편저・天野元之助 校訂, 『中國農學書錄』에서 정리.

<표 3> 1644~1850년 강소성 남부 출신 편찬 농서와 편찬 시기(2)

種類	編纂者	出身地	農書名	時期
蠶桑類	朱斌	常熟(蘇州)	蠶桑指要	1725
	葉世倬	上元(江寧)	蠶桑須知	1809
	狄繼善	溧陽(鎭江)	蠶桑問答	道光年間
	陸獻	丹徒(鎭江)	山左蠶桑考	1827
	陸獻	丹徒(鎭江)	課桑事宜	1827
	沈練	溧陽(鎭江)	蠶桑說	道光末
	何石安 等	丹徒(鎭江)	蠶桑合編	1843
	鄒祖堂	宜興(常州)	蠶桑事宜	1849

출처 : 화덕공 편저, 『중국잠상서록』에서 정리.

<표 4> 1644~1909년 절강성 출신 편찬 농서와 편찬 시기

種類	編纂者	出身地	農書名	時期
蠶桑類	張履祥	桐鄕	補農書	1725
	張炎貞	烏靑	烏靑文獻	1688
	王忠淸	仁和	東南蠶事論	淸初
	沈潛	秀水	蠶桑說	청초
	胡煒	湯溪	胡氏治家略	1758
	沈炳震	歸安	蠶桑樂府	
	崔應榴	海寧	蠶事統紀	18세기 중·후기
	李聿求	海鹽	桑志	건륭·가경연간
	陳斌	德淸	蠶桑雜記	
	高銓	歸安	蠶桑輯要	가경연간
	高銓	歸安	吳興蠶書	가경연간
	宗星藩	錢塘	蠶桑說略	1868
	董開榮	烏程	育蠶要旨	
	沈秉成	歸安	蠶桑輯要	1871
	兪墉	湖州	蠶桑述要	1873
	汪日禎	烏程	湖蠶述	1874
	黃世本	錢塘	蠶桑簡明輯說	
	張行孚	安吉	蠶桑要略	1871-광서 초기
	石桂芬	新昌	勸種蠶說	1894
	呂廣文	新昌	蠶桑要言	1896
	鄭文同	桐鄕	蠶桑輯要	
	王景松	會稽	蠶桑芻言	
	秦枬	臨海	楓蠶通說	1909

출처 : 화덕공 편저, 『중국잠상서록』에서 정리.

한편 강남의 농서 편찬자와 농서명, 편찬자의 출신 지역, 편찬 시기 등을 강소성 남부를 대상으로 살펴보면 위의 <표 2·3·4>와 같다.

위의 표를 통해 강소성 남부의 농서 편찬의 양적 추이를 종류별·시기별·출신지별로 검토해 보자. 우선 종류별로 살펴보면, 종합류 1편, 경작·농전수리류 4편, 농구류 1편, 대전작물류 3편, 원예통론류 1편, 과수류 2편, 화훼류 10편, 잠상류 8편 등 30편이다. 그 중에서도 곡물 관련 농서류가 9편, 화훼·잠상 등 경제작물류의 농서가 21편이다. 시기별로 검토해 보면, 청 전기(1644~1735)에 8편, 중기(1736~1840) 22편이다. 그리고 전기에 편찬된 농서의 종류는 곡물류 4편, 화훼 2편, 잠상류 1편 등이다.

출신지별로 살펴보면, 청 전기에 상해현 1명, 가정현 1명, 태창주 2명, 상주 2명, 소주 1명이다. 청 중기에는 상해 3명, 오현 6명, 오강현 2명, 가정현 1명, 강음현 1명, 상원현 1명, 의흥현 2명, 무석현 1명, 형계현 1명, 율양현 2명, 단도현 3명 등이다. 다시 府別로 정리하면 청 전기에는 태창주 2명, 상주부 2명, 송강부 2명, 소주부 1명 등이다. 청 중기에는 송강부 4명, 소주부 8명, 상주부 4명, 강녕부 1명, 진강부 5명 등이다. 농서 종류를 부별로 분석해 보면, 종합류 송강부 1편, 경작·농전수리류 태창주 2편, 소주부 2편, 농구류 상주부 1편, 대전작물류 소주부 2편, 송강부 1편, 원예통론류 송강부 1편, 과수류 상주부 1편, 송강부 1편, 화훼류 송강부 2편, 상주부 3편, 소주부 4편, 잠상류 강녕부 1편, 상주부 1편, 진강부 5편 등이다.

강소성 남부 출신의 농서 편찬의 양적 추이를 통해 아래와 같은 몇 가지 특징을 발견할 수 있다. 우선 종류별 농서 편찬을 보면 곡물류에 비해 경제작물류의 농서가 2.3배 많다. 이러한 농서 종류의 양적 차이는 편찬 시기와 밀접히 관련되어 있다. 즉 청 전기에는 8편의 농서가 편찬된 반면 중기에는 22편이 편찬되었다. 중기의 농서가 전기에 비해 2.7배 많다. 이는 강소성 남부의 농서 편찬이 중기에 접어들면서 곡물류에서 경제작물류로 중심으로 이루어지고 있음을 보여주는 것이다. 다음으로 지역별로 검토해 보면, 청 전기에는 태창주 2명, 상주부 2명, 송강부 2명, 소주부 1명 등 강소성 남부 중 서쪽에 위치한 강녕부와 진강부 출신의 농서 편찬은 보이지 않는다. 반면에 청 중기에는 송강부 4명, 소주부 8명, 상주부 4명, 강녕부 1명, 진강부 5명 등으로 강녕부와 진강부 출신의 농서 편찬이 이루어지고 있다. 이는 청 중기의 이 지역의 농업변화와 관련해서 주목할 필요가 있다.

청 중기의 농서 편찬에서 두드러진 또 하나의 특징은 소주부의 경우 전기에 1편이었으나 중기에는 8편으로 강소성 남부 중에서 가장 많은 농서를 차지하고 있다는 점이다. 이 역시 청 중기 소주부의 농업변화와 관련해서 주목할 필요가 있다. 마지막으로 농서의 종류와 지역간의 관계를 검토해 보면, 청 중기에 경제작물 관련 농서 중 화훼류는 소주부가 많으나, 잠상류는 진강부가 많다. 특히 전체 잠상 농서 8편 중 진강부 출신의 잠상 농서가 5편을 차지하고 있는 것은 진강부의 잠상업과 관련해서 주목할 필요가 있다. 그런데 잠상 농서 편찬과 관련해서 잠상업이 가장 발달했던 소주부 출신의 잠상 농서 편찬이 청 전기의 1편을 제외하고는 1편도 보이지 않고 있는 것도 주목할 만 하다. 소주부 출신이 잠상 농서를 편찬하지 않은 이유가 무엇인지는 알 수 없다. 단지 한가지 지적할 수 있는 것은 소주부 중 잠상업이 발달한 소주 남부가 당시 강남에서 잠상업 선진지역이었던 절강성 호주부와 지리적으로 가까워서 그 지역의 잠상 기술을 이용할 수 있었다고 본다.

화덕공 편저『중국잠상서록』에서 따르면 소주부와 인접한 절강성 출신이 청조 기간 동안 편찬한 잠상 농서 수는 23편이다. 편찬 시기는 1870년대 이후가 절반 이상을 차지하고 있다. 지역별로 분석하면 대부분 호주부 출신이다. 이는 이 지역이 중국 청대 기간 동안 잠상업이 가장 발달했던 지역임을 입증해 주는 통계이다.

2. 농서에 나타난 농업기술

청대 농학사 연구[11]는 다른 분야에 비해 아주 부족하다. 강남에 대한 농학사 연구도 마찬가지다. 여기서는 강소성 남부를 대상으로 한 『農具記』, 『浦泖農咨』, 『江南催耕課稻編』, 『多稼集』, 『畊心農話』, 『木棉譜』, 『蠶桑輯要』, 『農事幼聞』 등의 농업기술을 순서대로 살펴보고자 한다.

『농구기』[12]가 농구 농서에서 차지하는 비중이 어느 정도인지는 중국 농구 농서 편찬의 양을 고려하면 충분히 짐작할 수 있다. 중국에서 편찬된 농구 농서는 唐代 陸龜蒙의 『耒耜經』(879~881), 元代 王禎의 『農書』(1300~1313) 「農具圖譜」, 明代 王圻의 『三才圖會』(16세기 후반~17세기 초) 「農器類」, 明代 王徵의 『代耕架圖說』(1627), 淸代 姚東升의 『農桑器械』(18세기 중·후기), 淸代 馬彥의 『耕架代牛圖說』(19세기 초·중기) 등이 전부이다. 따라서 『농구기』는 몇 편밖에 없는

---

11) 淸代 農學史 연구로는 中國農業遺産硏究室 編의 『中國農學史(初稿)(上·下)』, 北京: 農業出版社, 1984를 들 수 있다. 이는 古代에서 鴉片戰爭 이전 시기까지를 연구 대상으로 삼고 있는 본격적인 농학사 연구이다. 農學史 專論은 아니지만 吳存浩, 『中國農業史』, 北京: 警官敎育出版社, 1996, 第六章에도 명·청대 농학에 대해 간략히 언급되어 있다. 개별 농서에 대한 서평과 연구는 鄭麥, 「稀見古農書-『農桑易知錄』」, 『中國農史』 1991-4 ; 桑潤生, 「姜皐和『浦泖農咨』」, 『中國農史』 1993-3 ; 王永厚, 「李彥章和『江南催耕課稻編』」, 『中國農史』 1991-2 ; 繆啓愉, 「『馬首農言』的種植特点和名物考索」, 『中國農史』 1998-1 ; 游修齡, 「淸代農學的成就和問題」, 『農業考古』 1990-19·20 ; 閔成基, 『朝鮮農業史硏究』, 서울: 一潮閣, 1988 ; 鄭哲雄, 「淸代 農書를 통해본 陝西省의 農業 發達」, 『明知史論』 9, 1998.

12) 『農具記』의 편찬자인 陳玉璂는 常州府 武進人이며, 號는 椒峯이다. 그는 1667년(康熙 6) 進士가 되어 中書科中書를 역임하였다(光緒, 『武進陽湖縣志』 권19, 「選擧」, 16쪽). 그는 1695년(康熙 34)에 간행된 『常州府志』의 편찬자이기도 하다. 『農具記』는 『檀几叢書本』·『學文堂集』·『常州先哲遺書本』이 있다. 본고에서 이용한 『檀几叢書本』은 『叢書集成續篇』(上海書店 影印本) 第79冊에 수록되어 있다.

중국 농구 관련 농서 중의 1편으로 청초의 농구 수준을 이해하는 데 중요하다. 물론 이 농서는 앞 시대의 저술과 농구 그림을 참고한 청초 상주부의 농구에 관한 것이기 때문에, 청 전기 강남의 농구 수준 전체를 그대로 반영하고 있다고는 볼 수 없다. 다만 한 가지 분명한 것은 『농구기』가 청초의 농구 수준을 반영하고 있는 현존하는 대표적 농서라는 사실이며, 적어도 강남의 농구 수준을 일정하게 반영하고 있다는 점이다.

『농구기』는 負牛・服牛・耕田・灌田・藏種・布種・收穫・作場・戽水・治穀 등 10항목으로 구성되어 있다. 각 항목의 농구를 구체적으로 살펴보면 다음과 같다. 부우 항목에는 쟁기(犁)가, 경전 항목에서는 써레(耙)・괭이(钁)・삽(臿)・쇠스랑(搭)・호미(鎛・鉏)・괭이(耨)등이 소개되어 있다.13) 관전 항목에서는 桶・杓・瓦竇・筐・藍 등이 소개되어 있다. 그런데 이 항목에 소개되고 있는 농구들은 왕정 『농서』의 내용14)과는 조금 다르다. 즉 와두(泄水器)를 제외한 농구들은 왕정 『농서』에는 보이지 않는다. 장종 항목에서는 삼태기(篠・簣・畚)・種籃・穀㽎・稻包 등이,15) 포종 항목에는 瓠種・秧馬・耨馬臂篝・蓑・笠 등이 소개되어 있다. 수확 항목에서는 推鎌・筅(횃대)・喬(갈고리)・朳(고무래)・竹杷・麗槃(곡식을 말리는 광주리)・攩篔・稻牀・搭爪・杈(작살)・篣(빗자루)・連枷(도리깨)・風車・銍・艾(낫)・斗・斛・斛㽎 등이 소개되어 있다. 작장 항목에서는 磟碡(고무래)・平板・搥冗(절구통)・櫌(곰방메) 등이 소개되어 있다.16) 이들 농구 중 절구통

---

13) 이러한 농구들은 王禎, 『農書』의 농구와 동일하다(王禎,「農器圖譜集之二」, 『農書』, 北京 : 農業出版社(影印本), 1981, 200쪽 ; 同書,「農具圖譜集之二」, 215쪽 ; 同書,「農具圖譜集之二」, 204~205쪽 ; 同書,「農具圖譜集之三・四」, 217~230쪽).
14) 王禎,「農具圖譜集之三」, 『農書』, 321~345쪽.
15) 이 항목에서 소개되고 있는 농구는 王禎, 『農書』의 내용과 동일하다(王禎, 「農器圖譜集之八」, 『農書』, 264~277쪽 ;「農器圖譜集之十」, 同書, 290~296쪽).

을 제외한 농구들은 왕정『농서』의 내용17)과 동일하다. 호수 항목에는 桔橰·轆轤·水車·牛車 등이 소개되고 있다. 마지막으로 치곡 항목에는 杵臼·碓·碾·체·磨·가래·키 등이 소개되어 있다.18) 이처럼 『농구기』에 소개되고 있는 청초 상주부의 농구 수준은 원대의 농구 수준과 거의 같다.19) 그런데 이 같은 청초 상주부의 농구 수준은 대개 19세기말까지 지속되었던 것이다.20) 물론 淸初 陸世儀(1611~1672)의 아래 글에서 보는 것처럼 청초 강남에서는 中耕 농구의 도입으로 노동력을 절감시킬 수 있었다.21)

---

16) 이들 농구들도 王禎, 『農書』의 내용과 동일하다(王禎,「農器圖譜集之三」, 『農書』, 216쪽;「農器圖譜集之七」, 同書, 257~263쪽;「農器圖譜集之五·六·八」, 同書, 238~256쪽, 276쪽).
17) 王禎,「農器圖譜集之二·六」,『農書』, 208쪽과 248쪽.
18) 이들 농구도 王禎,『農書』의 내용과 동일하다(王禎,「農器圖譜集之三」,『農書』, 321~345쪽;王禎,「農器圖譜集之三·八·九」,『農書』, 222·271쪽, 278~289쪽).
19) 『農具記』에 소개된 농구는 陳玉璂가 편찬한 康熙,「風俗」,『常州府志』 권9, 3쪽에도 소개되어 있다. 그리고 거의 유사한 내용이 乾隆『吳江縣志』에도 소개되어 있다(洪煥椿 編,『明淸蘇州農村經濟資料』, 上海:江蘇古籍出版社, 1988, 216쪽). 그런데『明淸蘇州農村經濟資料』에는 乾隆『吳江縣志』 권5, 「風俗」으로 인용되어 있으나, 江蘇古籍出版社 影印本의 乾隆『吳江縣志』에는「風俗」이 없다.
20) 이러한 사실은 嘉慶『松江府志』 권5,「風俗」, 6쪽에서도 '上農은 牛耕하고 牛犁가 없는 자는 刀耕한다'는 기록에서 뿐 아니라, 河南巡撫 圖爾炳阿의 글에서도 보인다(『乾隆奏摺』 第15輯,「河南巡撫 圖爾炳阿 奏」, 1756년 8월 24일, 235쪽). 더욱이 철탑의 사용은『浦泖農咨』의 '上農이라야 牛耕할 수 있으며, 소가 없는 자는 鐵搭으로 땅을 갈았다'(『浦泖農咨』, 4쪽)는 기록에서도 알 수 있다. 농서에 따르면 철탑은『松江府志』에 나오는 刀耕과 같은 의미이다.
21) 로이드 E. 이스트만(Lloyd E. Eastman)은 청대 중국 농민이 사용한 농법과 농구는 5세기, 혹은 그보다 이전 시대의 것과 거의 같았다고 평가하고 있다 (Lloyd E. Eastman, *Constancy and Change in China's Social and Economic History, 1550-1949*, Oxford University Press, 1988/로이드 E.이스트만 지음·이승휘 옮김,『중국사회의 지속과 변화』, 서울:돌베개, 1999, 23쪽).

"지금 耘蕩·耘爪는 江浙에 있는 新制이니, 옛날에는 이런 기구가 없었다. 김매기는 農人에게 가장 힘든 일이다. 지금 이 농구를 얻었으니 勞逸이 하늘과 땅 차이다."22)

육세의가 언급하고 있는 중경 농구인 운탕과 운조에 대해서는 이미 왕정『농서』에 "운탕·운조는 강절의 신제"23)라는 내용이 보인다. 육세의는 이러한 강절의 농구인 운탕과 운조를 자신의 고향인 강소성 太倉에 소개하였다. 당시 태창에는 이런 중경기구가 존재하지 않았던 것이다. 육세의는 이들 농구 이외에도 華北의 耬車·華中의 앙마 등을 태창에 소개하였다.24)

한편 관전에는 수차를 이용하기도 했으며, 소와 바람을 이용하였다.25) 이 같은 관개기구는 風水車·牛轉水車로 보인다. 수차는 이 시기 중국의 대부분 지역에서 일반적으로 사용되었다.26) 한편 이외에 이전 시기에 사용된 것에 비해 기술이 다소 향상된 관개기구가 사용되었다. 그 중에서도 서양에서 들어온 龍尾車27)가 제작·이용되어 노동력

---

22) 陸世儀,「修齊類」,『陸桴亭思辨錄輯要』(二) 권10, 叢書集成初編, 中華書局, 1995, 118쪽.
23) 王禎,「農具圖譜集 四」,『農書』.
24) 葛榮晋·王俊才,『陸世儀評傳』, 南京 : 南京大學出版社, 1996, 33쪽.
25) 嘉慶『松江府志』 권5,「風俗」, 6쪽.
26) 廣東省 惠州府·韶州府·廣州府·潮州府, 山東, 直隷 등지에서도 水車가 이용되었다(『乾隆朝奏摺』 第7輯,「班第奏」(1754년(乾隆 19) 2월 8일), 550~551쪽 ;『乾隆朝奏摺』 제16집,「署理山東巡撫楊錫紱奏」(1756년(乾隆21)12월 13일, 320쪽 ;『乾隆朝奏摺』 제16집,「直隷總督方觀承奏」(1761년(乾隆28) 2월 8일, 787쪽).
27) 龍尾車는 明末 제수이트 선교사에 의해 전해진 관개기구이다. 이 기구에 대해서는 水利技術을 다룬『泰西水法』(1612)[우리스(Sabbattin de Uris : 熊三拔, 1575~1620 ; 우리스는 마테오 리치가 로마의 예수회 본부에 과학의 소양이 풍부한 선교사의 파견을 요청한 결과 아담 샬, 테렌츠 등과 함께 중국에 온 學僧이었다)와 徐光啓 共著]에 그 내용이 수록되어 있다.『태서수법』은『四庫全書』와『授時通考』 권38,「功作」에도 수록되어 있다.『수시통고』에서

을 상당히 감소시킬 수 있었다. 물론 풍수차는 기술면에서 다른 수차에 비해 정교했으나, 풍차의 경우는 바람을 이용한다는 점에서 상용할 수 없었을 뿐 아니라, 큰 바람을 만나면 차가 무너질 위험이 있었다.28)

새로운 농구의 출현이 곧 농업 생산의 증가를 가져다주는 것은 아니다. 농구의 사용은 새로운 농구의 출현만으로 가능한 것이 아니라, 농구의 경제적 가치 혹은 효과에 따라 사용 여부가 결정된다. 특히 농업 경영자의 입장에서는 새로운 농구 사용이 농가 경제에 어느 정도 효과가 있을지를 심사숙고한 뒤에야 결정할 수밖에 없었다. 왜냐하면 분명 새로운 농구는 효과 면에서 기존의 농구에 비해 뛰어남과 동시에 가격도 널리 보급하기 전까지는 기존의 농구보다도 훨씬 비쌌기 때문이다.

이런 상황에서 농업 경영자는 새로운 농구의 사용으로 얼마나 많은 소득을 보장할 수 있을지를 검토해야만 한다. 또한 새로운 농구 보급에는 농민들의 인식도 중요하다. 수차 한대 값에 해당하는 5냥은 대략 건륭시기 쌀 1.5石에 해당한다. 이는 畝當 벼 수확량 米 3석의 절반 가격이다. 따라서 수차 한대 값인 5냥은 결코 적은 돈이 아니다. 그러나 만약 수차 구입으로 구입비 이상으로 소득이 보장된다면, 기꺼이 농민들은 농구를 구입했을 것이다. 다시 말해 새로운 농구가 농업생산 증

지적하고 있는 것처럼 이 관개기구는 우수했으나, 도입 당시 일반 농민들은 이 농구를 이용하지 않았다. 이 농구가 실제 이용된 것은 嘉慶·道光時期에 이르러서였다. 이때 龍尾車의 실험 결과 한 사람이 하루에 田 三·四十畝를 灌漑할 수 있었기 때문에, 효율은 後漢末부터 사용한 龍骨車(翻車·踏車)에 비해 5·6배 내지 10배였다. 이에 대해서는 王若昭,「淸代的水車灌漑」,『農業考古』1983-5·6, 156~157쪽 참조. 그런데 松江府 白泖河에서 이용된 태서수법은 큰 효과가 없었다(鄭光祖,『一斑錄雜述』권6, 5~6쪽).

28) 嘉慶『松江府志』권5,「風俗」, 6쪽. 揚州지역에도 灌漑에 풍차를 이용했는데, 서양의 풍차 성능에는 미치지 못했으며(淸 納蘭成德,『淥水亭雜識』/淸華大學圖書館科技史硏究組編,『中國科技史資料選編(農業機械)』권24, 北京 : 淸華大學出版社, 1981, 189쪽), 常州의 水車는 農人이 車를 밟을 때 장방 이웃을 입었으나 나막신은 신지 않았다. 한편 蘇州의 水車는 앉아서 밟기도 하고 黃牛를 이용하기도 하였다(焦循,『憶書』권2, 11쪽).

가에 필수적이라는 사실이 입증된 뒤에야 농구의 보급은 가능하다. 따라서 새로운 농구의 보급은 상당한 시간이 필요했다. 염주부의 일반 농민들이 지방관들의 적극적인 홍보에도 불구하고 새로운 농구의 우수성에 놀랄 뿐, 구입에는 큰 관심을 보이지 않았던 것도 바로 이 때문이었다. 수차의 비용이 농가 경제에 차지하는 높은 비중은 건륭시기뿐 아니라 적어도 姜皋의 『포묘농자』(1834년 간행)에서도 지속되었다.29)

『포묘농자』30)는 1권으로 이루어져 있으며, 저자의 自序와 다른 사람의 序文을 포함, 모두 40則으로 구성되어 있다. 항목은 農時, 水利, 耕治, 稻種, 播種, 秧田, 揷蒔, 肥壅, 耘蕩, 收穫, 耕牛, 水車, 農具, 麥, 豆, 油菜, 粮稅, 田價, 田工, 雇傭, 借貸, 農民生活 등으로 구성되어 있다.

이 농서는 1834년 이전 송강부의 농업경제와 생산기술을 다루고 있는 지방성 농서이기 때문에 그 보급 범위가 넓지 않았다. 그런데도 이 농서는 청대 간행 농서 중 소농의 경제 상황을 이해할 수 있는 중요한 사료이다. 특히 이 농서는 면업 중심지인 송강부의 벼농업 상황과 아편전쟁 직전 송강부 농가 사정을 구체적으로 전하고 있다.

『포묘농자』에서는 벼농업에 필요한 대부분의 농구를 소개하고 있다. 이 농서에 소개된 농구 중 우선 들 수 있는 것은 수리에 관련된 수차이다.31) 수차는 牛打, 人踏 등 두 종류를 소개하고 있다. 그런데 소로

---

29) 이에 대해서는 姜判權, 「淸 嘉慶·道光時期 江蘇省 南部地域의 벼 農業研究-姜皋의『浦泖農咨』를 중심으로-」, 『啓明史學』 6, 1995, 115~116쪽 참조.
30) 『浦泖農咨』의 저자 姜皋의 자는 小枚이며, 雲間 즉 지금의 상해시 松江縣 서쪽 출신이다. 그는 恩貢生으로 詩文에 뛰어나 高崇瑞·高崇瑚 형제 및 殷紹伊 等이 결성한 詩社에 참가하였다. 여기에 참가한 사람들은 '泖東七子'로 불리웠다(桑潤生, 「姜皋和『浦泖農咨』」, 『中國農史』 12-3, 1993, 107쪽). 『浦泖農咨』의 浦는 黃浦江을, 泖는 淀山湖에서 나와 黃浦江으로 들어가는 泖湖에서 따온 것이다. 현재 이 농서는 道光 14년 刻本만 남아 있으며, 上海圖書館에 소장되어 있다. 본고에서는 이 판본을 이용하였다.
31) 姜皋, 『浦泖農咨』, 「日 25」.

움직이는 것은 일반적으로 牛車,32) 사람으로 움직이는 것은 踏車라 불렀다.33) 1차에는 3인 내지 6인이 田 20畝를 灌漑했다.34) 또한 수차는 上車와 下車로 나누어져 있었으며, 모양이나 가격 면에서 서로 차이가 있었다. 즉 상차는 車盤・車柵・眠軸 등을 사용했으며, 그 값은 10餘千(10,000錢)에 달했다. 그러나 이는 大車의 값이고, '荷葉車'로 불린 小車의 값은 4,000錢 내지 5,000전으로 대차의 절반이었다.35) 한편 하차 역시 여러 종류가 있었다. 물에 가까이 있었던 수차의 경우 차폭이 80練에 지나지 않았다. 그러나 폭이 큰 것은 140~150연이었다. 그런데 車筒의 가격은 3,000~4,000文이었으며, 1연은 한 개당 16문, 폭은 한 개당 6~7문이었다.

　농서에서 언급하고 있는 수차의 비용은 건륭시기 광동성 廉州府에서 만든 牛轉水車의 한 대당 비용 5兩36)에 비하면 상당히 높다. 건륭시기 수차 한 대당 비용이었던 5냥은 당시 일반 농민들에게 비싼 것으로 여겨졌다37)는 것을 감안하면 도광시기의 수차 비용 역시 농민들에게는 부담이었다. 물론 시기와 지역간의 차이를 감안하면 건륭시기 광동성 염주부의 수차 비용과 도광시기 강소성 송강부의 수차 비용을 그대로 비교하기란 어렵다. 그러나 한 가지 분명한 것은 1754년(乾隆 19)과 1834년(道光 14) 사이 즉, 약 80여 년 사이 농민들의 생활이 크게 개선되지 않았다면, 농민들의 수차 구입・이용이 결코 쉽지 않았다는 점이다. 문제는 수차가 송강부 지역에서는 그 어떤 농구보다 중요한 역할을 했다는 데 있다. 송강부는 奉賢・上海・南匯 이외 지역은 저지

---

32) 水車에 黃牛를 이용한 사례는 蘇州에서도 발견할 수 있다(焦循, 『憶書』二, 11쪽).
33) 光緒『靑浦縣志』권2, 15쪽/章有義 編, 『中國近代農業史資料』第一輯, 北京 : 大安, 1967, 585쪽.
34) 嘉慶『松江府志』, 「疆域志・風俗」권5, 6쪽.
35) 姜皐, 『浦泖農咨』, 「曰 25」.
36) 『乾隆朝奏摺』第7輯, 「班第」(1754년(乾隆 19) 2월 8일), 500~551쪽.
37) 위의 책.

대였다. 저지대는 수차를 이용해서 揚水하지 않으면 "6월에 乾田하지 않으면 쌀이 없어도 하늘을 원망할 수 없다"38)는 俗諺처럼 벼농사가 어려운 곳이었다.

『포묘농자』에서는 수차 이외에 耙(써레), 쟁기, 鐵搭 등을 소개하고 있다. 써레의 모양은 橫牀과 비슷하였다. 이 농구는 아래에 세 개의 나무를 가로지르고 나무 밑에 20여 개의 못을 박아 만든 것이다. 이렇게 만든 써레는 진흙을 쪼개고 부수는 데 사용되었다. 그런데 이 농구의 값은 수차의 차통가격과 거의 같은 3,000~4,000문이었다. 쟁기는 나무로 만들었으나, 머리 부분만 철을 사용하였다. 흙을 갈아엎는 쟁기의 값은 1,000문이었다. 철탑은 4齒와 5齒 두 종류를 소개하고 있다. 칼처럼 가지런한 치의 가운데는 트이고 위쪽은 대나무 자루였다. 이 농구는 땅을 갈아엎는데 사용되었다. 철탑의 값은 300~400문이었다. 이외에 호미는 농가의 중요한 농구였으나 이 당시 사용이 점차 줄어들었다.39) 농서에서는 위에서 언급한 벼 농구 이외에 도롱이, 扁擔, 낫, 절구, 風車(풍로), 쌀 창고 등을 언급하고 있다. 그러나 농가에서 이들을 모두 갖추는 데는 많은 비용이 들었다.40)

경작 기술을 다룬 부분은 다른 분야보다 많은 양을 차지하고 있다. 농서에 소개된 내용을 좀더 구체적으로 살펴보면, 播種(1회), 수확(1회), 稻種(1회), 경작법(6회), 施肥(3회) 등을 소개하고 있다. 그러나 이 같은 경작 기술에는 이전 시기와 구별할 만한 내용이 없다.

농서에서 언급하고 있는 운당은 당의 형태와 용도로 보아 耘蕩과 같은 것으로 보인다. 농서에서는 운탕의 어려움에 대해 다음과 같이 묘사하고 있다.

---

38) 姜皐,『浦泖農咨』,「曰 17」.
39) 姜皐,『浦泖農咨』,「曰 26」.
40) 姜皐,『浦泖農咨』,「曰 27」.

"운탕할 때 날씨는 더워 일만 리에 구름 한 점 없다. 논물은 끓는 것과 같은데, 부득불 끓는 물 가운데를 기어다녀야 한다. 이 작업은 아침부터 해질 때까지 계속해야 하기 때문에 다리와 발이 문드러져 고통이 아주 심하다. 이것이 '泥犁地獄'이다. 그렇기 때문에 雇工者에게는 음식과 술로 위로해야 한다. 오직 몸소 租田 3무 내지 4무를 경작하는 자는 일꾼을 구할 수 없다. 한달 동안 누른 회와 담백한 밥을 항상 배불리 먹을 수 없다. 어찌 술과 고기를 꾀하겠는가?"41)

中耕 除草 농구인 운탕은 시비로 인한 잡초의 증가로 그 필요성이 점차 높아졌다. 원대 왕정『농서』42)에 처음 소개된 이 농구의 사용으로 청초 陸世儀의 "勞逸이 하늘과 땅 차이다"43)라는 지적대로 노동력을 어느 정도 절감했겠지만, 농인에게는 가장 힘든 일이었다.44) 특히 고공을 이용할 수 없는 빈농의 경우 운탕 작업은 엄청난 고통이었다. 그런데 운탕을 이용한 중경 제초 방법·회수는 시기마다 조금씩 달랐다.45)

비료의 종류와 시비의 회수는 생산량 증대에 중요하다.46) 당시 이

---

41) 姜皋,『浦泖農咨』,「日 16」.
42) 王禎,「農器圖譜集之四」,『農書』, 233쪽.
43) 陸世儀,『陸桴亭思辨錄輯要(二)』권11,「修齊類」, 118쪽.
44) 姜皋,『浦泖農咨』,「日 16」.
45)『沈氏農書』鋤 2 蕩 1 耘 1,『農事幼聞』撩草 2~3次 蕩 1 耘 1,『畊心農話』 4 耘 등이었다(足立啓二,「明淸時代長江下流の水稻作發展-耕地と品種として」,『文學部論叢(熊本大學, 史學編)』, 21, 1987, 45쪽). 그런데 耘과 관련해서 劉應棠의『梭山農譜』에서는 上農은 3耘, 中農은 2耘, 下農은 1耘한다고 기록하고 있다(劉應棠,「耘卷」,『梭山農譜』, 1쪽).
46) 청대의 施肥 문제는 당시의 농업경영·유통문제와 밀접하게 관련되어 있다. 明末·淸初이래 등장한 富農·上農의 출현은 철저한 深耕多肥를 통해서 가능하였기 때문에 노동 생산성 향상을 위해서는 肥培 노동의 절약이 관건이었다. 이 과정에서 중요한 문제로 대두한 것이 노임과 함께 상승한 종래의 人糞 등을 대신할 비료였다. 大豆粕은 이 같은 문제를 해결하는 과정에서 생겼다(足立啓二,「大豆粕流通と淸代の商業農業」,『東洋史硏究』37-3, 1978, 363쪽).

지역 사람들은 비옥한 땅을 '膏壅'이라 불렀다. 시비법 중 하나는 벼가 성숙하여 한로 전후 논물이 아직 빠지지 않았을 때, 풀 씨를 벼 포기 사이에 뿌리는 것이었다. 이때 每畝마다 5升 내지 6升을 뿌렸다. 이렇게 뿌린 풀씨는 벼를 벨 때쯤 풀이 이미 자라 푸르게 된다. 이 풀이 다시 겨울을 지나 춘삼월에 논에 가득 차게 된다. 논에 가득한 풀은 땅을 갈면 모두 문드러진다. 이러한 시비법은 땅을 기름지게 하는 데 상당한 효과가 있었다.[47] 그러나 이러한 시비법이 모든 田에 할 수 있었던 것은 아니었다. 즉 이 시비법은 上等高田이라야 가능하였다. 왜냐하면 풀 씨를 뿌린 후 계속 비가 올 경우, 논에 물을 대면 풀 씨가 물에 뜨기 때문이었다. 또한 논에 물이 있을 경우 봄에 비나 눈이 내리면 풀이 쭈그러들어 남아있지 않았기 때문이었다. 그런데 풀 씨를 뿌리는 데 필요한 임금은 700문에서 300문으로 일정하지 않았다.[48]

두벌 김매기 이후 시비에는 돼지 거름을 많이 사용하였다. 이는 돼지우리에 볏짚을 넣어 만든 거름으로 무당 10擔을 사용하였다.[49] 돼지 거름은 "種田에 돼지를 사육하지 않는 것은 秀才가 독서를 하지 않는 것과 같다"거나, "우리 안에 돼지가 많으면 쌀 창고에 쌀이 많다"[50]고 한 것처럼 종전에 상당히 중요하였다. 한편 두벌매기에 돼지 거름을 사용한 것과는 달리 세벌 김매기 이후에는 豆餠을 사용하였다. 그런데 두병도 大餠이라 불린 關東産은 1箇의 무게가 60~70斛이었으며, 襄餠이라 불린 潘關産은 1개의 무게가 24곡이었다.[51] 그러나 돼지 거름과 두병은 생산량을 늘릴 수 있었지만,[52] 이 같은 거름은 일반 농가에

---

47) 姜皐, 『浦泖農咨』, 「曰 21」.
48) 姜皐, 위의 책.
49) 姜皐, 위의 책.
50) 姜皐, 『浦泖農咨』, 「曰 22」.
51) 姜皐, 『浦泖農咨』, 「曰 21」. 농서에서 언급하고 있는 關東·潘關 등에서 들여온 豆餠의 유통과정에 대해서는 足立啓二의 앞의 논문에 자세하다.
52) 姜皐, 『浦泖農咨』, 「曰 22」. 농서에는 돼지 거름이나 두병을 사용해서 어느 정도 수확량을 증가시켰는지에 대해서는 "비옥한 땅에서 나오는 이익은 끝이

서 쉽게 구할 수 없었다. 그 이유는 두 종류의 거름이 일반 농가에서 사용하기에는 값이 너무 비쌌기 때문이었다.

돼지 거름은 볏짚 이외에 나락 왕겨를 넣어 만들기도 했다. 그런데 문제는 돼지 거름을 생산하기 위해서는 돼지의 먹이를 감당하는 것도 쉽지 않았지만, 돼지우리에 넣을 볏짚과 왕겨가 계속 공급되어야 한다. 그러나 볏짚과 왕겨는 벼농사를 많이 짓지 않는 농가에서는 거름 생산에 넣을 만큼 여유가 없었다. 더욱이 볏짚은 일반 농가의 수익 중 하나였다. 따라서 일반 농가에서 스스로 거름을 생산하기 위해서는 거름에 필요한 볏짚과 왕겨를 사서 거름을 만들거나, 시장에서 살 수밖에 없었다. 그러나 쌀 왕겨의 값은 每斗當 60문 내지 70문, 볏짚 재는 매 고로당 10餘文이었다. 또한 돼지 한 마리가 하루에 먹는 비용은 50전 내지 60전이었다. 4고로재(灰)는 돼지가 밟은 거름 1담에 해당한다. 특히 돼지 거름은 여름에 귀했다. 따라서 일반 농가의 돼지 사육과 거름 생산은 사육비와 거름 재료값 때문에 결코 쉽지 않았다. 농서에 따르면 돼지 사육과 거름 재료비 때문에 돼지를 사육하면 이익보다는 오히려 손해였다.53) 이 당시 돼지 거름은 10담당 洋錢으로 1元이었다.54) 한편 두병의 경우도 일반 농사에서 쉽게 이용할 수 없기는 돼지 거름의 경우와 다를 바 없었다. 논에 뿌리는 데 필요한 두병의 양은 무당 50곡 정도였다. 두병 값은 每斛當 20여문이었으며, 콩 찌꺼기는 매곡당 4문 내지 5문 정도였다.

일반 농가의 이러한 사정은 牛耕에서도 확인할 수 있다. 우경이 생산력 증대에 중요한 요소로 등장한 것은 전국시대였다.55) 그렇다면 일반적으로 한대에 보편적으로 시행되었다고 하는 우경이 이후 중국사

없다"는 내용만 있을 뿐, 구체적인 수확량에 대한 언급은 없다.
53) 姜皐,『浦洲農咨』,「日 22」.
54) 姜皐,『浦洲農咨』,「日 21」.
55) 牛耕의 기원에 대해서는 曹毓英,「中國牛耕的起源和發展」,『農業考古』 1982-2 ; 衛斯,「關于牛耕起源的探討」,『農業考古』1982-2 참조.

에서 계속 중요한 역할을 했는가? 이 물음에 답하기 위해서는 각 시대마다 경작 방식을 확인해야 한다. 결론부터 먼저 말하면 청대 강소성의 경우 많은 농가에서는 우경보다는 人耕이 주류였다는 사실만으로도 우경이 전국시기 이후 모든 농가의 경작에 중요한 부분을 차지했는지는 의문이다. 이러한 사실을 염두에 두고서 우경의 효용성을 검토해 보자. 우경의 효용성을 이해하기 위해서는 우선 인경과 우경의 효용성과 소의 실태를 검토할 필요가 있다.

인경할 경우에는 耒耜 혹은 鐵搭을 이용했다. 뇌사가 농경에 사용된 것은 신석기시대부터였다. 이처럼 뇌사는 재질의 변화가 있었겠지만 청대까지 우경 대신 인경에 사용되었다. 그러나 뇌사를 이용한 인경에 한 사람이 어느 정도 효과를 얻었는지를 가늠하기란 쉽지 않다. 인경의 효용성을 뇌사가 아닌 철탑의 경우를 통해 검토해 보자.

철탑은 가경 『송강부지』, 「풍속」에서 지적56)하고 있는 것처럼 도경이라고도 한다. 이 농구를 사용할 경우에는 하루에 1무 정도 墾耕할 수 있었다.57) 반면에 우경할 경우에는 하루에 5~6畝 정도 간경할 수 있었다.58) 이 기록은 牛耕이 인경에 비해 대체로 5~6배 정도 효용성이 있다는 것을 의미한다.59) 그러나 이 당시 대다수 농민은 우경보다는 인경을 택하였다. 이는 인경과 우경간의 간경 효과가 농업 경영의 효과와 일치하지 않는다는 것을 의미한다. 즉 경작 규모가 작은 농가에서는 소 소유가 쉽지 않았다. 따라서 비싼 소를 구입하거나 임대해서 간경하기보다는 자신의 노동력을 이용하는 것이 경영상 유리하였다. 또한 인경 선호와 관련해서 지적해야 할 것은 토질에 따라 우경과 인경의 효용성이 다르다는 점이다. 이 점도 이 당시 농민들의 인경 선

---

56) 嘉慶『松江府志』,「風俗」, 6쪽.
57) 姜皐,『浦泖農咨』,「日 11」.
58) 姜皐, 위의 책.
59) 光緒『南匯縣志』권20,「風俗志」, 2쪽에 의하면 한 사람의 힘은 刀耕 1畝, 10인은 소 한 마리에 해당하였다.

호에서 고려해야 할 부분이다.

　높은 소값은 대다수 농민들이 우경을 선택할 수 없는 중요한 요인이었다. 소값은 소 사육 수와 소비량에 따라 결정되지만, 낮은 번식률과 노동의 이용가치 때문에 다른 물가에 비해 대체로 높은 수준에 있었다.60) 이러한 소값 동향의 일단은『포묘농자』에서 확인할 수 있다. 물론 소값은 소의 종류 즉 水牛와 黃牛, 소의 질, 그리고 시기에 따라 차이가 있다. 도광시기 소값은 비싼 경우 40,000전, 싼 경우 7,000전 내지 8,000전 정도로 가격 차이가 있었으나 대체로 20,000전 전후였다.61)

---

60) 소값에 대해서는『農圃便覽』에 구체적인 가격은 기록되어 있지 않지만 이전에 비해 두배나 상승했으며, 佃戶들이 소값 상승으로 도망갈 처지에 놓여있다는 내용이 보인다. 이 점으로 보아 乾隆시기 이전에도 소값은 높은 수준에 있었으며 가격 변동이 심했던 것으로 보인다. 이 농서에서는 소가 일곱 사람의 힘을 대신했던 것으로 보고 있다(丁宜曾,「歲」,『農圃便覽』(中國科學技術典籍通彙, 農學卷), 河南 : 河南教育出版社, 1994, 8쪽). 1755년(건륭 20)에 초간된『農圃便覽』의 저자 丁宜曾의 字는 椒圃이고, 山東省 沂州府 日照縣 西石梁村人이다.『農圃便覽』은 出身地名을 붙인『西石梁農圃便覽』이라고도 한다. 그의 생몰 연대는 불분명하다. 이 농서는 저자이 농사 경험에 기초한 것이다. 그런데 이 농서는 권이 나누어져 있지 않고, 앞부분에「歲」라는 제목이 있고, 地風, 雲, 氣象, 海況, 物候, 耕種, 儲種, 置産, 修造, 養畜, 畜糞, 治食 등의 내용이 서술되어 있다. 후반부에는 春 夏 秋 冬으로 나누고, 다시 12개월과 24절기 순서로 서술되어 있다. 본고에서 이용한 판본은 1755년 原刻本이다.

61) 道光時期의 소값은 1876년(光緖 2) 壯牛 20,000文, 次牛 8,000文, 老牛 6,000文, 새끼 2,000文에 비하면 높은 가격이다. 이처럼 道光시기의 소값이 光緖시기에 이르러 낮아진 것은 도광시기 林則徐가 荒政의 일환으로 제기해 마련된 典牛局의 설치 덕택으로 보인다. 전우국의 설치는 역으로 높은 소값으로 일반 농가에서 이용할 수 없었다는 사실을 반영하는 것이고, 典牛局은 소의 원활한 공급을 통해 농가경제를 돕고자 하였다. 이는 다시 말해 도광시기의 소값이 일반 농가에 상당한 부담으로 작용했다는 사실을 간접적으로 설명해 주는 부분이다. 전우국 설치와 1876년 소값에 대해서는 同治『續纂江寧府志』권6,「實政」, 3쪽 참조. 道光시기 소값은 1832년 8월 송강부의 물가 石當 上米價의 3배, 石當 大麥價의 12배에 해당된다. 1832년 松江府의 穀價 중 上米價는 石當 2.47~3.20냥, 小麥價는 石當 1.30~1.90냥, 大麥價는 石當 0.85

소의 효용성에 대해서는 이미 足立啓二가 지적한 바 있다.62) 그는 명말·청초의 경우 소보다 돼지가 수익면에서 유리했기 때문에 소의 효용성이 떨어졌다고 보고 있다. 그의 지적대로 여러 측면에서 소보다는 돼지가 효용성 면에서 유리한 것은 사실이었다. 그런데 이러한 해석을 청초 이후까지 확대할 수 있을지는 의문이다. 왜냐하면 도광시기에는 돼지의 효용성이 소보다 유리했다고만 볼 수 없기 때문이다. 이 당시 돼지 사육비도 소와 마찬가지로 상당히 높았다. 따라서 돼지 사육도 농가 소득에 도움을 주었다고 단언할 수 없다.63) 이는 이 당시 소와 돼지의 효용성 차이로 농가의 인경 선호를 설명할 수 없게 하는 부분이다.

『강남최경과도편』64)은 기존의 각종 자료와 李彦章 자신의 풍부한 경험을 토대로 편찬하였다. 특히 이 농서에서는 早稻의 종류와 재배기

~1.00냥, 黃豆價는 石當 1.30~2.00냥이었다(「奏稿(上冊)」,『林則徐集』, 96~99쪽). 銀錢비율은 18세기에는 1銀 700文이었으나(黑田明伸,「淸代銀錢二貨制의 構造とその崩壞」,『社會經濟史學』 57-2, 1991, 94쪽), 嘉慶 元年에는 銀價가 갑자기 올라 1,300에서 1,400에 달하다가 그 이후에 점차 洋錢의 성행으로 銀錢 모두 값이 떨어졌다(錢泳,「舊聞」,『履園叢話』, 31쪽). 더욱이 19세기 접어들어 변동이 아주 심해 1840년대는 은전비율이 2,000文 이상이었다(黑田明伸, 위의 논문). 본고에서는 소값과 곡물가와의 비중을 시기가 비슷한 1840년대의 은전비율 1銀 2,000文을 적용하였다.
62) 姜判權, 앞의 논문, 1995, 118쪽 참조.
63) 姜皐,『浦泖農咨』,「日 22」.
64)『江南催耕課稻編』은 李彦章(1794~1836)이 죽기 2년 전인 1834년에 간행되었다. 李彦章의 字는 蘭卿이며, 福建省 侯官 출신이다. 그는 일찍이 山東·廣西·江蘇 등지에서 지방관을 역임하였다. 그의 저서에는『榕園識字編』·『潤經堂自治官書』·『榕園文鈔』·『榕園詩鈔』·『榕園全集』 등이 있다.『榕園全集』에 수록되어 있는 이 농서는 그가 강소성 안찰사때 편찬한 것이다. 이미 그는 廣西 재임 당시(1828년) 中·西部에 위치한 思恩府에 二期作 기술을 전파한 바 있을 만큼 농업에 풍부한 경험을 지니고 있었다. 한편 이 농서간행에는 林則徐의 도움이 컸다. 당시 江蘇巡撫였던 林則徐는 李彦章과 同鄕이었으며, 李彦章이 농업분야에 상당한 지식을 지니고 있음을 알고 적극 지원하였다. 이 농서에는 임척수의 序文이 있다.

술 등에 대해 구체적으로 언급하고 있다. 이런 점에서 이 농서는 조도 재배기술을 이해하는 데 중요한 자료이다. 이 농서는 陶澍와 林則徐의 敍와, 1) 國朝勸早稻之令 2) 春耕以順天時 3) 早種以因地利 4) 早稻原始 5) 早稻之時 6) 早稻之法 7) 各省早稻之種 8) 江南早稻之種 9) 再熟之稻 10) 江南再熟之稻 등 10항목으로 이루어져 있다.

이언장이 조도 재배에 관심을 가지고『강남최경과도편』을 편찬한 이유는 무엇보다도 인구 압박 하에서 강남의 식량 사정 때문이었다. 따라서 이 지역의 중요한 현안은 식량 문제였다. 식량 문제를 해결하는 방법은 단위 면적 당 수확량을 증가시키는 것이었다. 그 중에서도 주 식량원인 벼 수확량 증가는 중요한 관건이었다. 즉 稻麥 이모작 형태에서 벼 二期作으로 전환하는 방법을 모색하지 않을 수 없었다. 그런데 벼 이기작에는 무엇보다도 품종 개량이 필수적이었다. 이언장이 임칙서의 격려 하에 조도 재배에 관심을 기울인 것은 바로 이러한 배경이 크게 작용하였다. 이러한 사실은『강남최경과도편』의 말미에 조도·재숙도를 재배할 것을 권고하고 있는「印發催耕課稻編通飭各府州廳率屬勸種早稻再熟稻札」에 명시되어 있다. 물론 순치~가경 시기에도 조도 재배에 대한 관심이 없었던 것은 아니었다. 강희시기의 御稻를 비롯해서 건륭대의『授時通考』의 간행 등 각 왕조에서 이 방면에 노력을 기울였다. 그러나 그러한 노력은 큰 성과를 거두지 못했다. 그 이유는 재배기술의 한계 때문이었다. 사실 이언장의『강남최경과도편』은 그간의 조도 재배기술의 산물이다.

조도의 품종 선택은 벼 이기작에서 중요하다. 따라서『강남최경과도편』에서는 전체 분량의 4분의 1을 남방 각지의 재배기술에 대해 서술하고 있다. 물론 조도 재배 이전에 해야할 일은 春耕과 地利를 제대로 이해해야만 한다. 이언장이 조도 재배법 앞에 이 부분을 강조한 것도 바로 이 때문이다. 지리와 관련해서 주목할 만한 내용은 이언장이 강남에 조도 재배를 강조한 것이다. 즉 강남은 토양이 진흙으로 이루어 있었을 뿐 아니라, 겨울과 봄에 비와 눈이 많이 내려 배수에 상당한 어려움이 있었다. 따라서 이 지역은 배수가 제대로 이루어지지 않는 한 맥 재배는 어려웠다. 다시 말해 배수 문제가 해결되지 않는 한 도맥 이모작은 쉽지 않았다. 이 지역의 농업이 '乾田化'에 있었다는 지적은 바로 이 지역의 지리환경 때문이었다. 이언장은 당시 사람들이 토양의 성질상 조도 재배가 어렵다는 인식에도 불구하고 조도 재배의 가능성을 주장하였다.

재배 시기도 농사에서 중요한 부분이다. 「조도지시」에서는 이 문제를 다루고 있다. 농서에 의하면 閩의 경우 복주 이남에서는 청명 이후에서 곡우 이전까지, 粵西는 대부분 춘분 전후에 파종하였다. 만약 산이 깊고 물이 찬 지역에서는 늦어도 3월에 이앙했다.

농서에서는 9省 81府州縣의 조도 품종을 열거하고 있다. 농서에서는 이러한 품종을 7부문으로 분류하고 있는데, 분류 순서대로 품종을 열거하면 아래와 같다.

日 計 : 四十日, 五十日, 五十工, 六十日, 七十日, 六旬黃, 七旬熟, 八十日, 九十日, 一百日
月 擧 : 六月早, 六月熟, 六月秔, 六月粘, 六月稷
節候占 : 梅裏白, 望暑白, 夏至禾, 蟬鳴稻
方言稱 : 麥爭場, 早歸生, 救公饑, 救公先, 靠離望, 洗耙早, 隨犁歸, 拖犁歸, 雀不知, 白婢暴, 赤婢暴, 刷帚早, 留姑早, 一刀齊, 飛上倉, 等苞齊, 兩接早, 金包銀, 救饑 早, 救窘糧, 下馬看
地 區 : 江西早, 蘇州早, 撫州早, 江東早, 祈陽早, 新州早, 副院早, 占城早, 新會粘, 陝西 粘, 淸流粘, 南安早, 山東, 安南
色 辨 : 六月紅, 紅米早, 落地黃, 早紅蓮, 赤鬚早, 桐子白, 赤米粘, 白米粘, 南京白, 拖犁白
庶物名 : 竹枝粘, 黃瓜秈, 蘆荻粘, 茅葉早, 紅麥稷, 靑芋稻, 鼠牙粘, 白雉糯

한편 江南지역의 早稻 품종은 다음과 같다.

　　蘇·松·太州：瓜熟稻, 救公饑, 救工饑, 麥爭場, 紅蓮稻, 六十日稻,
　　百日赤, 早白, 早紅蓮
　　常·鎭：六十日秈, 百日秈

　태창주에서는 춘분절 뒤에 심고 대서절 후에 수확하는 것을 조도, 망종절 후에서 하지절에 심는 것을 中稻, 하지절 후 10일에 심고 한로절 후에 베는 것을 晚稻라고 불렀다. 고우주에서는 조도 9,종 중도 33종, 만도 36종이 있었다. 강남·강북의 경우 조·중·만도가 같았는데, 장주·곤산·상숙·상해·청포·상주·진강·육합·고우·태주·통주의 각 읍에서는 六十日稻, 오현·정강·송강 각 읍·고우주·의징에서는 瓜熟稻, 장주·오현·상숙·태창·청포·정강·단도·보응·고우에서는 早紅蓮, 오현·곤산·신양·진강 각 속읍·양주·육합에서는 下馬看, 오현·곤산·신양·상숙·강음·정강·양주·통주·고우에서는 早白, 소주 각읍·정강·양주·통주·태주·육합에서는 救公饑, 정강·통주·고우·보응에서는 拖犁歸, 소주·양주 十場에서는 御稻, 강음에서는 晚白, 태창·통주에서는 早紅, 상해·고우에서는 小秈이 재배되었다.

　강남에서 조도가 얼마나 재배되었는지, 그리고 성과는 어느 정도인지에 대해서는 농서에 구체적으로 언급하고 있지 않다. 농서의 간행목적이 조도 재배의 보급에 있기 때문에 이전 시기 농가에서 조도를 많이 재배했다고 보기는 어렵다. 농서에서도 강남은 秔을 많이 재배했으나 秈 재배는 드물었다고 적고 있다.『農桑通訣』에 따르면 早熟을 선, 晚熟을 秔, 早晚適中을 粳이라 불렀다. 이러한 분류에 의하면 강남에서는 조도보다는 만도를 많이 재배했다는 것을 의미한다. 이러한 사실은 17~19세기 강소성 남부의 지방지·『古今圖書集成』·『수시통고』에서 확인할 수 있다. 19세기 자료에서도 조도 품종을 많이 볼 수 없다. 물론 농서에서 언급하지 않은 품종 중에서도 조도가 있지만, 품종 상으로는 강남에 조도가 많이 재배되었다고 보기는 어렵다. 그러면 농가에서는 왜 조도 재배에 소극적이었을까?

우선 지적할 수 있는 것은 조도 재배법에 대한 농민들의 이해 부족을 들 수 있다. 농서의 저자도 언급하고 있는 것처럼 당시 농가에서는 강남의 토양이 조도에 적합하지 않다고 믿고 있었다. 따라서 농가에서는 조도 재배가 확실한 소득을 보장한다는 믿음이 생기기 전에는 조도를 적극적으로 재배할 가능성이 높지 않다. 또한 조도를 적극적으로 권장하기 위해서는 맥 소득을 대신할 만한 소득 보장이 있어야 한다. 그러나 조도의 비중이 세금을 제외하고도 대부분 세금이 면제되는 맥의 소득을 능가했다고 보기 어렵다. 그런데 이 문제와 관련해서 한가지 언급해야 할 것은 조도 재배의 효과에 대한 지주와 소작인의 인식 차이이다. 즉 맥 대신 조도를 재배할 경우 벼 수확량의 증가는 확실하다. 이는 토지 소유자에게는 당연히 유리하다. 그러나 소작인의 입장은 다르다. 소작료를 지불한 뒤 소작인에게 돌아가는 이익은 대부분 세금이 면제되었던 맥 재배로 인한 소득 보다 유리했다고 보기는 어렵다.

따라서 소작인의 경우는 조도 재배보다는 도맥 이모작을 선호할 수밖에 없었다. 그러나 문제는 『포묘농자』·『畊心農話』·『木棉譜』 등의 농서에서 강조하고 있는 것처럼, 소작인이 이모작을 고집할 경우 지력 문제로 벼 생산량 저하를 초래한다는 점이다.65) 그러나 소작인의 경우는 지주와는 입장이 달랐기 때문에 조도를 적극적으로 재배하지 않았다. 따라서 이 당시 조도 재배의 규모는 지주와 소작인 사이의 이해관계에 영향을 받고 있었다. 강남에서 일반적으로 면제되었던 春花 작물에 대해 소작료를 부과한 것66)도 조도 재배를 둘러싼 지주와 소작인간

---

65) 이에 대해서는 姜判權, 「淸代 江蘇省의 農業經濟-農作物 分布를 중심으로-」, 『啓明史學』 8, 1997, 420~427쪽 참조.
66) 川勝守, 『明淸江南農業經濟史硏究』, 東京 : 東京大學出版會, 1992, 5·6장.

의 갈등과 관련해서 설명할 수 있을 것이다.

　농서에서는 재숙도에 대해서도 언급하고 있다. 재숙도는 일찍부터 남방에서 이루어졌으나, 청대 재숙도의 보급은 강희시대 어도의 출현으로 가능하였다. 농서의 저자는 지주와 상인들에 의해 이루어진 어도가 2배의 수확을 올릴 수 있었다고 지적하고 있으나, 실질적으로는 1.5배에 지나지 않았다.[67] 물론 강남이 토양상으로는 재숙도의 재배가 가능했으나, 농서의 지적대로 嘉慶시대에는 자연재해로 사실상 불가능하였다. 농서의 이 같은 지적은 乾隆 이후부터 道光시기까지 강남의 빈번한 재해[68]가 재숙도의 보급 확대를 저해한 중요한 요인이었음을 의미한다.

　『多稼集』·『경심농화』[69] 중『다가집』은 상하권으로 구성되어 있다. 상권에서는 13조로 이루어진「種田新法」을 소개하고 있다. 이 신법은 북방 旱地 농업기술을 총괄하고 있는 한대 趙過의 代田法과 氾勝之의 區田法[70](혹은 區種法)을 결합한 것이다. 이 농법은 저자가 20여 년간의 농사 경험을 통해 이루어진 것이고, 이 농서의 핵심이다. 하권에서

---

[67] 姜判權,「淸代(1644~1850) 江蘇省의 벼 品種과 收穫量」,『中國史硏究』1, 1996, 46~49쪽.

[68] 姜判權,「乾隆~道光時期(1736~1850) 江蘇省의 災害와 淸朝의 荒政」,『中國史硏究』2, 1997 참조.

[69] 『多稼集』·『畊心農話』의 저자는 奚盛이다. 그는 蘇州府 吳縣 출신이고, 字는 子明, 別號는 田道人이다.『多稼集』과『畊(耕)心農話』는 비슷한 내용의 농서이지만 판본에 따라 약간 다르다. 1832~1847년에 걸쳐 완성된『多稼集』은 北京圖書館 소장본이고,『畊心農話』는 南京中國農業遺産硏究室 所藏本이다.

[70] 歷代 區田法에 대해서는『欽定授時通考』권14에 자세하다. 그리고 청대 구전법에 대해서는 楊芳의「田制說」, 孫宅揆의「區田說」, 王心敬의「區田圃田說」, 陸世儀의「論區田」을 들 수 있다(이상 賀長齡·魏源 等編,「戶政」11·「農政上」,『淸經世文編』권36, 北京 : 中華書局 1992, 30~41쪽). 區田法에 대한 연구는 萬國鼎,『區田法的硏究』第一冊, 北京 : 農業遺産硏究集刊, 1958이 있다.

는 『農政發明』 내에 「稽古論今」・「井田圖說」・「論足食須行區種法」・「區田種法」・「歷種區田成效攷」・「區種餘論」 등을 다루고 있다.

한편 奚盛의 서재 이름에서 유래한 『경심농화』는 『다가집』을 저본으로 한 것이지만, 「緒言」・「樹藝法言」으로만 구성되어 있어 『다가집』과는 구성이 다르다. 이 두 농서는 청대 농서의 특징인 특정 지역, 즉 소주부를 대상으로 하고 있다. 따라서 양 농서는 1850년 이전 소주부의 농업기술을 이해하는 데 중요한 자료이다. 그 중 초기 작품인 『다가집』의 중요 부분에 대한 분석을 통해 이 지역의 농업기술을 살펴보자.

『다가집』 上卷 「種田新法」은 13조로 구성되어 있다. 13조의 내용은 집약농업에 필요한 대부분의 작업 과정이 포함되어 있다. 이 신법은 저자가 이상으로 삼고 있는 井田法을 지향하면서 고대에 시행된 농법을 저자의 경험과 결부시킨 것이다. 이 신법은 田 1畝를 넓이 15步, 길이 16步(每步는 15척, 합계 80척 ; 闊은 75척)로 해서 60行으로 나누어, 30행은 씨뿌리고 30행은 비워 두는 농법이다. 즉 1무의 절반만 이용하고 절반은 남기는 농법이다. 그러나 씨뿌리는 곳의 활은 1척 5촌, 그렇지 않는 곳은 단지 1척으로 한다. 이는 培土로 사용하기 위한 것이다. 종전법에서는 地勢의 중요성을 강조하고 있다. 즉 지세는 고저를 살펴 높은 곳은 반드시 두둑에 넓은 고랑을 만들고, 낮은 곳은 반드시 고랑에 넓은 두둑을 만든다. 一行은 높게 一行은 낮게 한다. 이는 田高에는 낮고 넓은 도랑에 곡식 심기가 적합하고, 田低에는 높고 넓은 두둑에 곡식 심기가 적합하기 때문이다. 또한 마땅히 주위에 도랑을 통해서 물을 담아두어야 한다.

種田에서는 땅의 성질을 강조하고 있다. 즉 沙泥는 성질이 거칠어서 花稻(춘화와 벼) 모두 적합하다. 그러나 반드시 1년은 화를 심고, 1년은 벼를 심어야 하는데, 이는 지력이 약해지기 때문이다. 滋泥는 성질이 찰지고 기름져서, 벼에는 적당하지만 화에는 부적합하다. 아울러 빨리 심는 것이 좋다. 겨울에 쟁기로 2척 정도 쟁기질하는 것 이외에, 꾸田에 물질해서 추운 겨울 얼음이 얼 때까지 기다린다. 봄에 배수하고 田土를 대략 말려 다시 쟁기질하고, 두둑과 고랑을 나눈다. 이 법은 단지 흙을 바꾸고 거친 것을 잘게 하는 것이 아니다. 1년 동안 滋熱鬱蒸한 厲氣를 한꺼번에 없애는 것이다. 즉 모든 나쁜 벌레 등이 동사한다. 그러나 이러한 작업은 대체로 소를 소유한 부농만이 가능하였다. 따라서 농서의 저자는 소가 없는 빈농의 경우에는 踏犁・代耕71)・䎫車 등의 이용을 권하고 있다.

種稻法에서는 토지의 分行 이유와 지력 문제를 강조하고 있다. 즉 분행하는 것은 隔壟 사이에 씨를 뿌리기 위해서이고, 해마다 땅을 바꾸는 것은 지력이 쌓이면 물이 발하기 쉽기 때문이다. 高低相間者는 지세를 평평하게 해서 가뭄과 홍수를 면하게 해야 한다. 그리고 저자는 深耕, 易耨, 稀種, 糞美를 특별히 강조하고 있다. 한편 분행 방법은 高低 모두 같으나 반드시 2척 깊이로 해야 한다.

분행 다음 단계는 熱糞(일명 熟糞)을 뿌리는 일이다. 시비는 저자가 종전에 전적으로 의지한다는 표현에서 알 수 있듯이 대단히 중요한 작업이다. 명말・청초에 등장하는 富農・上農은 앞에서 언급한 심경, 그리고 多肥가 하나의 전제 조건이었던 것이다. 따라서 농서의 저자가 심경과 함께 다비를 강조하고 있는 것도 부농・상농의 농업경영을 염두에 둔 것으로 볼 수 있을 것이다. 농서에서 언급하고 있는 거름의 종류는 豬灰・禽毛・立及・河泥・草汁 등이다. 그 중에서도 초즙이 가장 좋다. 그런데 인분의 경우는 비록 중요한 비료이긴 하지만 열이 많아 많이 사용하면 오히려 농사에 해롭다. 또한 지나친 거름은 더욱 좋지 않다.

---

71) 代耕은 王澄의 「奇器圖說・新制諸器圖說」에 언급되어 있다. 이 농구는 새끼로 3인이 쟁기를 끌어야 하지만, 힘은 1인 정도만 소요되었다(吳存浩,『中國農業史』, 1004쪽).

이상과 같은 농업기술 외에 농서에서는 병충해 방지법, 이앙법, 관개법 등을 언급하고 있으나, 특기할 만한 내용은 없다. 문제는 이 같은 농업기술이 어느 정도 효과가 있었는가 이다. 농서의 저자는 상권의 마지막에 이 농법은 경험에서 이루어진 것이기 때문에 丁男은 물론 노소·부녀자들도 활용할 수 있다는 점을 지적하고 있다. 따라서 이 농법은 구전법에 비하면 그 효과가 떨어지지만 상당한 효과가 있었다. 즉 구전법을 이용할 경우 每畝 15만 종자에 30石을 수확하였으나, 3분의 1수준인 10石 정도였다.

한편 하권에서는 구전법에 대해서 구체적으로 논하고 있다. 구전법은 漢代의 『氾勝之書』, 元代 왕정 『농서』 등에 언급되어 있으나 시대에 따라 방법이 달랐다. 저자는 이 구전법이 부농은 물론 빈농에서도 활용할 수 있는 최상의 농법임을 강조함과 동시에 적극 권장하였다. 한대에서 청대 도광시기까지의 구전법 재배 효과에 대해서는 「역종구전성효고」에 언급되어 있다. 특히 농서의 저자는 구전법이 1년 내내 생산할 수 있기 때문에 빈농에게 더욱 유익하다는 점을 강조하고 있다. 그러나 일반농가에서는 구전법을 즐겨 이용하지 않았다. 이에 대해 농서에서는 청초 태창 출신 육세의의 주장을 인용하고 있다(「區種餘論」). 육세의는 농가에서 구전법을 사용하지 않는 이유에 대해 첫째 농민들이 구전법을 알지 못하고, 둘째 常田에 춘화를 반드시 심어야 하고, 셋째 工力이 煩費하다는 점, 넷째 강남 水田이 겨울과 여름에 물이 고이는(冬夏積水) 점을 지적하고 있다.[72] 육세의는 이 문제를 해결하기 위한 방법으로 旱花·旱稻田을 나누어 구전을 실시한다면 일거양득임을 주장하고 있다. 육세의의 이 같은 대안은 농서의 저자도 「계고논금」에서 '區田早, 常種晚'이라 표현하고 있는 것처럼 당시 농가의 절대다수가 이모작을 선호하고 있었다는 것을 의미한다. 이모작의 경우 만도 수확 후 춘화를 재배하기 때문에 일찍 시작하는 구전법

---

72) 陸世儀, 「修齊類」, 『陸桴亭思辨錄輯要』 권11, 115~116쪽.

은 시기적으로 적합하지 않았던 것이다. 따라서 구전법을 이용할 경우에는 조도를 심는 대신 춘화를 재배할 수 없는 것이다.

육세의는 구전법으로 수확이 높았기 때문에 춘화를 재배하지 않아도 오히려 이익이라고 주장하고 있다. 그러나 육세의를 비롯한 많은 사람들이 구전법의 효과를 인정하고 적극 권장하였는데도 그간의 실험 재배 결과가 보여주듯이[73] 일부 지주를 제외하고는 받아들이지 않았다.[74] 이는 결국 육세의의 지적대로 일반 농민들이 이 농법의 가치를 제대로 파악하지 못한 점도 있었지만, 구전법을 사용하기에는 일반 농가의 노동력이 부족하였고, 구전법을 이용하더라도 결과적으로는 소작인보다는 지주에게 많은 이익이 돌아간다는 사실을 일반 농민들이 인식했기 때문이다. 따라서 구전법은 이론상으로는 좋은 농법이었는데도 농민들에게 소득을 확실하게 보장해 주지는 못했기 때문에 기대만큼 확산되지 않았다.

『農事幼聞』의 저자 許旦復의 자는 曙卿, 호는 海嶠[75]이다. 그는 절강성 湖州府 歸安의 유복한 농가의 자식으로 태어나 南潯 심씨의 데릴사위가 됨에 따라 귀안에서 그다지 멀지 않은 동쪽 남심으로 옮겨 살았다. 어려서부터 과거에 응시하기 위해 詩賦를 공부하고 누차 시험에 응시했으나 합격하지 못했다. 이에 과거시험 준비보다는 시와 술을 즐기며 풍류를 즐겼다. 그러나 그는 가난하면서도 독서를 게을리 하지 않았으며, 특히 史書에 큰 관심을 가졌다. 아울러 그는 많은 작품을 저술하기도 했다. 그는 80여 세에 죽었다.[76]

---

73) 『中國農學史』(下冊), 177쪽.
74) 이 점에 대해서는 『江南催耕課稻編』의 저자 李彦章도 「敍」에서 지적하고 있다.
75) 허단복의 호에 대해서는 기록에 따라 다르다. 海嶠은 府志의 기록이고, 縣志에는 海橋로, 蔣錫祁의 『海樵先生傳』에는 海樵로 기록하고 있다(「人物四」, 民國 『南潯志』 권21, 4쪽).
76) 「人物四」, 民國 『南潯志』 권21, 4쪽.

1850년경의 저술인『농사유문』의 내용은 周經雲이 편찬한『南潯志』권30,「蠶桑」상,「農事總論」에 발췌되어 있다.77) 그 내용은 다음과 같다.78)

揀種法 : 벼가 등장한 후 벼 중에 알찬 것을 골라서 다음해의 종자로 사용한다. 곡에는 杭, 糯, 秈 등이 있다. 갱 중에는 赤稻, 白稻가 있는데, 적도는 먼저 익고 백도는 비교적 늦게 익는다. 선도는 湖州 山鄕에서 많이 심는다. 下鄕에는 아주 적다. 익는 것이 1개월 정도 빠른 것을 이곳에서는 '黃秈'이라 부른다. 우리 고향의 찰벼는 품질이 좋지 않다. 반면에 (진강부) 金壇·溧陽産이 가장 좋다. 신나락은 田 1무당 穀 4升 정도 필요하다.

墾冬田 : 耕田 도구에는 철탑이 있다. 이 철탑으로 벼를 벤 다음 깊이 경전하는 것이 가장 좋다. 그리고 다음해 2, 3월경에 다시 경전하는데, 이것을 '鈔田'이라고 한다. 흙덩어리를 잘게 부수기 위해서는 물을 댄다. 겨울에 경전하지 않고 그대로 이앙할 때 爬轉하는 것을 '筅帚田'이라고 한다. 이는 벼 뿌리를 오히려 남겨두기 때문이다. 비록 이미 경전했으나 초하지 못한 경우를 '鑊畚田'이라고 한다. 이는 흙덩이의 크기가 鍋畚과 같기 때문에 붙여진 것이다. 이것은 惰農에서는 하지만 良農에서는 하지 않는다.

種春花 : 油菜·小麥을 '春花'라고 한다. 吳郡 以東은 지대가 높아서 맥을 많이 심는다. 그러나 우리 고을은 지대가 낮아서 유채 재배에 적합하다. 벼를 벤 후 墾田해서 높은 모서리와 옆 경계에 작은 도랑을 만들어서 맥을 뿌려서 스스로 나오게 하거나 麥苗를 심기도 한다. 유채의 경우는 반드시 秧으로 培種하고, 심은 후에는 살아나는 것을 기다려 鐵木鏟으로 감싼다. 다시 그 도랑을 파는 이유는 土壅하기 위한 것이다.

---

77)「農桑一」, 民國『南潯志』권30, 1~19쪽.
78) 내용 중 출처를 밝히지 않은 것은『農事幼聞』의 내용이다.

유채와 맥 곁에 한번 도랑을 깊이 파서 비록 마르더라도 크게 상하지 않으면 다시 한번 도랑 밑의 진흙으로 거름한다. 그러나 반드시 봄에 비가 많이 내리지 않을 경우 자주 좋은 거름을 주면 결실이 많다. 벼를 이미 수확하면 菜麥을 파종하고, 봄 중에 摘菜한다. 薹(사초과의 다년초)로 나물을 만들고, 菜子(유채씨)를 찧어서 기름을 만들고, 菜萁로 땔감하고, 麥穗를 갈아서 麵을 만든다. 蠶豆 등을 함께 이름하길 '春熟'이라 한다(『烏靑鎭志』). 농부가 말하길, 맥79)은 四時를 지나기 때문에 줄기가 네 마디이고, 맥을 심는데 반드시 사계절의 기운이 충분하면 수확이 많다. 우리 고을의 맥80)은 대부분 입동 후에 심고 하지에 수확한다. 三時가 지날 뿐이다. 中秋 전에 보리씨를 高地에 뿌리고, 벼 수확을 마친 후 田에 이앙해서 가을 기운을 갖추도록 한다(『補農書』).

收春花: 菜麥은 4월경에 익는다. 바로 이때는 蠶業으로 바빠서 겨를이 없다. 그런데 이때 소나기가 내려 조금이라도 지체하면 수확할 수 없다. 諺에 "벼·보리 타작은 심하게 말하면 빠른 것이 귀하다"라고 하고 있다.

浸種: 조도는 청명절 전에 담그고, 만도는 곡우 전후에 담근다. 稻草로 1斗 혹은 2·3두를 사용해서 싸서 못물 안이나 항아리 안에 던진다. 그런데 흐르는 물에 침종해서는 안 된다. 침종한 지 3일 내지 4일 정도 지나 흰 싹이 침 끝같이 올라오면 전에 뿌린다. 찰벼는 침종한 지 8일 내지 9일이 되어야 싹이 나온다. 전에 뿌릴 때는 반드시 맑은 날 해야 싹이 쉽게 선다.

撒秧穀: 秧田은 반드시 一區를 만들어 사방을 높은 밭두둑(高塍) 혹은 桑地로 보호한다. 소나기로 갑자기 물이 넘쳐도 戽로 말리면 손해가 없다. 곡을 뿌릴 때는 微水 상태에서 전을 쟁기로 거울 같

---

79) 『補農書』에는 禾로 기록되어 있다.
80) 『補農書』에는 種田으로 기록되어 있다.

이 고르게 한 다음 골고루 뿌린다. 그리고 稻灰를 가하고 薄糞을 뿌린다. 처음 가늘게 나오는 것이 鍼 같아서 '秧鍼'이라고 한다.

貸米 : 땅을 갈 때 쌀을 富戶에게 빌려 겨울에 갚는다. 그 이자는 아주 높은데 1석에 2석을 갚는 경우를 '轉斗米'라고 한다(『紀磊沈眉壽震澤鎭志』).

揷秧 : 芒種은 삽앙 시기이다. 망종 이전에 삽앙하는 것을 '開圩'라 한다. 가물면 물을 퍼 올리고, 물이 많으면 배수해야 한다. 물은 1척을 넘지 않도록 한다. 삽앙하기 전 이미 墾 혹은 鈔한 전은 또한 鐵 鍬로 부수어 흙덩어리가 없게 해야 한다. 그런 후에 모를 심는데 반드시 못줄로 경계를 삼아야 한다. 이것을 '秧界繩'이라 한다. 매 一界는 一埭로 하고, 일태는 대략 삼척 넓이로 한다.

撩草揚田 : 삽앙 후 한달 정도면 풀이 苗 옆에 올라오는데 손으로 풀을 뽑는다. 그 풀은 손으로 비벼 단을 만들어 전 사이에 밟는다. 이는 苗根을 자라게 한다. 요초의 회수는 일차 혹은 2·3차 한다. 이 회수는 풀의 다소를 보고 결정해야 한다. 이 이후에 盪田(속어로 '撻田'이라고도 하지만 이는 잘못)한다.

耘田 : 탕전으로 풀을 완전히 제거할 수 없기 때문에 운전한다. 김매는 자는 무릎으로 묘 사이에 기면서 양손으로 포복한다. 묘근에 있는 풀을 깨끗이 제거한다. 묘 잎이 다리를 상하게 할 것을 생각해서 竹片을 엮어서 簾을 만들어 양 다리 사이에 묶는다. 이것을 '耘田馬'라고 한다. 그런데 탕은 서서 하지만 운은 기면서 할 뿐 아니라 삼복 땡볕에 하기 때문에 농부의 어려움이 가장 심하다.

下壅 : 풀이 완전히 제거된 후 시비하는 것을 하옹이라 한다. 부자는 豆餅 덩어리를 잘게 부수어 苗間에 고루 뿌린다. 가난한 자는 두병을 구할 수 없을 경우에는 돼지·양 등의 축분을 이용한다. 이외 山田에는 물이 차갑기 때문에 석회 혹은 馬牛犬豕骨, 豬毛·

鷄毛 및 頭毛를 사용한다. 그러나 흙의 성질이 다르기 때문에 반드시 우리 고을에서 따를 수는 없다. 下糞은 너무 빠르면 안 된다. 너무 빨라 後力이 부족하면 가을 생장에 문제가 있다. 初種 때에 반드시 河泥(강가 진흙)로 밑거름으로 해 두면 그 힘이 비록 늦더라도 자란다. 한 여름에 점차 灰 혹은 菜餠을 주면 그 힘이 또한 늦더라도 질병이 빨리 생기지 않는다. 입추 후 처서 사이에 비로소 많은 거름을 주면 그 힘이 배가 되어 이삭이 성장한다(『徐獻忠吳興掌故集』).

과거에는 餠 값이 싸서 그 값이 대개 짚과 같았다. 지금 병 값은 전날에 비해 상승하여 짚 값은 이에 비교할 수 없다. 따라서 농민이 더욱 어렵다(지금 짚 값 또한 날로 상승한 것도 병 값 상승 때문이다)(『震澤縣志』). 무릇 전에는 厚薄이 있고 흙에는 肥磽가 있는데, 모두 糞氣에 따라 美惡가 결정된다(『張海珊說糞』).

車水 : 水車之制에 가장 큰 것은 소 혹은 3·4명의 사람, 그리고 風帆을 이용한다. 작은 것은 한 사람이 앉아서 손으로 움직인다. 우리 고을에서는 결코 그것을 본 적이 없다. 우리 고을의 차는 두 사람이 앉아서 밟아 돌린다. 가뭄 때 물을 펄 경우 사람이 각각 스스로 主가 되고, 물이 많아 배수할 경우에는 合圩한다. 모두 '大輣車'라고 한다. 차의 다소는 圩의 대소를 보고 결정한다. 차에 필요한 사람은 糧으로 결정한다.

除蟲 : 삼복에 묘가 성장할 때 푸른 잎에 벌레가 생긴다. 많으면 묘를 상하게 한다. 제거하는 방법은 유채 기름을 이용한다. 도광 23년 우리 고을에서 병충해 때문에 수확이 없었다.[81]

刈稻 : 벼를 베는 시기는 빠르면 9월 말, 늦어도 10월을 넘기지 않는다. 대개 벼 수확의 성과는 서리와 이슬에 좌우된다. 서리가 너무 빨

---

81) 道光 23년(1843) 귀안현에는 가뭄과 병충해로 기근이 발생하였다(光緒 『歸安縣志』 권27, 「祥異」, 24쪽).

리 내리면 벼 알이 튼튼하지 못하고, 서리가 내리지 않으면 벼 대가 마르지 않는다. 따라서 반드시 서리 내리는 것을 기다린 후에 벤다. 이것을 '稻鏲刈稻'라고 한다. 乾田은 쉽고, 濕田은 어렵다. 이미 벤 후 벼를 四柱木棱上에 횡으로 해서 곧장 묶어서 낱개로 만든다. 이것을 '漊車'라고 한다. 이미 낱개로 만든 것은 三肘竹架 위에 나누어 편다. 이것을 '교천'이라고 한다. 바람 부는 햇볕에 잘 말려서 집으로 가져간다. 東鄕田은 높아서 반드시 竹架가 없어도 禾田에서 말릴 수 있지만, 우리 고을은 죽가없이는 말릴 수 없다.

上囤 : 도정 기구는 木臼를 사용하기도 하고 礱臼를 사용하기도 한다. 그 중에서도 담구가 좋은데, 돌을 이용하는 것이다. 그러나 담구는 西鄕에는 있으나 우리 고을에는 없다.……한번 도정하는 것을 '大一糳', 두번 도정하는 것을 '雙糙'라고 한다. 다른 곳에서는 三糙·四糙도 있으나 우리 고을에는 없다.……蒸炒米와 冬舂米는 모두 배부르는 것을 취하는 것인데, 우리 고을에서 어찌 이것을 즐겨하겠는가? 농부들은 종일 부지런히 일하면서 아침 저녁밥을 먹는다. 그러나 2升의 白粲을 사용하여도 배를 채울 수 없다. 따라서 부득이 증초미와 동용미를 먹어야 한다.……땅이 척박하고 백성이 가난함에 있어서 우리 고을이 上이고 杭紹(항주와 소흥)는 下이지만, 蘇松(소주와 송강)은 그렇지 않다.

完租 : 강남의 완조는 전호가 業主의 집에 보내는 형식으로 이루어진다. 그러나 호주부는 이 같은 예가 없다. 반드시 업주가 배를 타고 鄕에 이르러 거두어 간다. 풍년일 경우에는 每畝 1석 전후이고 조금 흉년일 경우에는 3 내지 4 두 정도 감해주며, 흉년일 경우에는 기간을 늦춘다(緩徵). 관에서 창고를 열지 않으면 조는 낱알도 낼 수 없다. 그러나 漕糧은 3년 나누어서 帶徵할 수 있지만 租米를 거둘 수 없으면 영원히 帶徵之事는 없다.……

이상의 농업기술은 민국시기 다른 자료82)에서도 거의 같은 내용을 수록하고 있는 점으로 보아 20세기 초까지 계속되었던 것으로 보인다. 물론 농서에서 언급한 농업기술 내용도 특별한 것을 발견할 수 없다.83) 그러나『농사유문』에서 언급하고 있는 내용에서 강남의 곡물농업 상황이 조금씩 달랐다는 사실을 발견할 수 있다.

우선 호주부의 찰벼는 강소성 진강부 산보다 품질이 좋지 않다는 점을 들 수 있다. 이 같은 사실은 호주부의 찰벼를 포함한 벼농업 조건이 강소성 진강부보다 좋지 않았다는 사실을 반영하고 있는 것으로 보인다.84) 호주부와는 달리 진강부는 강소성 중에서도 벼농업이 발달한 곳이고, 그 중에서도 찰벼는 중요한 비중을 차지하고 있었다. 따라서 진강부에서는 호주부와는 달리 찰벼로 만든 양주업이 크게 발달했다.85)

『농사유문』에서 땅을 가는 부분에서 우경이 아닌 철탑을 소개하고 있다는 점은 이 농서가 소농을 위한 농서임을 암시한다. 왜냐하면 우경은 주로 上農에서 이루어진 반면 철탑은 소농에서 이루어졌기 때문이다.86)『농사유문』을 통해 호주부의 춘화 작물에 대한 정보를 얻을

---

82) 民國『雙林鎭志』권13,「農事」, 1~8쪽. 광서시기 지방지에도 경작법이 언급되어 있는데, 2월 治圩岸, 3월 選種浸穀, 立夏 蒔秧, 4월 麥 수확, 곧 이어 墾田, 9월 수확하지만 霜降을 넘기지 말아야 했다(光緖『烏程縣志』권29,「物産」, 1~3쪽).
83)『農事幼聞』은 이보다 16년 전에 간행된 江蘇省 松江府를 대상으로 한『浦泖農咨』와 비교해 보아도 특별히 다른 내용은 발견할 수 없다.『浦泖農咨』에서는 경작법은 물론 당시의 물가, 소농민의 어려움 등을 포함하고 있는데 반해『農事幼聞』의 내용은 경작법에 한정되어 있다.『浦泖農咨』의 구체적인 내용에 대해서는 姜判權, 앞의 논문, 1995 참조.
84) 安吉縣에서는 物産이 남지 않아 술을 많이 생산할 수 없을 정도였다(同治『安吉縣志』권8,「物産」, 1~7쪽). 張履祥의『補農書』에서도 호주부 지역은 땅이 척박해서 벼를 일찍 심을 경우 병충해가 심하기 때문에 芒種 이후에 이앙하는 것이 최선임을 강조하고 있다(『補農書』,「運田之法」, 28쪽).
85) 姜判權,「淸代 江蘇省 鎭江府·常州府의 農業과 農家經濟」,『大丘史學』 55, 1998, 114~115쪽.
86) 姜判權, 앞의 논문, 1995, 117~119쪽.

수 있다. 춘화는 바로 명말·청초 절강에서 출현한 개념이다. 춘화는 보리와 밀과 콩과 함께 부르는 말이다.『포묘농자』에서 사용하고 있는 '春熟'은 춘화의 다른 이름이다.[87] 호주부에서 춘화 중에서도 유채를 많이 재배한 것은 이 지역이 다른 지역보다 낮은 지형 때문이었다. 호주부의 춘화 재배는 18세기 이후 본격 이루어진 강남의 춘화 재배에 힘입은 것이다.

풀을 제거한 뒤 실시하는 거름주기에 대한 언급은 이 지역의 농업 생산 정도를 이해할 수 있는 대목이다. 이 시기에도 부농은 주로 두병을 사용한 반면 빈농은 주로 축분을 사용하였다. 그 이유는 두병의 값이 너무 높았기 때문이다.『震澤縣志』에 과거에 비해 두병 값이 올라 농민들이 어려움을 겪고 있다는 지적은 이미『포묘농자』에서도 찾아볼 수 있다.[88] 따라서 이 당시 호주부의 소농민들은 곡물 생산량을 크게 높일 수 없었을 것이다.

『농사유문』의 병충해 관련 기사는 이 당시 농민들이 병충해를 어떻게 제거했는지를 알려주는 주요 정보이다. 벼의 경우 도열병과 같은 병충해를 입으면 그 해의 수확은 거의 포기해야만 한다. 도광 23년(1843)에는 병충해로 수확 자체가 없었다는 지적은 병충해가 얼마나 농업에 치명적인지를 상징적으로 보여주고 있다. 농서에서 유채 기름으로 병충해를 제거한다는 지적으로 보아 아마 도열병일 것이다.『南潯志』에도 도광 23년에 기근을 기록하고 있다.[89]

볏단을 말리는 기구를 설명한 부분에서도 호주부의 벼농업 특성을 엿볼 수 있다. 이곳은 지대가 낮기 때문에 벼를 베어 땅에 둘 수가 없

---

87) 춘화의 개념에 대해서는 강판권, 앞의 박사학위논문, 1999, 108쪽, 주 208) 참조.
88) 姜判權, 앞의 박사학위논문, 1999, 25쪽.
89) 民國『南潯志』권29,「災祥二」, 21쪽. 남심에는 도광 29년(1849)에도 재해로 큰 피해를 보았다.『南潯志』에는 이때 입은 수재를 대상으로 지은 허단복의「十哀詩」를 수록하고 있다(「災祥二」,『南潯志』권29, 21~24쪽).

다. 그래서 이곳에서는 다른 지역과는 달리 반드시 대나무로 만든 사다리, 즉 죽가가 있어야 한다. 그런데 호주부 武康의 서남지역은 잠상의 이익보다 많을 만큼 대나무가 많이 자랐다.[90] 안길현 동남에서도 다양한 종류의 대나무가 생산되었다.[91]

도정 기구와 회수에서도 호주부는 서향보다 뒤떨어져 있었다. 도정 기구의 경우 항주부 등지에서는 이미 담구를 사용했으나 호주부에서는 사용하지 않았다. 또한 도정 회수도 서향 등지에서는 3·4회가 행해졌으나 호주부에서는 두 번밖에 이루어지지 않았다. 이러한 도정 회수는 식생활 습관과 전혀 무관하다고 볼 수는 없지만 여기서는 도정 기술을 의미하기 때문에 이 분야에서 호주부가 서향 지역에 비해 수준이 낮았다. 租 납부 관행도 호주부는 다른 강남과는 차이가 있었다. 즉 강남의 조 납부는 전호가 직접 지주에게 납부하는 형태였으나, 호주부에서는 업주가 배를 타고 다니면서 거두어 갔다.

이처럼 호주부는 강남의 다른 지역, 예컨대 진강부, 소주부, 송강부, 항주부, 소흥부 등에 비해 상대적으로 곡물농업이 뒤떨어진 지역이었다. 호주부의 이 같은 곡물농업 수준은 기본적으로 척박한 토양 때문이었고, 이는 곧 이 지역 농민들의 생활 수준을 강남에서 최하로 만들었다. 그러나 호주부의 낮은 곡물 생산은 이 지역을 강남에서도 가장 앞선 잠상기술 보유지로 만들었던 것으로 보인다.[92]

『목면보』[93]는 전대의 목면 관련 자료의 인용과 고증이 서술되어 있

---

90) 道光『武康縣志』권5,「物産」.
91) 同治『安吉縣志』권8,「物産」.
92) 湖州府의 蠶桑業에 대해서는 강판권,「淸代 江南의 蠶桑 農書와 蠶桑業의 發達」,『明淸史硏究』12, 2000 참조.
93)『木棉譜』의 편찬자인 褚華의 字는 秋萼(岳), 號는 文洲이며, 松江府 上海人이다. 그는 乾嘉시대 즉 18세기 말과 19세기 초에 살았던 사람이다. 그러나 이 작품이 언제 편찬되었는지에 대해서는 정확히 알 수 없다. 그는『목면보』외에 복숭아 전문서인『水蜜桃譜』를 편찬하기도 하였다. 이런 점으로 보아 그는 해안 지역의 軼事와 經濟 名物에 대해 상당한 관심과 지식을 갖추고 있

다. 인용 자료는 裵淵의 『廣州記』, 趙翼의 『陔餘叢考』, 孟祺의 『農桑輯要』, 왕정의 『농서』·「農桑通訣」, 徐光啓의 『農政全書』 등이다. 특히 많은 내용이 서광계의 『농정전서』에 의존하고 있다. 그리고 농서는 棉花播種·施肥·整枝·采摘 등 재배기술, 軋花, 彈花, 紡紗, 織染技術 및 용구 등을 서술하고 있다. 이 같은 내용을 담고 있는 『목면보』는 乾嘉(건륭과 가경)시대 송강부, 특히 상해 면업을 이해하는 데 중요한 자료이다.

면화는 송대를 기점으로 분포와 발전에 큰 변화가 일어났다.[94] 즉

었던 것으로 보인다. 『木棉譜』의 판본은 『藝海珠塵』·『昭代叢書』·『農學叢書』·『上海掌故叢書』·『叢書集成』, 그리고 道光刻本의 단행본 등이 있다. 본고에서 이용한 농서는 『藝海珠塵』본으로 『叢書集成初編』에 수록되어 있다.

94) 棉은 면화와 목면으로 나눌 수 있다. 면화는 錦葵科 棉屬식물로 3종 즉 草棉·樹棉·陸地棉이 있다. 고대의 면화는 "吉貝"·"古貝"·"梧桐木"·"古終藤"·"木綿" 등으로 불렀다. 중국 자료 중의 "木棉" 혹은 "木綿"은 어떤 경우에는 면화를, 어떤 경우에는 '攀枝花'를 지칭한다. 그런데 면화와 반지화는 서로 다른 科의 식물이다. 즉 반지화는 키가 큰 喬木으로 絨毛가 아주 짧아 방직할 수 없으며, 枕芯 혹은 墊褥를 만드는데 사용되었다. 이외 면화는 다년생과 일년생이 있다. 다년생은 灌木이며, 일년생은 나무가 작다. 고대 자료에 보이는 "木棉" 혹은 "木綿"은 어떤 것은 다년생을, 어떤 것은 일년생을 지칭하기도 한다. 일찍이 四川·雲南·兩廣 등 濕熱 地區에 재배되었던 목면은 다년생 목면 중 海島棉이었으며, 1년생 해도면은 청말·민초에 비로소 도입되었다. 중국 고대의 면화는 亞洲棉·非亞洲棉이며, 陸地棉은 근대에 비로소 도입되었다. 아주면은 "中棉"이라고도 한다. 아주면은 1~2세기경에 중국에 들어왔다. 雲南·廣東·廣西·海南島·福建 등지에서 재배된 목면은 다년생이었다. 이 같은 다년생 목면은 대개 12세기 중엽 이후 일년생 면화로 개량되었다. 일반적으로 아주면은 印度로부터 들어왔다. 중국에 재배된 아주면은 인도로부터 雲南, 兩廣, 海南島, 福建 등지로 보급된 후, 양자강 유역과 황화 유역으로 보급되었다. 非亞洲棉은 "草棉" 혹은 "小棉"이라고도 불리운다. 비아주면은 中東을 거쳐 新疆으로 들어와 河西走廊까지 보급되었으나 黃河 중·하류 지역까지는 보급되지 않았다. 陸地棉은 "高地棉"·"美棉"이라고 부른다. 육지면은 중국에 들어온 선교사가 소량의 종자를 가져와 선교지역의 농민들에게 보급하였으나 退化로 실패하였다. 정식으로 중국에 육지

송 이전에는 지금의 광동 연해·광서 계림, 운남 서부 일대에 다년생 면화가 재배되었다. 이들 지역은 기온이 비교적 높아서 면화의 월동에 좋은 조건을 갖추고 있었다. 북방 지역에서는 吐魯番의 高昌國 주변 지역에서 면화가 재배되었을 뿐이다. 그러나 송 이후에는 재배지역이 양자강과 황하 유역까지 확대되었다. 물론 12세기 전까지는 兩廣, 海南島, 운남, 복건 등지까지만 재배되었다. 양자강 유역에 면화가 재배되기 시작한 것은 12세기 중엽 이후에나 가능했다. 즉 양자강 하류지역은 기온이 비교적 낮아서 다년생 면화가 월동할 수 없었기 때문에 일년생 면화가 육종된 후에야 가능했던 것이다. 宋末·元初에는 양자강유역에도 면화를 많이 재배하였다.[95] 이후 13세기 후반경에는 양자강 중·하류지역의 면 재배와 면방직업은 점차 발달하였으며, 그 중 상해를 중심으로 한 송강부는 중국의 주요 면 생산지였다.

『목면보』는 송강부 상해현의 이 같은 면업 전통에 힘입은 바 컸다. 또한 상해의 면업 발달에는 송말·원초에 활동한 이 지역 출신, 즉 烏泥涇 출신의 黃道婆의 역할을 간과할 수 없다.[96] 물론 상해의 면방직

    면이 들어온 것은 청말 湖廣總督이었던 張之洞에 의해서였다. 그러나 이 당시 육지면의 보급은 실패하고, 1919년 이후에야 보급에 성공할 수 있었다(張宗法·鄒介正 校釋,『三農紀校釋』, 392~393쪽. 목면의 구체적인 내용에 대해서는 陳仲方,「亞洲棉(Gossypium arboreum L.)品種研究」,『江蘇農業學報』1987-3 참조).
95) 王禎『農書』,「百穀譜」, 권10, 161쪽.
96) 黃道婆는 南宋末 전쟁 와중에 南海島에 건너가 그곳에서 10여 년 동안 면업 기술을 배웠다. 그녀는 元 元貞年間(1295~1296)고향에 돌아와 海南 黎族의 선진 면업기술을 전파하였다. 물론 황도파 이전에 면이 재배되고 있었지만 면업기술이 아직 낙후되어 있었다. 황도파는 기존의 손이나 鐵杖으로 軋棉하는 것을 黎族의 踏車로 대체하였다. 면화 가공에 대해서도 기존의 小弓 대신 黎族의 絲弦大弓과 檀木彈椎를 이용하여 開棉과 除染 효율을 높였다. 이외 황도파는 紡織工程, 織布技術, 紡織工具 등을 개선하였다. 황도파에 의한 면방기술의 개선은 면제품의 질적 향상은 물론 생산가격을 낮추는 등 중국 棉業史에 중요한 역할을 하였다. 황도파는 중국의 면업기술을 한 단계 높였을 뿐 아니라, 松江府가 元·明·淸代까지 줄곧 중국 면업의 중심지로 성장하

업의 발달에는 황도파의 공헌이 절대적이었지만, 『목면보』에서도 언급하고 있듯이 이 지역의 토양 조건이 면화 재배에 적합했던 점도 주목해야 한다.

『목면보』에 수록된 면업기술은 대부분 기존의 농서에서 빌린 것들이기 때문에 독창적인 내용은 거의 발견할 수 없다. 그 내용을 간단히 소개하면 다음과 같다.

재배시기 : 목면은 청명 전에 씨앗을 잘 다듬은 땅에 뿌리고 흙으로 덮은 후 3, 4월경이면 싹이 나온다. 그 뿌리는 곧으며, 잎은 뾰족하면서 각이 있었다. 한여름이 되면 줄기가 점점 붉고 검은 색으로 변한다. 핀 小花는 錦과 같았다. 면화는 열매를 맺을 때 매 이삭마다 3냥의 房이 만들어지는데, 방의 어린 눈을 "花盤"이라 하고, 늦은 것을 "花鈴子"라고 했다. 꽃을 일찍 거두는 것을 "早花", 늦게 거두는 것을 "晩花"라고 하며, 꽃이 서리를 맞아 색이 바랜 것을 "霜黃色"이라고 했다.

재배방법 : 재배방법은 원대의 농서인 孟祺(1241~1291) 등이 편찬한 『농상집요』・왕정 『농서』 등의 자료에서 인용하고 있다. 우선 면화씨를 파종하기 위해서는 정월에 地氣가 나올 때 한두 번 深耕해야 한다. 그리고 畦町(두둑)을 만드는데, 그 방법은 매 휴는 길이 8척, 넓이 1보로 한다. 안의 반보는 畦面을, 반보는 畦背를 만든다. 싹이 일제히

는데 그 기초를 제공했다. 그녀가 중국에서 면업을 전래한 혁신가로 평가받고 있는 것은 결코 우연이 아니다. 황도파에 대한 중국인의 관심과 대우는 이미 그가 죽은 직후부터 시작되었다. 농서에 따르면 元代에는 그가 죽은 뒤 祠를 건립해서 제사지냈으며, 明代에는 張之象이 다시 그녀의 像을 寧國寺에 세웠다. 아울러 그녀의 고향에 건립된 黃母祠와 紀念像, 그리고 1980년에 발행된 그녀의 얼굴이 새겨진 우표 등은 그녀가 중국 면업사에서 차지하는 비중이 어느 정도인지를 짐작케 한다. 黃道婆와 상해의 면방직업에 대한 구체적인 연구는 上海縣志瓣公室・上海縣 文化局 主編, 『黃道婆硏究』(上海 : 上海社會科學院出版社, 1994) 참조. 그리고 江南지역의 면방직업과 관련한 史料選集에는 徐新吾 主編, 『江南土布史』(上海 : 上海社會科學院出版社, 1992)가 있다.

나올 때 물을 댄다. 그런데 씨앗은 서리 내릴 즈음에 거둔 것은 사용해서는 안되며, 중간쯤 거둔 것이 가장 좋았다. 면화의 浸種에 대해서는 송대의 『格物粗談』, 원대의 『농상집요』에 기록되어 있으나, 水浸種에 대한 최초의 기록은 1740년에 완성된 양선의 『豳風廣義』97)이고, 1755년에 간행된 丁宜曾의 『農圃便覽』98)에서는 두 가지 종면법을 소개하고 있다.

稻棉輪作과 棉麥兩熟: 이 부분은 송강부의 輪作 필요성과 방법을 서술하고 있다. 이 부분도 서광계의 『농정전서』의 내용을 발췌한 것이다. 고대에는 다음해 전에 벼를 심으려고 하는 자는 맥을 심을 수는 있지만, 면을 심어서는 안되었다. 그 이유는 지력 때문이었다. 그러나 농서에서는 인구는 많고 땅은 좁은 강남의 경우는 부득이하기 때문에 시비를 통해 大麥 혹은 稞麥을 심지 않으면 안되었다. 농서에 따르면 이 같은 경우를 "麥雜花"라고 불렀다. 면 재배 지역에 맥과 함께 콩도 재배하였다. 그러나 농서에서는 棉麥 혹은 棉豆 兩熟이 큰 효과가 없기 때문에 심지 말 것을 주장하고 있다. 이 같은 지적은 면맥 혹은 면두

---

97) 楊山山, 『豳風廣義』 권3, 「綿繭蒸法紡法」, 4~5쪽. 蠶桑・畜牧・園藝 등의 분야를 다루고 있는 이 농서는 1729년(雍正 7)에서 1740년(乾隆 5)까지 13년간에 걸쳐 완성된 작품이었다. 『豳風廣義』의 「豳風」은 『詩經』「豳風・7月」에서 따온 것이며, 豳은 섬서를 지칭한다. 이 지역은 일찍부터 잠상이 발달한 곳이었다. 섬서 출신인 저자가 농서의 제목을 『豳風廣義』로 삼은 것은 고대 섬서 지역의 잠상업을 회복한다는 뜻이 담겨져 있었다. 『豳風廣義』는 현재 두 판본이 있다. 하나는 『關中叢書』本으로 『叢書集成續編』에 재수록되어 있다. 다른 하나는 『乾隆 7년 刻本』으로 『中國科學典籍通彙-農業卷』에 재수록되어 있다. 두 판본을 비교해 보면 『關中叢書』본에는 『乾隆 7年』본의 乾隆7년 帥念祖가 쓴 「豳風廣義叙」, 乾隆 5년 劉芳頻이 쓴 「叙」, 「題辭」, 「全書音譯」, 門人 巨兆文이 쓴 「豳風廣義後叙」 등이 빠져 있다. 또한 농서의 그림도 내용은 같으나 모양은 조금 다르다. 한편 양선의 또 다른 농서에는 경작재배와 農桑樹畜技術을 다루고 있는 『知本提綱』(1747), 『知本提綱』의 내용을 보충한 『修齊直指』(1776), 그리고 『豳風廣義』의 요약본인 『蠶政摘要』(1756), 유실된 『論蠶桑要法』, 『經國五政綱目』 등이 있다.

98) 丁宜曾, 『農圃便覽』, 「春」, 24.

양숙의 효과가 이 시기에 기대만큼 이루어지지 않았다는 것을 보여주는 것이다. 면맥 혹은 면두 양숙은 토지 이용을 극대화하는 데는 의미가 있지만, 일정한 효과를 보장하기 위해서는 무엇보다도 충분한 시비가 전제되어야만 한다. 그러나 이 시기 부농만이 충분한 시비가 가능했을 뿐, 일반 농가에서는 사실상 불가능하였다. 따라서 충분한 시비가 이루어지지 않는 한, 면맥 혹은 면두 재배는 단종 재배보다 낫다는 보장이 없었을 것이다.

한편 이 농서에서는 시비의 종류로 糞, 灰, 두병, 生泥 등을 들고 있다. 그런데 시비의 경우 토질에 따라 적당한 양이 수확에 상당한 영향을 미친다. 특히 지나친 시비는 결실에 지장이 있을 뿐 아니라 벌레가 생기기 때문에 시비의 양은 중요하다. 그래서 농서에서는 당시 가장 성행한 密種의 경우 十餠 이상, 糞十石 이상을 넘지 말 것을 강조하고 있다. 상해에서는 거름 중 糞은 齊魯産을, 草의 경우는 餘姚産을 이용하였다. 그런데 농서에서는 결코 소맥은 심지 말 것을 강조하고 있다. 그 이유는 소맥이 늦게 익어 면 재배 시기가 너무 늦기 때문이었다. 『농정전서』에서는 이 같은 문제점을 해결하기 위해 穴種麥과 穴種棉을 건의하고 있다. 물론 이 같은 방법은 수익 증대에는 효과가 있었지만 많은 노동력이 필요하였다.99) 한편 高仰田에는 도·면 모두 재배할 수 있었는데, 2년은 면을, 1년은 벼를 심는 게 바람직했다. 그 이유는 문드러진 草根이 土氣를 비옥하게 하여 벌레가 발생하지 않기 때문이었다. 그러나 3년을 넘길 경우에는 벌레가 생기기 때문에 벼를 심을 수 없었다. 따라서 이 경우에는 면을 수확한 후 전에 언덕을 만들어 물을 대고 겨울을 넘겨봄에 배수해서 정지하면 벌레가 생기지 않았다.

鋤棉: 농작물의 김매기는 수확량에 상당한 영향을 미친다. 면 역시 다른 작물과 마찬가지로 김매기는 수확량에 중요한 역할을 한다. 특히 김매기의 회수는 수확량 증가와 밀접하다. 농서에서는 명대의『張五典

---

99) 위의 책.

種法』을 인용해서 7遍 이상의 김매기를 강조하고 있다. 면의 김매기에 대해서는『資治通鑒』에 한 달에 3번을 지적한 이래, 명대의『群芳譜』·『농정전서』등에서도 김매기의 중요성을 강조하고 있다.

利用: 면화는 紡紗, 織布 등은 물론 다른 용도로도 이용되었다. 목면 씨는 해독 작용을 하기 때문에 악성 종기를 치료하는데 사용되었다. 또한 면화씨는 기름으로도 이용되었으며, 그 찌꺼기는 거름으로도 사용되었다.

요컨대 농서에 나타난 농업기술 중 곡물 농업기술은 큰 변화를 찾아 볼 수 없었다. 단지 몇 가지 변화는 확인할 수 있다. 우선 중경 농구인 운탕·운조의 이용을 들 수 있다. 물론 이 농구는 명말 절강에서는 이용되고 있었지만 강소성 남부에서는 청초에 이르러서야 이용되기 시작했다. 다음으로 벼농사와 관련한 관개 기구의 개선을 지적할 수 있다. 水·旱災가 빈번했던 중국의 지리적 특징을 고려하면 국가는 물론 농가에서도 이 분야에 대한 관심은 그 어떤 분야보다도 높았다. 관개 농구의 개선도 이러한 상황을 반영한 것으로 볼 수 있다.

특히 '건전화'가 농업 생산에 관건이었던 강남에서의 관개 기구의 필요성은 그 어떤 지역보다 절실했다. 단지 개선된 관개 기구가 농업 생산에 긍정적으로 작용했지만, 일반 농가에서 구입하기까지는 상당한 비용과 시간이 필요했다. 마지막으로 올벼 품종의 개선과 보급을 들 수 있다. 올벼 재배법이 보급되고 있는 것은 올벼 품종의 보급과 함께 벼농업 발전에 중요한 부분을 차지한다. 한편 면상 농서에 나타난 농업기술은『목면보』의 경우 이전 시기에 비해 새로운 기술을 발견할 수 없지만, 농서의 간행으로 체계적인 재배기술이 보급되고 있다는 점을 감안하면 결코 과소평가할 수 없다. 그러면 이러한 농업 생산기술이 농작물 재배에 어떻게 반영되고 있는지를 식량 작물과 면상 작물을 통해 검토해 보자.

3장 곡물 농업 생산과 수확량

1. 인구 변동와 田地 規模

인구 변동은 그 시대의 사회 경제적 변화를 측정하는 중요한 지표이다. 특히 청대 인구의 변동은 이 시대의 사회 경제적 변화를 이해하는데 간과할 수 없는 요소이다.[1] 인구의 변동은 농업 분야에서도 중요하다. 즉 인구의 변동은 경작 규모, 농작물, 가격 등 사실상 농업 전반에 영향을 준다. 따라서 강남의 벼재배 상황, 미가, 그리고 이모작, 면·상 재배 등을 이해하기 위해서는 각 지역별 인구 변동에 대한 이해가 필요하다.

우선 강녕부의 시기별·지역별 인구 변동·전지 규모·1인 畝數 등을 살펴보면 아래 표와 같다.

<표 5> 1657~1820년 강녕부의 인구와 전지

時期	人口(丁)	田地(畝)	1人 畝數	資料
1657(順治14)	209,084	6,855,092	32.7	①
1677(康熙16)	219,185②	6,907,545	31.5	③
1683(康熙22)	220,793	6,907,545	31.2	④
1775(乾隆40)	2,041,292	5,132,129	2.5	⑤
1820(嘉慶25)	2,072,536	5,233,949	2.5	⑥

---

1) 중국의 인구 연구 현황에 대해서는 鄭哲雄, 「淸代 揚子江 中流地方의 人口 變化」, 『崇實史學』 7, 1992, 68~75쪽 참조.

출처 : ①③④ 雍正 『古今圖書集成』, 「職方典」 권658 ; ⑤ 嘉慶 『新修江寧府志』 권14, 「賦役上」 ; ⑥ 嘉慶 『重修一統志』 권72~76. ②는 1678년의 통계임.

<표 6> 1683년 강녕부의 지역별 인구와 전지

地域	人口(丁)	田地(畝)	1人畝數
上元	29,025	880,981	30.3
江寧	21,657	744,860	34.3
句容	46,148	1,449,942	31.4
溧水	19,605	1,057,981	53.9
溧陽	44,037	1,647,004	37.4

출처 : 雍正 『古今圖書集成』, 「職方典」 권658.

<표 7> 1809년 강녕부의 지역별 인구와 전지

地域	人口(丁)	田地(畝)	1人畝數
上元	592,480	867,021	1.46
江寧	707,849	756,361	1.0
句容	306,968	1,344,129	4.3
溧水	159,186	1,093,013	6.8
高淳	156,535	739,002	4.7
江浦	48,601	230,804	4.7
六合	69,667	101,799	1.4

출처 : 嘉慶 『新修江寧府志』 권14, 「賦役上」.

　　강녕부의 인구는 1775년부터 급격하게 증가하여 1820년까지 거의 비슷한 수준이다. 이에 따라 이 기간 동안 1인 무수도 대략 30무에서 2.5무로 급격하게 줄었다. 이 같은 인구 증가에 따른 전지 규모의 축소는 지역별 인구 변동과 전지 규모를 통해서도 알 수 있다. 1683년 강녕부 중에서도 인구가 가장 많은 지역은 구용현이며, 가장 적은 지역은 율수현이다. 1인 무수는 율수현이 가장 많고, 다른 지역은 대체로 30무~37무 사이로 거의 비슷하다. 반면에 1809년에는 강녕의 인구가 가장 많으며, 강포의 인구가 가장 적다. 1인 무수는 1683년과 마찬가지로 율수현이 6.3무로 가장 많으며, 인구가 가장 많은 강녕이 1.0무로 가장 적다. 그런데 1809년 강녕부의 1인 무수는 전체 지역이 10무 이하이며, 평균 3.4무이다.

진강부의 시기별·지역별 인구 변동·전지 규모·1인 무수 등을 살펴보면 아래 표와 같다.

<표 8> 1658~1820년 진강부의 인구와 전지

時期	人口(丁)	田地(畝)	1人 畝數	資料
1657(順治14)	71,910	3,456,110	48.0	①
1677(康熙16)	78,733	3,413,862②	43.3	③
1683(康熙22)	80,167	3,420,709	42.6	④
1741(乾隆 6)	90,218	3,456,110	38.3	⑤
1820(嘉慶25)	2,372,512	5,200,023	2.1	⑥

출처 : ①③④ 雍正『古今圖書集成』,「職方典」권658 ; ⑤ 乾隆『鎭江府志』권5,「戶口」; 권10,「賦役五」; ⑥ 嘉慶『重修一統志』권90. ②는 1678년의 통계임.

<표 9> 1683년 진강부의 지역별 인구와 전지

地域	人口(丁)	田地(畝)	1人畝數
丹徒	42,264	1,502,071	35.5
丹陽	18,182	1,272,680	69.9
金壇	17,835	1,038,902	58.2

출처 : 雍正『古今圖書集成』,「職方典」권729.

진강부의 인구와 전지는 1741년(건륭 8) 전까지는 다른 강소성 남부에 비해 적다. 특히 전지 규모가 적은 것은 1730년(옹정 8) 전까지 진강부에는 단도·단양·금단 등 3현뿐이었기 때문이다. 남쪽에 위치한 율양현은 1730년 전까지 강녕부 소속이었다.[2] 진강부의 인구는 강녕부와 마찬가지로 가경시기에 급증하고 있다. 물론 전지도 1820년에는 1741년보다 170만무 이상 증가하고 있다. 그러나 1820년의 1인 무수는 1741년 38무에서 2.1무로 급감하였다. 진강부의 지역별 인구 변동과 전

---

2) 乾隆『鎭江府志』권1,「建置沿革」.

지 규모를 살펴보면, 1683년에는 단도현이 전지 규모에 비해 인구가 많다. 단도현의 인구는 단양과 금단에 비해 2배 이상 많다. 특히 1795년(건륭 60) 단도현의 1인 무수는 4.0무로 급감하였다.[3] 또한 1711년(강희 50) 단양현의 1인 무수도 6.5무로 낮아졌다.[4]

상주부의 시기별·지역별 인구 변동·전지 규모·1인 무수 등을 살펴보면 아래 표와 같다.

<표 10> 1657~1820년 상주부의 인구와 전지

時期	人口(丁)	田地(畝)	1人 畝數	資料
1657(順治14)	655,954	6,198,622	9.4	①
1677(康熙16)	624,440②	6,234,546	9.9	③
1683(康熙22)	526,570	6,220,258	11.8	④
1820(嘉慶25)	4,489,558	5,579,264	1.2	⑤

출처 : ①③④ 雍正『古今圖書集成』,「職方典」권715 ; ⑤ 嘉慶『重修一統志』권 86. ②는 1678년의 통계임.

<표 11> 1645년~1691년 상주부의 지역별 인구(丁)

時期	武進縣	無錫縣	江陰縣	宜興縣	靖江縣
1645(順治 2)	147,733	133,364	135,460	146,748	28,481
1653(順治10)	156,134	134,850	136,391	163,668	28,921
1681(康熙20)	156,134	134,850	136,391	148,440	28,921
1686(康熙25)	157,258	140,304	147,017	155,232	29,801
1691(康熙30)	157,327	142,209	149,030	156,236	29,849

출처 : 康熙『常州府志』권6,「戶口」.

---

3) 1795년 丹徒縣의 인구는 256,130(丁), 田地는 1,046,879畝이다(光緖『丹徒縣志(一)』권12,「戶口」).

4) 1711년(康熙 50) 丹陽縣의 인구는 14,779(丁), 田地는 96,579畝이다(光緖『丹陽縣志』권5,「賦役」).

<표 12> 1683년 상주부의 지역별 인구와 전지

地域	人口(丁)	田地(畝)	1人畝數
武進	156,517	1,703,626	10.8
無錫	139,706	1,417,297	10.1
江陰	143,635	1,115,886	7.7
宜興	154,992	1,399,401	9.0
靖江	29,460	562,415	19.0

출처 : 雍正 『古今圖書集成』, 「職方典」 권715.

상주부의 시기별 인구 변동을 살펴보면, 가경시기에 급증하고 있다. 그런데 상주부의 경우 1820년의 전지는 인구 증가와는 달리 1683년의 전지보다 적다. 또한 상주부의 인구밀도는 소주부와 마찬가지로 1683년을 제외하면 청 전기와 중기 모두 높다. 상주부의 인구밀도는 앞에서 살펴 본 강녕부와 진강부보다 높다. 한편 1645년~1691년간의 상주부 각 지역별 인구 변동을 살펴보면, 모든 지역에서 큰 변동은 없다. 단지 정강현의 인구가 다른 지역에 비해 적다. 따라서 1683년 정강현의 1인 무수도 19.0무로 평균 무수 11.3무 보다 많다. 그러면 1인 무수가 가장 많은 정강현과 가장 적은 강음현의 시기별 인구와 전지를 살펴면 아래 표와 같다.

<표 13> 1644~1838년 상주부 정강현의 인구와 전지

時期	人口(丁)	田地(畝)	1人 畝數
1652(順治 9)	28,481	1,324,165	46.4
1663(康熙 2)		1,124,830	
1681(康熙20)	28,921	1663년과 類似	
1765(乾隆30)	120,214	上同	9.3
1790(乾隆55)	150,604	上同	7.4
1830(道光10)		上同	
1838(道光18)	216,346	上同	5.1

출처 : 光緒 『靖江縣志』 권4, 「賦役志」.

<표 14> 1660~1838년 상주부 강음현의 인구와 전지

時期	人口 (丁)	田地 (畝)	1人 畝數
1660(順治17)	399,674	1,115,886	2.7
1667(康熙 6)		1,135,144	
1672(康熙11)	399,674	1667년과 類似	2.8
1706(康熙45)	415,683	上同	2.7
1716(康熙55)	416,671	上同	2.7
1741(乾隆 6)	572,667	上同	1.9
1795(乾隆60)	928,767	上同	1.2
1820(嘉慶25)	1,321,767	上同	0.8
1839(道光19)	1,357,367	上同	0.8

출처 : 光緖『江陰縣志』 권4,「民賦」.

정강현과 강음현의 전지는 비슷하지만 강음현의 인구는 정강현에 비해 18세기 말에는 77만 명 많으며, 19세기 중엽에는 100만 명 정도 많다. 양 지역간의 엄청난 인구 차이는 1인당 무수에서도 큰 차이를 보이고 있다. 즉 17세기 중엽 정강현의 1인 무수는 46.4무인 데 반해 강음현의 1인 무수는 2.7무이다. 또한 18세기 말 정강현의 1인 무수는 7.4무인데 반해 강음현은 1.2무이다. 19세기 중엽 정강현의 1인 무수는 5.1무인데 반해 강음현은 0.8무이다. 이처럼 강음현의 인구밀도는 정강현에 비해 높을 뿐 아니라, 이러한 현상은 17세기 중엽부터 시작되어 18세기 중엽에 이르면 더욱 두드러지게 나타난다. 특히 강음현의 인구밀도는 소주부 각현의 인구밀도보다도 높다.

소주부의 시기별·지역별 인구 변동·전지 규모·1인 무수 등을 살펴보면 아래 표와 같다.

<표 15> 1657년~1830년 소주부의 人口

時期	人口(丁)	時期	人口(丁)
1657(順治14)	538,880	1795(乾隆60)	3,198,489
1711(康熙50)	590,373	1810(嘉慶15)	3,198,489
1721(康熙60)	605,925	1820(嘉慶25)	5,914,810
1731(雍正 9)	614,169	1830(道光10)	3,412,694

출처 : 同治『蘇州府志』 권13,「田賦二」.

<표 16> 1674년·1810년·1830년 소주부의 지역별 인구

地域	1674년	1810년	1820년	1830년
吳	65,610	1,170,833	2,109,789	1,441,753
長洲	294,116	266,944	479,184	296,384
元和		217,837	385,970	232,331
崑山	132,828	192,895	404,871	206,384
新陽		130,398	260,663	148,565
常熟	383,950	364,216	652,438	188,003
昭文		248,998	461,995	270,562
吳江	210,029	299,889	572,083	315,363
震澤		306,479	581,443	313.215

출처: 同治『蘇州府志』권13,「田賦二」.

<표 17> 1674년 소주부의 지역별 인구와 전지

地域	人口(丁)	田地(畝)	1人 畝數
吳	65,610	714,689	10.8
崑山	132,828	1,171,701	8.8
常熟	383,950	1,734,707	4.5
吳江	210,029	1,304,563	6.2
長洲	294,116	1,326,166	4.5

출처: 雍正『古今圖書集成』,「職方典」권674.

<표 18> 1830년 소주부의 지역별 인구와 전지

地域	人口(丁)	田地(畝)	1人 畝數
吳	1,441,753	644,114	0.4
長洲	296,384	701,690	2.3
元和	232,331	603,792	2.5
崑山	206,384	588,676	2.8
新陽	148,565	566,700	3.8
常熟	188,003	927,574	4.9
昭文	270,562	769,014	2.8
吳江	315,363	644,720	2.0
震澤	313.215	683,025	2.1

출처: 同治『蘇州府志』권12·13,「田賦一·二」.

소주부의 인구는 1657년~1795년 전까지는 50만~60만 명 정도였으나, 1795~1820년에는 300만 명을 상회하고 있다. 특히 1820년에는 거의 600만 명에 이를 정도로 급증하였다. 각 지역별 인구 변동을 살펴보면, 1674~1810년 전까지 오현을 제외한 지역의 인구는 장주현과 곤산현은 오히려 줄어들고 있는 등 큰 변동은 없다. 단지 吳縣의 인구는 6만 명 정도에서 100만 명 이상으로 급증하고 있다. 한편 1810년에서 1820년까지 10년간 각 지역별 인구는 모든 지역이 배 정도 증가하고 있다. 그런데 1820년에서 1830년까지 10년간 각 지역별 인구는 오히려 배 정도 감소하고 있다. 특히 상숙현의 인구는 1/3.5로 감소하고 있다. 소주부의 1인 무수는 강녕부와 진강부의 경우 청 중기부터 10무 이하로 떨어지고 있는 것과는 달리 청 전기부터 시작되었다.[5] 1674년 소주부의 1인 평균 무수는 7.0무이다. 그러나 이 같은 1인 무수는 1820년에 이르면 1.0무에 지나지 않았다.[6] 물론 1830년의 1인 무수는 인구의 감소로 2.6무로 증가하고 있다. 그런데 오현의 1인 무수는 평균 무수에도 훨씬 못 미치는 0.6무로 소주부에서도 인구밀도가 가장 높다.

송강부의 시기별·지역별 인구 변동·전지 규모·1인 무수 등을 살펴보면 아래 표와 같다.

<표 19> 1657년~1820년 송강부의 인구

時期	人口 (丁)
1657(順治14)	209,904
1677(康熙16)	222,874
1683(康熙22)	226,651
1735(雍正13)	243,898
1764(乾隆29)	215,196
1816(嘉慶21)	1,388,899
1820(嘉慶25)	2,072,536

출처 : 1653년~1764년의 통계는 雍正『古今圖書集成』,「職方典」권689. 1816

---

5) 蘇州府의 높은 인구밀도는 이미 明代부터 시작되었다. 오히려 明代의 인구가 1674년의 인구보다 많다(同治,『蘇州府志』권13,「田賦三」).
6) 嘉慶『重修一統志』권72~103.

년 통계는 嘉慶『松江府志(一)』권28,「田賦志・戶口」. 1820년의 통계는
嘉慶『重修一統志』권83.

<표 20> 1657~1820년 송강부의 인구와 전지

時期	人口(丁)	田地(畝)	1人 畝數	資料
1657(順治14)	209,904	4,123,080	19.6	①
1677(康熙16)	222,874②	4,122,495	18.4	③
1683(康熙22)	226,651	4,074,425	17.9	④
1810(嘉慶15)	1,388,899	4,539,026	3.2	⑤
1820(嘉慶25)	2,072,536	4,048,871	1.9	⑥

출처 : ①②③④ 雍正『古今圖書集成』,「職方典」권689. ②의 인구는 1678년의
  통계임. ⑤ 嘉慶『松江府志(一)』권22,「田賦志」; 권28,「田賦志・戶口」.
  ⑥ 嘉慶『重修 一統志』권83.

<표 21> 1683년 송강부의 지역별 인구와 전지

地域	人口(丁)	田地(畝)	1人 畝數
華亭	49,916	1,090,327	21.8
婁	46,406	865,194	18.6
上海	81,960	1,485,082	18.1

출처 : 雍正『古今圖書集成』,「職方典」권693.

<표 22> 1810년 송강부의 지역별 인구와 전지

地域	人口(丁)	田地(畝)	1人 畝數
華亭	167,780	540,728	3.2
婁	146,005	816,566	5.5
奉賢	144,279	587,523	4.0
金山	241,180	379,946	1.5
上海	281,244	690,486	2.4
川沙	60,596	58,362	0.9
南匯	244,461	661,925	2.7
靑浦	123,354	803,490	6.5

출처 : 嘉慶『松江府志(一)』권22,「田賦志」; 권28,「田賦志・戶口」.

송강부의 인구는 1816년 이전에는 큰 변동이 없으나, 그 이후에는
급증하고 있다. 1816년의 인구는 이전에 비해 6배 정도 증가하였으며,

1816년에서 1820년 사이에도 1.5배 증가하였다. 1인 무수도 인구증가와 비례하여 1810년 전에는 평균 18무 정도였으나, 1810에는 1/2.5로 감소하였으며, 1820년에는 거의 1/10로 줄어들었다. 지역별 인구와 전지 비율은 1683년에는 3현이 거의 같았다. 그러나 1810년의 경우 청포, 누현, 봉현현 등은 평균 무수 3.3무에 비해 많으나, 천사, 금산, 상해, 남회, 화정 등은 평균 무수에도 미치지 못하고 있다.

태창주의 시기별·지역별 인구 변동·전지 규모·1인 무수 등을 살펴보면 아래 표와 같다.

<표 23> 1674년·1820년 태창주의 인구와 전지

時期	人口(丁)	田地(畝)	1人 畝數	資料
1674(康熙13)	215,240	848,718	3.9	①
1820(嘉慶25)	1,950,872	3,962,671	2.3	②

출처 : ① 雍正『古今圖書集成』,「職方典」권674. ② 嘉慶『重修一統志』권103.

태창주의 인구는 17세기 중엽에 비해 19세기 중엽에는 170만 명 증가하였다. 태창주의 인구 변동은 전지규모에서 알 수 있듯이 행정구역의 변동과 무관하지 않다. 즉 1724년(옹정 2) 太倉이 소주부 소속에서 태창주로 승격하였다. 그런데 1674년과 1820년의 1인 무수는 큰 차이가 없다. 그러면 태창주의 인구 변동을 좀더 자세히 알아보기 위해 가정현과 보산현을 비교해 보면 <표 24·25>와 같다.

가정현의 인구는 1726년 전까지는 큰 변동이 없다. 1795년부터 그 이후까지는 5배 정도 증가하였다. 가정현의 전지는 1645년부터 1830년까지 큰 변동이 없다. 가정현의 1인 무수는 1686년 15.9무에서 보산현이 分置되는 1726년에 1.4무로 급감한 후, 인구가 급증하는 1797년부터는 0.1무로 다시 감소한다. 한편 보산현의 인구는 1755년에 7배정도 상승한 후, 1795년에 다시 10만 정도 상승하였다. 반면에 전지는 1725년에서 1741년까지는 증가한 것 같지만, 1775년 이후에는 점차 감소하

<표 24> 1645년~1830년 태창주 가정현의 인구와 전지

時期	人口(丁)	田地(畝)	1人 畝數
1645(順治 2)		1,309,355	
1657(順治11)		1,287,215	
1674(康熙13)	75,611	1,287,215	17.0
1686(康熙25)	80,086	1,287,215	15.9
1711(康熙50)		1,274,682	
1726(雍正 4)	44,718(寶山縣 分置)	64,563(寶山縣 分置)	1.4
1795(乾隆60)	213,118(男)	64,563	
1797(嘉慶 2)	421,356	64,563	0.1
1813(嘉慶18)	436,466	64,563	0.1
1830(道光10)		64,563	

출처 : 光緒 『嘉定縣志』 권4, 「田畝」.

<표 25> 1725년~1830년 태창주 보산현의 인구와 전지

時期	人口(丁)	田地(畝)	1人 畝數
1725(雍正 3)		629,219	
1726(雍正 4)	36,890		
1736(乾隆 1)	37,118		16.9①
1741(乾隆 6)		638,240	
1755(乾隆20)	256,861		
1771(乾隆36)	277,929		
1775(乾隆40)		579,008	2.0②
1795(乾隆60)	376,466		1.5③
1810(嘉慶15)		569,813	
1830(道光10)		567,528	

출처 : 光緒 『寶山縣志』 권3, 「田畝」. ① 1725년의 田地를 적용한 통계. ② 1771년의 인구를 적용한 통계 ③ 1795년의 인구를 적용한 통계.

고 있다. 따라서 1인 무수도 1736년에는 16.9무였으나, 1775년 이후에는 2.0무 이하로 감소하였다. 가정현과 보산현 양현을 비교하면, 내륙에 위치한 가정현이 적은 규모의 田地 때문에 인구밀도가 높다.

요컨대 강소성 남부의 인구 변동과 전지 규모는 대체로 건륭 후반기 급증하는 인구 증가에 크게 영향을 받고 있다. 그 중에서도 소주부와 상주부의 인구밀도가 상대적으로 높았다. 또한 소주부 중에서도 오현,

상주부 중에서도 강음현의 인구밀도가 높았다. 상주부 강음현의 인구밀도는 오현을 제외한 소주부 각 현의 인구밀도보다도 높았다.

소주부와 상주부 다음으로 인구밀도가 높은 지역은 송강부와 태창주였다. 송강부 중에서도 천사, 금산, 상해, 남회, 화정 등은 청포, 누현, 봉현현보다 인구밀도가 높았다. 태창주의 경우는 가정현의 인구밀도가 보산현보다 높았다. 가장 내륙에 위치한 강녕부는 강소성 남부 중에서도 인구밀도가 가장 낮은 지역이다. 그 중에서도 1683년의 인구밀도는 구용현, 1809년의 인구밀도는 강녕이 가장 높다.

한편 절강성 호주부의 지리환경에 대해서는 호주부의 명칭이 太湖에서 유래한 데서 알 수 있듯이, 태호와 관련해서 이해할 필요가 있다. 태호지구는 "地沃物夥"・"錦綉魚米鄉"으로 칭할 만큼 농업에 적합한 기후와 토양을 갖추고 있었다. 따라서 지금까지 강남지역 연구에서 태호지구에 대한 연구는 그 어떤 지역보다 연구자들의 관심을 끌었다. 특히 이 지역 중 草鞋山 일대는 중・일 합동 유적발굴[7]로 水田 稻作이 지금으로부터 6,000년 전에 이루어졌음이 확인되었을 만큼 중국 水稻作史에서도 중요한 위치를 차지하고 있다.

태호지역은 북아열대와 중아열대 중간에 위치해 있다. 따라서 여름은 해양 계절풍의 영향을 받고 偏南風이 잦아 고온・다습한 반면, 겨울은 대륙성 냉기가 엄습하기 때문에 한랭・건조하다. 따라서 이 지역은 사계절이 분명하고, 수자원이 풍부하며, 서리 없는 기간이 비교적 길다. 한편 태호지역의 토지 총면적은 시기에 따라 달랐지만, 東漢시기에는 1,600~1,700평방킬로미터, 송대에는 2,000평방킬로미터였다. 그리고 태호지역은 크게 산지와 평원으로 나눌 수 있다.[8] 구릉산지는

---

7) 日本文化財科學會,『稻作起源を探る』實行委員會,『稻作起源を探る-中國・草鞋山遺跡における古代水田稻作-』, 1996.

8) 杭州府・嘉興府・湖州府 平原의 生態系에 대해서는 徐建春,「杭嘉湖平原生態演替與古文化興衰的關系」,『歷史地理』 13, 上海:上海人民出版社, 1995, 57~63쪽 참조.

서부와 서남에 집중되어 있다. 태호지역의 토양은 三角洲平原土壤(沙土), 湖蕩平原土壤(粘土), 水網平原土壤(肥土), 高亢平原土壤(白土)로 이루어져 있다.9)

따라서 태호 연안에 위치한 호주부는 태호지역의 개발로 그 어떤 지역 보다 농업 지리환경이 좋았으며, 당·송시기에는 이미 중국의 중요한 농업 생산 지역이었다. 동시에 이 같은 태호지역의 농업 지리환경은 토지·인구·양식·환경 등 복잡한 문제를 낳았다. 그 중 인구 증가는 이 지역에서 상품성 농업이 그 어느 지역보다 발달할 수 있었던 중요한 이유였다. 청대 호주부의 人丁·田地·徵稅額 등을 통계를 통해 검토해 보면 아래 표와 같다.

<표 26> 청대 절강성의 인정·전무 수

時 期	人丁	田畝	1인 平均 畝 數
順治 18	2,720,091	45,221,601	16.63
康熙 24	2,750,175	44,856,576	16.31
雍正 2	2,758,713	45,690,343	16.56
乾隆 18	8,662,808	45,978,770	5.31
乾隆 31	16,523,736	46,240,000	2.80
嘉慶 17	26,256,784	46,500,369	1.77

자료 : 楊子慧 主編, 『中國歷代人口統計資料研究』, 北京 : 改革出版社, 1996, 1076~1078쪽.

<표 27> 嘉慶 25年 호주부·가흥부·항주부의 인구·전지·징세액

府	原額	滋生	田地(畝)	地丁正雜銀(兩)	米(石)
湖州府	321,565	2,567,922	6,846,104	314,945.03	388,764.11
嘉興府	567,905	2,805,120	4,356,442	569,255.69	555,190.96
杭州府	322,003	3,196,778	4,284,327	338,006.68	176,749.38

자료 : 梁方仲 編著, 『中國歷代戶口·田地·田賦統計』, 上海 : 上海人民出版社, 1980, 405쪽.

---

9) 太湖地區農業史硏究課題組 編著, 『太湖地區農業史稿』, 1~7쪽.

<표 28> 동치9년 호주부의 전·지·산·탕액과 징세액

縣	田(頃)	地(頃)	山(頃)	蕩(頃)	徵稅額(兩·石)	계(頃)
烏程縣	7,270(圩田)	796	2,539	424	112,768(銀) 134,263(石)	11,029
歸安縣	6,275 6,914(圩田)	1,028	1,313	787	99,528(兩) 109,509(石)	16,317
長興縣	8,002	1,023	5,393	398	80,504(兩) 56,768(石)	14,816
德淸縣	4,611 3,959(圩田)	799	340	556	57,582(兩) 62,042(石)	10,265
武康縣	1,387	436	3,203	248	24,862(兩) 12,716(石)	5,274
安吉縣	1,979	762	5,111	119	23,433(兩) 8,606(石)	7,971
孝豊縣	1,195	578	5,843	15	20,730(兩) 1,735(石)	7,631

자료 : 同治13년 『湖州府志(一)』 권34, 「經政略·田賦 上」, 上海 : 江蘇古籍出版社, 1993.

<표 29> 청대 호주부 각 현의 인정

縣	康熙 20	雍正 9	乾隆 21
烏程縣	?	83,781	174,270
歸安縣	68,111	73,131	81,218
長興縣	48,761	52,184	53,533
德淸縣	57,024	61,738	63,773
武康縣	17,828	19,073	21,526
安吉縣	13,570	14,329	25,492
孝豊縣	13,954	14,606	14,591

자료 : 同治13년 『湖州府志(一)』 권39, 「經政略·戶口」.

절강성은 중국에서도 표에서 보는 것처럼 다른 지역보다 인구에 비해 경작지가 상당히 적은 대표적 지역이다. 절강성의 1인당 평균 무수는 순치시기에는 복건(7.11), 봉천(10.97), 직예(16.09) 다음, 강희시기에는 복건(8.03), 봉천(11.89), 섬서(12.99) 다음, 옹정시기에는 봉천(13.76) 다음, 건륭 18년에는 귀주(1.81), 복건(2.72), 광서(4.42) 다음, 건륭 31년에는 귀주(0.78), 안휘(1.56), 복건(1.71), 감숙(2.05), 광서(2.12) 다음, 가경시기에는 귀주(0.52), 복건(0.98), 감숙(1.62), 광동·운남(1.67) 다음이다.10) 즉 순치~가경기 절강성의 인구는 건륭기를 기점으로 급증하고 있는 반면 경작지는 큰 변화가 없다. 따라서 절강성은 중국 전역 중에서도 1인당 평균 무수는 상당히 적은 지역이었다. 그리고 절강성 중 강남에 속하는 3부 중 호주부의 평균 무수는 2.67로 가흥부(1.29)·항주부(1.21)보다 2배나 많다. 또한 가경 17년 절강성 평균 무수 1.77과 비교했을 때 가흥부와 항주부는 적으나 호주부는 1.5배나 많다. 따라서 호주부는 절강성 중에서도 가경지가 상대적으로 많았으며 다른 지역에 비해 인구 압력을 상대적으로 덜 받았다고 볼 수 있다.

호주부 각 현의 농업 환경을 검토해 보면, 동치 13년을 기준으로 호주부 각 현의 전체 면적은 귀안현-장흥현-오정현-덕청현-안길현-효풍현-무강현 순이다. 그러나 전지만을 대상으로 할 경우 귀안현-덕청현-장흥현-오정현-안길현-무강현-효풍현 순이다. 징세액은 오정현-귀안현-장흥현-덕청현-무강현-안길현-효풍현 순이다. 인구는 건륭 21년 기준으로 오정현-귀안현-덕청현-장흥현-안길현-무강현-효풍현 순이다. 요컨대 호주부 각현의 인구·전지·징세액 등을 종합적으로 검토해보면, 오정현이 농업여건이 가장 좋지 않은 지역이다.

2. 벼 품종의 양적 추이와 그 특징

1) 벼 품종의 양적 추이

청대 벼농업의 특징 중 하나는 벼 품종의 양적 증가이다. 품종 개량에 따른 벼 품종의 양적 증가는 품종의 다양화를 가져왔다. 아울러 품종의 다양화는 각 지역의 기후와 토양에 맞는 품종의 특성화를 가져왔

---

10) 楊子慧 主編, 앞의 책.

다. 물론 이러한 현상은 송대 이래 나타났지만,11) 청대에는 이러한 현상이 더욱 두드러졌다.

지금까지 중국의 벼 품종 수에 대해서는 개괄적인 분석만 이루어졌다. 청대의 벼 품종에 대해 盛永俊太郞은 739종(메벼 355종, 찰벼 384종)으로 분석하고 있다. 그리고 퍼킨스는 명 弘治에서 청 雍正까지 강소 강음의 벼 품종은 35종, 복건 建寧의 벼 품종은 36종, 광동 石城의 벼 품종은 25종 증가한 것으로 분석하고 있다.12) 또한 태호지구의 벼

---

11) 李範鶴,「宋代 社會와 經濟」, 서울大學校東洋史硏究室 編,『講座中國史Ⅲ』, 서울 : 지식산업사, 1989, 134쪽. 송대의 벼는 宋 眞宗때 占城稻의 도입 등으로 품질의 良・否, 가격의 貴・賤, 수확의 早・晩 등 벼 품종의 분화가 나타났다. 占城稻의 도입은 송대 농업혁명의 주요 요인으로 꼽히고 있을 정도로 중요한 의미를 지니고 있다. 그간 점성도에 대해서는 단위 수확량에서는 재래종 보다 뒤떨어졌으나, 가뭄이나 냉수, 그리고 척박한 토양 등에 강해 다량의 시비도 필요치 않았으며, 올벼의 특성 때문에 낮은 지대에서도 쉽게 재배할 수 있었다는 평가를 받아왔다. 따라서 이러한 특성을 지닌 점성도는 紹興(1131~1162)・紹熙(1190~1194)年間에 江南東・西路의 水田 중 10분의 8・9가 재배되었다고 평가되고 있다. 점성도에 대한 이 같은 이해는 加藤繁의 지적(「支那に於ける占城稻栽培の發達について」, 『支那經濟史考證(下)』, 1952)이래 많은 연구자들이 최근까지 수용하고 있다(李範鶴, 앞의 논문). 그러나 최근의 연구는 그간의 점성도에 대한 이해에 수정을 요구하고 있다. 이 연구에 따르면, 우선 점성도는 하나의 벼 품종이 아니라 품종군이라는 점이다. 다음으로 점성도는 올벼만을 일컫는 것이 아니라는 점이다. 만약 점성도가 위에서 지적한 내한성과 비옥한 토지를 필요로 하지 않는다면, 비옥한 강남 혹은 稻・麥 二毛作에도 적합하지 않기 때문이다. 특히 이모작은 늦벼와 적합한 것이다. 따라서 점성도는 올벼 뿐만 아니라 중간벼・늦벼도 존재했다. 이 같은 주장은 점성도의 도입에 근거한 宋代 농업의 급격한 변화를 부정하는 것이다. 李伯重은 점성도의 중요성이 宋末・明初에 이르러서야 나타났다고 주장한다(游修齡,「占城稻質疑」,『農業考古』1983-5・6 ; 李伯重,「宋末明初江南農業技術的變化」,『中國農史』1998-1 ; 李伯重,「宋末至明初江南農民經營方式的變化-十三・十四世紀江南農業變化探討之三」,『中國農史』1998-2 ; 李伯重, 「宋末至明初江南農業變化的特點和歷史地位-十三・十四世紀江南農業變化探討之四-」,『中國農史』1998-3).

12) 許滌新・吳承明 編, 앞의 책, 194쪽 주 3).

품종은 명대는 196종으로 송대보다 두 배 이상 늘어났으며, 청대에는 380종으로 명대보다 거의 배가 늘어났다는 분석13)도 있다. 그리고 최근에는 벼 품종에 대한 구체적인 분석도 이루어지고 있다.14) 그러나 아직까지는 청대 각 성 혹은 부·현 단위에 대한 벼 품종 분석은 찾아볼 수 없다. 물론 벼 품종 수는 균일한 자료 확보가 쉽지 않기 때문에 정확한 통계가 쉽지 않다. 예컨대 어떤 경우는 이전 자료에 기록되지 않은 품종만 수록하기도 하고, 어떤 경우는 막연히 "이루 헤아릴 수 없이 많다"는 식으로 기록하고 있기 때문이다.

그간의 벼 품종 수 통계는 대부분 중복 품종이 많기 때문에 순수 품종 수를 이해하는 데는 문제가 있다. 따라서 각 지역별 벼 품종 수와 중복 품종 수를 확인하는 것도 청대 벼 품종을 이해하는 데 주요한 부분을 차지한다. 필자가 지방지와 농서 등을 통해 분석한 강소성의 벼 품종은 1,432종이며, 그 중 메벼가 997종이며, 찰벼는 435종이었다. 그리고 이 중 순수 품종은 537종으로 그 중 메벼는 339종, 찰벼는 174종이다.15)

본고에서는 강남의 각 지역별 벼 품종을 통해 벼 품종의 양적 추이를 검토해 보고자 한다. 분석 지역은 江寧府·鎭江府·常州府·蘇州府·松江府·太倉州·호주부 순이다.

강소성 남부에서도 가장 서쪽에 위치한 강녕부(1760년 기준)는 상원현, 강녕현, 구용현, 율수현, 강포현, 육합현, 고순현 등 7현으로 이루어져 있다.16) 이 7현 중 육합현과 구용현은 양자강 서북쪽에 위치해 있다. 그런데 강녕부의 벼 품종에 대해서는 『고금도서집성』에만 기록되어 있을 뿐, 다른 자료에서는 시대별로 비교할 만한 품종이 기록되어

---

13) 閔宗殿, 「明淸時期太湖農業發展的道路」, 『農史硏究』 10, 1990, 22쪽.
14) 川勝守, 「十六·十八世紀中國における稻の種類·品種特性とその地域性」, 『九州大學東洋史論集』 19, 1991/川勝守, 앞의 책, 제1장 재수록.
15) 江蘇省의 각 時期別·地域別 벼 품종에 대해서는 본고 <부록 1> 참조.
16) 嘉慶 『重修一統志』 권72~76, 「江寧府」.

있지 않다. 따라서 여기서는 부득이 『고금도서집성』에 기록된 품종을 중심으로 검토할 수밖에 없다. 18세기 초 강녕부의 벼 품종은 아래 표와 같다.

<표 30> 18세기 초 강녕부의 벼 품종

府	縣	메벼	찰벼
江寧府		紅蓮稻, 穿珠稻, 六十日稻, 閃西風, 下馬看, 救公饑, 軟稈靑, 箭子稻, 了田靑, 百日赤, 三朝齊, 靠籬望, 洗耙早, 五十日熟, 紫芒稻, 蟬鳴稻, 花裏黃, 鵪鶉秈, 觀音秈, 銀條秈, 落望秈, 深水紅, 瓜熟稻, 晩白稻, 早白稻, 香粳稻	秆陳糯, 火朱糯, 軟秆糯, 燕口糯, 槐花糯, 白殼糯, 堆粒糯, 光頭糯, 矮脚糯, 待西風, 虎皮糯, 金釵糯, 鳥絲糯, 猪鬃糯, 佛手糯, 鐵粳糯, 魚鱗糯, 隨秈糯, 香糯, 繩兒糯
計	46	26	20

출처 : 雍正 『古今圖書集成』, 「職方典」 권663, 「江寧府・物産考」.

18세기 초 江寧府의 벼 품종 46종 중 메벼는 26종, 찰벼는 20종이다. 이처럼 18세기 초 강녕부의 벼 품종은 메벼와 찰벼의 수가 거의 비슷하다. 이러한 품종 중 觀音秈이 가장 많이 재배되었다.[17] 한편 강녕부의 벼 품종의 양적 추이는 자료의 부족으로 분석이 어렵다. 단지 16세기 후반 육합현 벼 품종, 즉 秈稻, 糯稻, 黑稻, 麻秈稻, 白稻, 麻筋糯[18]와 비교해 보면 2세기 동안 품종의 분화가 상당히 이루어졌다. 특히 찰벼가 많이 증가하였다.

진강부는 단도현, 단양현, 율양현, 금단현 등으로 구성되어 있다.[19] 그런데 진강부의 농작물 분포를 알려주는 기록은 많지 않다.[20] 『수시

---

17) 嘉慶 『新修江寧府志』 권11, 「風俗・物産」, 7쪽 ; 道光 『上元縣志』 권4, 「風俗」, 37쪽.
18) 萬曆 『六合縣志』 권2, 「土産」.
19) 嘉慶 『重修一統志』 권90, 「鎭江府」. 溧陽縣은 1730년(雍正 8)에 江寧府 소속에서 鎭江府로 편입되었다.
20) 鎭江府의 벼 품종을 알 수 있는 18세기 자료는 『古今圖書集成』・『授時通

통고』에 기록된 품종을 중심으로 벼 품종을 살펴보면 아래 표와 같다.

<표 31> 18세기 중엽 단양현의 벼 품종

府	縣	메벼	찰벼
鎭江府	丹陽縣	香子, 鯽魚, 灰鶴, 時裏, 八月白, 蘆花白, 浪裏白, 白蓮子, 紅蓮子, 早紅芒, 晚紅芒, 靑天黃, 稈川黃, 馬尾鳥, 老丫鳥, 下馬看, 塊紅芒, 靠山黃, 白芒, 紅芒, 撤殺天, 白尖, 紅尖, 晚秈, 六十日, 八十日, 一百日, 觀音秈, 銀條秈	芒, 香, 晚(老黃糯)抄社, 羊脂牛蝨, 虎斑, 柏枝, 長稈, 黃皮, 矮萁, 早白, 中廣, 麻鬃, 雀嘴, 稱釣紅, 芒麻筋, 早秋風, 堆子紅, 殼芒, 六升
計	50	29	21

출처: 乾隆『授時通考』권20,「穀種·稻二」; 乾隆『鎭江府志』권42,「物産」.

18세기 중엽 진강부 단도현의 벼 품종은 메벼 29종, 찰벼 21종이다. 그런데 진강부의 벼 품종에 대한 양적 추이는 자료의 한계로 알 수 없다. 단지 진강부에 인접한 강녕부의 18세기 초 벼 품종에 비해 메벼는 3종, 찰벼는 1종 많다.

상주부는 무진현, 양호현, 무석현, 금궤현, 강음현, 의흥현, 형계현, 정강현 등으로 구성되어 있다.[21] 그러면 상주부의 벼 품종의 양적 추이를 아래 표를 통해 검토해 보자.

<표 32> 17세기 말 常州府의 벼 품종

府	縣	메벼	찰벼
常州府		白桃, 秈稻, 晚稻, 早稻, 粳稻, 香珠稻, 紅蓮稻	糯稻
計	9	8	1

출처: 康熙『常州府志』권10,「物産」.

考』·『鎭江府志』이다. 그런데 이들 자료는 모두 같은 내용을 담고 있다. 게다가 19세기 진강부 각 縣志 역시 시기별로 비교할 만한 품종을 찾아볼 수 없다. 비록 光緖『丹徒縣志(一)』권17,「食貨十·物産 一」에 벼 품종이 기록되어 있으나『古今圖書集成』에 수록된 품종과 동일하다.

21) 嘉慶『重修一統志』권86,「常州府」.

<표 33> 18세기 초 상주부의 벼 품종

府	縣	메벼	찰벼
常州府		秈米, 香米, 晩米	糯米
計	4	3	1

출처: 雍正『古今圖書集成』,「職方典」권719.

<표 34> 18세기 중엽 상주부 강음현의 벼 품종

府	縣	메벼	찰벼
常州府	江陰縣	黃粳稻, 紅蓮稻, 白稻(早白, 晩白), 鳥鬢稻, 紫芒稻, 香子稻(香珠), 金城稻, 辮櫚稻, 靠塘青稻, 瓜熟稻, 六十日, 救公饑	鐵粳糯稻, 水晶糯稻, 虎皮糯稻, 趕陣糯稻, 短萁糯稻, 長水紅
計	18	12	6

출처: 乾隆『授時通考』권21,「穀種·稻二」.

<표 35> 18세기 중엽 상주부 정강현의 벼 품종

府	縣	메벼	찰벼
常州府	靖江縣	早黃天(早白稻), 晩黃川, 晩青川, 紅白秈, 早紅蓮, 救公饑, 金升稻, 拖犂歸, 秕六升, 箭子稻, 閃西風, 六十日, 鳥口稻, 香子米, 觀音秈, 茨姑秈, 深水紅, 蠶子白, 三穗白, 下馬羨, 烏芒, 香珠	早白糯, 晩白糯, 虎皮糯, 羊脂糯, 鐵粳糯, 薑黃糯, 趕陣糯, 青枝糯, 麻肭糯, 香糯, 撒殺天, 秋分糯, 勻暖糯, 焦子糯, 野鷄糯
計	36	21	15

출처: 乾隆『授時通考』권21,「穀種·稻二」.

우선 서로 비교 가능한 17세기 말(1695년)과 18세기 초(1728년)간, 즉 33년 동안의 상주부 벼 품종의 양적 추이를 검토해 보자. 17세기 말 상주부의 벼 품종은 메벼 7종, 찰벼 1종이며, 18세기 초에는 메벼 3종 찰벼 1종이다. 양 자료의 기록상으로는 17세기 말의 벼 품종이 18세기 초보다 많다. 다음으로 17세기 말과 18세기 중엽(1742년)간 즉 47년 동안 벼 품종의 양적 추이에 대해 검토해 보자. 18세기 중엽 상주부 중 강음현의 벼 품종은 18종(메벼 12, 찰벼 6), 정강현의 벼 품종은 36종(메벼 21, 찰벼 15)이다. 물론 강음현과 정강현의 벼 품종이 상주부의 벼 품종을 대표할 수는 없다. 엄밀히 말하면 두 현은 상주부 북쪽에 위치해 있기 때문에 이 지역의 벼 품종을 의미한다. 특히 정강현은 양자강 북쪽에 위치해 있기 때문에 남쪽과는 차이가 있다. 이런 차이를 염두에 두고 품종의 양적 추이를 검토해 보면, 18세기 중엽 강음현의 벼 품종은 17세기 초에 비해 메벼는 10종, 찰벼는 5종 증가하였다. 18세기 중엽 정강현의 벼 품종은 17세기 초에 비해 메벼는 13종, 찰벼는 14종 증가하였다. 이는 17세기 말과 18세기 초에 비해 상당한 증가이다.

한편 같은 시기 강음현과 정강현의 벼 품종을 비교해 보자. 1724년 강음현의 벼 품종은 18종으로 그 중 메벼는 12종, 찰벼는 6종인 반면, 정강현의 벼 품종은 36종으로 그 중 메벼는 21종, 찰벼는 15종이다. 즉 양자강 북쪽에 위치한 정강현의 벼 품종이 메벼와 찰벼 모두 9종 많다.[22] 1724년 강음현에 비해 벼 품종이 많은 정강현은 앞에서 살펴보았던 것처럼 강음현에 비해 인구밀도가 낮은 곳이다.

소주부는 곤산현, 신양현, 상숙현, 소문현, 오현, 장주, 원화현, 진택현, 오강현 등 9현으로 구성되어 있다.[23] 그러면 소주부 벼 품종의 양적 추이를 검토해 보자. 상숙현의 벼 품종을 검토하면 아래 표와 같다.

---

22) 1724년 靖江縣과 江陰縣의 벼 품종을 19세기 자료를 통해 비교해보면, 1879년 정강현의 벼 품종은 24종(메벼 13종, 찰벼 11종)으로 12종(메벼 8종, 찰벼 4종) 줄어들었다(光緒『靖江縣志』권5,「食貨志·土産」). 1878년 강음현의 벼 품종은 24종(메벼 16종, 찰벼 8종)으로 6종(메벼 4종, 찰벼 2종) 증가하였다(光緒『江陰縣志』권10,「物産·穀」).
23) 嘉慶『重修一統志』권77,「蘇州府」.

<표 36> 17세기 말 소주부 상숙현의 벼 품종

府	縣	메벼	찰벼
蘇州府	常熟縣	紅蓮稻, 箭子稻, 早白稻, 晩白稻, 紫芒稻, 雪裏揀, 師姑秔, 救公饑, 香子稻, 閃西風, 麥爭場, 百日赤, 占城稻, 金城稻, 烏口下馬看, 枇杷紅, 時裏白, 烏兒稻, 軟黃粳, 杷秖稻	金釵糯.棗子糯.靑稈糯, 羊鬚糯, 趕陳糯.鵝脂糯, 川粳糯.虎皮糯, 臙脂糯, 矮兒糯, 瞞官糯.鐵梗糯, 細葉糯
計	34	21	13

출처 : 康熙『常熟縣志』권 9,「物産」.

<표 37> 18세기 중엽 소주부 상숙현의 벼 품종

府	縣	메벼	찰벼
蘇州府	常熟縣	紅蓮稻, 箭子稻, 早白稻, 晩白稻, 杷秖稻, 紫芒稻, 雪裏揀, 救公饑, 香子稻, 麥爭場, 百日赤, 占城稻, 金城稻, 烏口稻, 下馬看, 時裏白, 烏兒稻, 軟黃粳, 師姑粳, 閃西風, 枇杷紅	羊鬚糯, 趕陳糯, 鵝脂糯, 矮兒糯, 秋風糯, 鐵梗糯, 細葉糯, 靑稈糯, 棗子糯, 川粳糯, 金釵糯
計	33	22	11

출처 : 乾隆『授時通考』권21,「穀種・稻二」.

상숙현의 1687년~1742년 사이, 즉 55년간의 벼 품종은 34종에서 33종으로 1종 줄었다. 즉 이 기간 동안의 벼 품종은 품종 수는 물론 품종명도 거의 같다. 그리고 곤산현 벼 품종의 양적 추이를 살펴보면 아래 표와 같다.

<표 38> 18세기 중엽 소주부 곤산현의 벼 품종

府	縣	메벼	찰벼
蘇州府	昆山縣	晚白稻, 紅綠稻, 早粳稻, 金城稻, 六十日稻, 中秋稻, 雪裏揀, 紫芒稻, 救公饑, 下馬看, 紅蓮稻, 麥爭場, 香粳稻, 薄十分, 黃粳秈, 麻子鳥, 鳥口稻, 百日赤稻, 烏兒稻	趕陳糯, 胭脂糯, 鐵梗糯, 虎皮糯, 羊鬚糯, 再熟糯, 檖子糯, 水晶糯, 小娘糯, 香子糯, 閃西風糯, 竈王糯, 矮兒糯, 秋風糯, 羊脂糯, 金釵糯, 蘆黃糯
計	36	19	17

출처: 乾隆『授時通考』권21,「穀種·稻二」.

<표 39> 19세기 초 소주부 곤산현·신양현의 벼 품종

府	縣	메벼	찰벼
蘇州府	崑山 新陽	紅蓮稻, 香粳稻, 烏野稻, 雪裏揀, 白野稻, 稻翁揀, 再熟稻, 閃西風, 稈麥長, 軟稈靑, 時裏白, 六十日稻, 百日稻, 半夏稻, 金城稻, 烏口稻, 舜耕稻, 烏粒稻, 陸州紅, 杷稃稻, 彷徨稻, 山烏稻, 瓣白稻, 稻裏揀, 紅蒙子, 下馬看	趕陳糯, 杜交糯, 烏絲糯, 歸女糯, 金州糯, 定陳糯, 宜州糯, 佛手糯, 師姑糯, 上稈靑, 小秈米, 大秈米, 麥爭場, 禾草稻, 早烏稻, 烏鬚稻, 中秋稻, 紫芒稻, 早白稻, 師姑杭稻, 箭子稻, 烏兒稻, 金釵糯, 鐵稈早, 黃糯, 矮兒糯, 川梗糯, 虎皮糯, 羊脂糯, 羊鬚糯, 臕脂糯, 靑稈糯, 瞞官糯, 蘆黃糯, 靑芒, 紅芒, 晚白, 小白, 紅綠糯, 金裏銀, 救公饑, 薄十分, 靠山黃, 麻子烏, 黃粳秈, 珠糯, 檖子糯, 水晶糯, 小娘糯, 牛腿糯, 香子糯, 竈王糯, 楊梅香, 雀不知, 三朝齊, 天落黃, 張家白, 長水紅, 早十日, 荔枝紅鴨嘴黃, 瓜熟稻, 細子秈, 觀音糯, 飛來糯, 細葉糯, 蟹殼糯, 秋風糯, 麻筋糯, 鰻鱺糯, 早粳稻
計	97	26	71

출처: 道光『崑新兩縣志』권8,「物産」.

곤산현의 1742년~1826년, 즉 84년 동안의 벼 품종은 36종에서 97종으로, 61종(2.7배) 증가하였다. 그 중 메벼는 19종에서 26종으로 7종 증가한 반면, 찰벼는 17종에서 71종으로 54종 증가하였다. 특히 찰벼가 많이 증가하였다. 물론 1826년의 벼 품종은 곤산과 신양 양 현에 대한 기록이기 때문에 1742년 벼 품종과의 비교에 약간의 문제가 없지 않다. 그러나 양 현이 인접 지역이고, 중복 품종이 아니기 때문에 비교에는 큰 무리가 없다. 한편 1742년 곤산현과 상숙현의 벼 품종을 비교해 보면 36종과 33종으로 거의 같다. 단지 차이는 곤산현의 찰벼가 상숙현에 비해 6종 많다. 또한 1753년 장주현의 벼 품종 32종(메벼 18종, 찰벼 14종)과[24] 곤산현·상숙현을 비교해 보면 품종 수는 큰 차이가 없다. 이보다 시기가 좀더 늦은 1761년 원화현의 벼 품종도 33종(메벼 18종, 찰벼 15종)[25]으로 거의 같다. 이는 18세기 중엽 소주부 북쪽에 위치한 상숙, 곤산과 남쪽에 위치한 장주현의 벼 품종에는 큰 차이가 없다는 것을 의미한다.[26]

1742년 소주부 오현의 벼 품종 56종(메벼 31종, 찰벼 2종)[27]은 明 崇禎年間(17세기 초) 오현의 벼 품종 57종(메벼 32종, 찰벼 25종)[28]보다

---

24) 乾隆 『長洲縣志』 권17, 「物産」. 明 隆慶年間(1567~1572) 長洲縣 지방지에는 곡물 품종이 보이지 않는다(隆慶 『長洲縣志』 권7, 「土産」).
25) 乾隆 『元和縣志』 권16, 「物産」.
26) 常熟縣에 인접한 1728年 昭文의 벼 품종은 香紅蓮, 烏口(晚熟) 등 2종만 기록되어 있다(雍正 『昭文縣志』 권4, 「物産」, 33쪽).
27) 乾隆 『授時通考』 권21, 「穀種·稻二」.
28) 明 崇禎年間 吳縣의 벼 품종은 메벼 32종(箭子稻, 紅蓮稻, 杷稏稻, 雪裏揀, 師姑秔, 早白稻, 金成稻, 烏口稻, 早稻, 中秋稻, 紫芒稻, 枇杷紅, 下馬看, 大頭花, 瓜熟稻, 晚白稻, 黃梗秈, 一粒珠, 麻皮秔, 薄十分, 梗殺蟛蜞, 香子米, 八月白, 牛毛白, 丈水紅, 老來紅, 五石稻, 救公饑, 包十石, 果泥烏, 土塘靑, 天落黃), 찰벼 25종(金釵糯, 閃西風, 羊脂糯, 靑稈糯, 秋風糯, 趕陳糯, 矮糯, 鵝脂糯, 川梗糯, 虎皮糯, 羊鬚糯, 胭脂糯, 野人糯, 樞子糯, 恍雄鷄, 烏須糯, 觀音糯, 梗秈糯, 佛手糯, 小娘糯, 蟹殼糯, 喜珠糯, 鴨嘴糯, 香梗糯, 珠子糯)이다(崇禎 『吳縣志』 권29, 「物産」).

오히려 메벼 1종이 적다. 그런데 1742년과 명 숭정연간 오현의 벼 품종은 품종명이 모두 같다. 그러나 1742년 오현의 벼 품종은 같은 시기 소주부 북쪽에 위치한 상숙현보다는 메벼는 9종, 찰벼는 14종이 많다. 또한 1742년 오현의 벼 품종은 오현 아래에 위치한 건륭시기 오강현의 벼 품종 63종(메벼 37종, 찰벼 26종)29)보다는 메벼 5종, 찰벼 1종이 적다. 이처럼 18세기 중엽 소주부의 벼 품종은 남부와 북부간 큰 차이는 없다. 단지 남부에 위치한 오현과 오강현의 벼 품종이 다른 지역에 비해 많다. 그런데 소주부에서도 벼 품종이 많은 오강현과 오현은 앞에서 살펴본 소주부의 인구 변동과 전지 규모와 비교해 보면, 두 지역의 인구밀도는 다른 지역에 비해 높은 편이다. 이 같은 현상은 상주부의 정강현과는 다른 것이다.

송강부는 화정현, 누현, 봉현현, 금산현, 상해현, 남회현, 청포현, 천사청 등 7현으로 이루어져 있다.30) 그러면 송강부에서는 어떤 품종이 재배되었는지를 아래 표를 통해 검토해 보자.

<표 40> 18세기 초 송강부의 벼 품종

府	縣	메벼	찰벼
松江府		香粳米, 香子, 早白稻(小白), 早中秋(閃西風), 中秋稻, 晩白稻(大白)簡子稻, 紅蓮稻, 杷穄稻(勝紅蓮), 早鳥稻(晩鳥), 紫芒稻, 深水紅, 烏口稻(冷水稻), 六十日稻(帶犁回), 百日赤(挈犁望), 小秈(早秈), 大秈(晩秈), 金城稻(赤米), 白花珠	秋風糯, 金釵糯, 趕陣糯, 小娘糯, 矮兒糯, 蘆黃糯, 羊鬚糯, 羊脂糯, 鵝脂糯, 虎皮糯
計	29	19	10

출처 : 雍正『古今圖書集成』,「職方典」권699,「松江府 物産考」.

---

29) 乾隆『吳江縣志』권23,「物産」.
30) 嘉慶『重修一統志』권82,「松江府」.

<표 41> 18세기 중엽 송강부 상해현의 벼 품종

府	縣	메벼	찰벼
松江府	上海縣	香粳米, 香子, 早白稻(小白), 早中秋(閃西風), 中秋稻, 晩白稻(大白), 箭子稻, 紅蓮稻, 杷秭稻(勝紅蓮), 早鳥稻(晩鳥), 紫芒稻, 深水紅, 鳥口稻(冷水稻), 六十日稻(帶犁回, 百日赤(挈犁望), 小秈(早秈), 大秈(晩秈), 金城稻(赤米), 白花珠, 粳稻, 紅芒, 白芒, 秈稻	秋風糯, 金釵糯, 趕陣糯, 小娘糯, 矮兒糯, 蘆黃糯, 羊鬚糯, 羊脂糯, 鵝脂糯, 虎皮糯
計	33	23	10

출처 : 乾隆『授時通考』권21,「穀種・稻二」.

<표 42> 18세기 중엽 송강부 청포현의 벼 품종

府	縣	메벼	찰벼
松江府	靑浦縣	六十日稻, 百日赤, 小秈, 大秈, 早白稻, 中秋稻, 晩白稻, 香粳, 早鳥稻(晩鳥), 紅蓮稻, 紫芒稻, 深水紅, 金城稻(赤穀)	秋風糯, 金釵糯, 趕陣糯, 矮兒糯, 蘆花糯, 羊鬚糯, 羊脂糯
計	20	13	7

출처 : 乾隆『授時通考』권21,「穀種・稻二」.

<표 43> 19세기 초 송강부의 벼 품종

府	縣	메벼	찰벼
松江府		香粳, 箭子稻, 紅蓮稻, 紫芒稻, 瓜熟稻, 白花珠, 早白稻(小白), 晩香白稻, 中秋稻, 早鳥稻(晩鳥), 烏口稻, 六十日稻, 百日赤, 麥爭場, 三朝齊, 松江赤, 嘉興黃, 黃粳秈, 小秈, 大秈(晩秈), 荔枝紅(早・中・晩), 一丈紅	秋風穤, 金釵穤, 趕陣穤, 小孃穤, 矮兒穤, 蘆黃穤, 羊鬚穤, 羊脂穤, 鵝鬃穤, 豬鬃穤, 虎皮穤, 不道穤, 烏鬚穤, 觀音穤, 西洋穤
計	37	22	15

출처 : 嘉慶『松江府志』권6,「疆域志」6,「物産」.

송강부의 벼 품종은 18세기 초·중엽 편찬 자료상으로는 거의 같다. 단지 『고금도서집성』에서는 청포현의 벼 품종이 누락되어 있다. 청포현의 벼 품종 누락은 『수시통고』의 벼 품종에서 볼 수 있는 것처럼 청포현의 벼 품종이 메벼나 찰벼 모두 상해현과 같기 때문일 것이다. 이런 점으로 볼 때 『고금도서집성』과 『수시통고』에 기록된 송강부의 벼 품종은 동일하다고 보아도 무방하다. 두 자료에 기록된 18세기 초·중엽 송강부의 벼 품종 수는 메벼 23종, 찰벼 10종이다. 18세기 중엽 송강부의 벼 품종은 16세기 초 송강부의 메벼 15종, 찰벼 9종에 비해 메벼는 8종, 찰벼는 1종 증가한 것이다.31) 그런데 16세기 초 송강부의 벼 품종은 메벼의 경우 18세기 초 자료에 모두 있으나, 찰벼의 경우는 瞞官糯는 18세기 초 자료에 보이지 않는다. 또한 18세기 중엽 上海縣의 벼 품종 33종(메벼 23종, 찰벼 10종)은 15세기 말·16세기 초 상해현의 벼 품종(메벼 14종, 찰벼 6종)32)에 비해 메벼는 9종, 찰벼는 4종 증가한 것이다. 이처럼 18세기 초·중엽 송강부의 벼 품종은 15세기 말·16세기 초에 비해, 즉 2세기 동안 얼마간의 증가가 있었다.

18세기 초에서 19세기 초까지 약 1세기간 송강부의 벼 품종을 비교해 보자. 19세기 초 송강부의 벼 품종은 18세기 중엽보다 8종 증가하였다. 이 같은 증가는 16세기 초와 18세기 초간의 송강부의 벼 품종 증가수 9종과 거의 같다. 다시 말해 16세기 초에서 18세기 초까지 약 2세기 동안의 벼 품종의 양적 증가와 18세기 초에서 19세기 초까지 약 1세기 동안 벼 품종의 양적 증가가 같다. 이는 송강부의 경우 청 중기 벼 품

---

31) 메벼는 六十日稻, 百日赤, 小秈, 大秈, 早白稻, 早中秋, 中秋稻, 晚白稻, 箭子稻, 紅蓮稻, 秕稬稻, 早烏稻, 紫芒稻, 深水紅, 金成稻, 烏口稻 등 15종, 찰벼는 秋風糯, 金釵糯, 趕陳糯, 小娘糯, 矮兒糯, 蘆黃糯, 羊鬚糯, 羊脂糯, 鵝脂糯 등 9종이다(正德『松江府志』권5,「土産」).
32) 메벼는 箭子稻, 香子稻, 紅蓮稻, 烏口稻, 早烏稻, 秕稬稻, 紫芒稻, 金成稻, 小秈, 大秈, 早白, 晚白, 閃西風, 百日赤 등 14종이며, 찰벼는 謾官糯, 金釵糯, 蘆黃糯, 羊鬚糯, 矮兒糯, 趕陳糯 등 6종이다(弘治『上海縣志』권3,「土産」).

종의 양적 증가가 명 중기에서 청 초기까지 벼 품종의 양적 증가에 비해 배정도 빠르다는 것을 의미한다.

태창주는 진양현, 숭명현, 가정현, 보산현 등으로 구성되어 있다.33) 그런데 태창주의 벼 품종은 자료의 부족으로 양적 추이를 비교할 수는 없다. 단지『수시통고』34)에는 27종(메벼 15종, 찰벼 12종)이 기록되어 있다. 이는『수시통고』에 기록되어 있는 상숙현의 33종(메벼 22종, 찰벼 11종)에 비해 적다. 특히 메벼에서 7종 적다. 그리고 1742년 태창주의 벼 품종 27종(메벼 15종, 찰벼 12종)은 16세기 초 태창주의 벼 품종 7종(메벼 5종, 찰벼 2종)에35) 비해 20종 증가하고 있다.

요컨대 강소성 강남지역의 벼 품종은 강녕부・진강부・태창주의 경우는 자료 부족으로 양적 추이를 비교할 수 없었다. 상주부의 경우 18세기 중엽 강음현(메벼 10종, 찰벼 5종)과 정강현(메벼 13종, 찰벼 14종)에 상당한 증가가 있었다. 그리고 1724년 정강현과 강음현의 벼 품종은 양자강 북쪽에 위치한 정강현의 벼 품종이 찰벼와 메벼 모두 9종 많았다. 소주부 상숙현의 경우 1687~1742년 동안에는 품종 변화가 없었다. 1724년 吳縣도 벼 품종도 명 숭정연간과 거의 같았다. 그러나 소주부 곤산현에서는 1742~1826년 사이에 메벼는 7종, 찰벼는 54종 증가하였다. 그리고 소주부 남부와 북부간 벼 품종의 양적 차이는 없었다. 송강부의 경우 18세기 초와 중엽간에는 품종의 변화가 없다. 단지 18세기 중엽의 벼 품종은 16세기 초에 비해 약간 증가하였다. 그리고 19세기 초의 벼 품종도 18세기 중엽보다 약간 증가하였다.

한편 청대 절강성 호주부의 벼 품종을 살펴보면 아래 표와 같다.

---

33) 嘉慶『重修一統志』권103,「太倉州」.
34) 乾隆『授時通考』권21,「穀種・稻二」.
35) 메벼는 早白, 早烏, 早紅蓮(이상 早稻), 晚白, 晚烏(이상 晚稻) 등이며, 찰벼는 赶陳糯(早糯), 靠山糯(晚糯) 등이다(嘉靖『太倉州志』권5,「物産」).

<표 44> 18세기 湖州府의 벼 품종(1)

府	메벼	찰벼
湖州府	八月白稻, 趕冬春, 雁來枯稻, 黃秈, 黃粳稻, 紅蓮稻, 烏鬚稻, 紫芒稻, 三穗千稻, 下馬看稻, 山白稻, 野鷄斑稻, 鵝脚黃稻, 金成稻	赶陳糯稻, 光頭糯稻, 鐵粳糯稻, 羊鬚糯稻, 馬鬃糯稻, 烏香糯稻, 泥裏變糯稻
計 21	14	7

출처 : 雍正『古今圖書集成』,「職方典」권972,「湖州府·物産考」.

<표 45> 18세기 湖州府의 벼 품종(2)

地域	메벼	찰벼
歸安縣	早赤芒, 雁來烏, 薄殼稻, 觀音稻, 大葉黃, 粑稻稻, 金城稻, 鵝脚黃, 金裏銀, 黃赤稻, 赤稻, 八月白, 早黃稻, 晚黃熟, 三穗千, 野鷄斑, 山白稻, 冷水紅, 香粳稻(이상 秔稻)	烏香糯, 朱砂糯, 馬鬃糯, 豬血糯, 羊鬚糯, 黃皮糯, 矮兒糯, 鐵桿糯, 赶陳糯, 光頭糯
長興縣	黃秈, 白粳, 赤秔, 烏稻, 烏鬚稻, 宜興白, 觀音稻, 七月白, 宜州白, 三朝齊, 黃粳秈, 鵝脚黃	羊鬚糯, 烏香糯, 珠子糯, 赶陳糯, 白糯, 盈塘青, 矮脚糯
孝豊縣	黃秈稻, 百日稻, 落馬秈, 觀音秈, 紅黃秈, 趕陳秈, 光頭秈	鐵粳糯, 羊鬚糯, 烏香糯, 泥裏變糯, 朱砂糯

출처 : 乾隆『授時通考』권21,「穀種·稻二」.

<표 46> 19세기 湖州府의 벼 품종(1)

縣	메벼	찰벼
長興縣	黃秈, 白粳, 赤秔, 烏稻, 烏鬚稻, 宜興白, 觀音稻, 七月白, 宜州白, 三朝齊, 黃粳秈, 鵝脚黃	羊鬚糯, 烏香糯, 珠子糯, 赶陳糯, 白糯, 盈塘青, 矮脚糯
計 19	12	7

출처 : 同治『長興縣志』권17,「物産」.

<표 47> 19세기 湖州府의 벼 품종(2)

縣	메 벼	찰 벼
安吉縣	六十日粳, 七十日粳, 八十日粳, 百日粳, 細穀粳, 白穀粳, 堆穀粳, 香粳粳, 野猪粳, 金裏銀, 紅纓帽, 高脚白, 落馬粳	葡萄稤, 矮脚糯, 朱砂糯, 馬鬃糯, 烏節稤, 粳殺稤, 青梗稤, 六升穀, 黃皮糯, 鐵梗糯
計 23	13	10

출처 : 同治 『安吉縣志』 권8,「物産」.

<표 48> 19세기 湖州府의 벼 품종(3)

縣	메 벼	찰 벼
歸安縣	八月紅, 雁來枯稻, 烏稻, 三穗千稻, 泰州種, 下馬看稻, 野雉斑稻, 麻子烏稻, 鵝脚黃稻, 赤鬚稻, 師姑秔稻, 黃梗秈稻	臙脂糯稻, 羊鬚糯稻, 馬鬃糯稻, 賴麗糯, 烏香糯稻, 鐵梗糯稻, 趕陳糯稻, 泥裏變糯稻
計 20	12	8

출처 : 光緒 『歸安縣志』 권13,「輿地略十三・物産」.

<표 49> 19세기 湖州府의 벼 품종(4)

縣	메 벼	찰 벼
孝豊縣	黃秈稻, 百日秈, 落馬秈, 觀音秈, 紅黃秈, 趕陳秈	光頭糯, 鐵梗糯, 羊鬚糯, 烏香糯, 泥裏變糯, 朱砂糯
計 12	6	6

출처 : 同治 『孝豊縣志』 권4,「食貨志・土産」.

<표 50> 19세기 湖州府의 벼 품종(5)

縣	메 벼	찰 벼
武康縣	大黃稻, 小黃稻, 中秋稻, 矮赤稻, 山白稻, 赤穀稻(이상 秈米), 晚白稻, 烏稻, 紅稖晚稻, 金裏銀稻(이상 晚米)	赤糯, 湖西糯, 長鬚糯, 栗殼糯, 胭脂糯, 鐵梗糯, 菊花糯, 烏香糯, 賴麗糯
計 19	10	9

출처 : 道光 『武康縣志』 권5,「地域志・物産」.

3장 곡물 농업 생산과 수확량   101

<표 51> 18세기 湖州府의 비 중복 벼 품종

府	메벼	찰벼
湖州府	早赤芒, 趕冬春, 趕陳秈, 觀音秈, 光頭秈, 金裏銀, 落馬秈, 冷水紅, 大葉黃, 晚黃熟, 薄殼稻, 白粳, 百日稻, 山白稻, 三穗千, 三朝齊, 鵝脚黃, 雁來枯稻, 雁來烏, 野鷄斑, 烏稻, 烏鬚稻, 宜州白, 宜興白, 紫芒稻, 赤杭, 赤稻, 早黃稻, 七月白, 杷稏稻, 八月白, 下馬看稻, 香粳稻, 紅蓮稻, 黃秈, 紅黃秈, 黃粳稻, 黃赤稻	赶陳糯, 光頭糯, 馬鬃糯, 白糯, 羊鬃糯, 盈塘靑, 烏香糯, 矮脚糯, 矮兒糯, 泥裏變糯, 猪血糯, 朱砂糯, 珠子糯, 鐵桿糯, 鐵粳糯, 黃皮糯
計 54	38	16

<표 52> 19세기 湖州府의 비 중복 벼 품종

府	메벼	찰벼
湖州府	趕陳秈, 高脚白, 觀音稻, 矯赤稻, 金裏銀, 落馬粳, 大黃稻, 麻子烏稻, 晚白稻, 白粳, 白穀粳, 百日粳, 師姑杭稻, 山白稻, 三穗千稻, 三朝齊, 細穀粳, 小黃稻, 鵝脚黃, 雁來枯稻, 野猪粳, 野雉斑稻, 烏稻, 烏鬚稻, 六十日粳, 宜州白, 宜興白, 赤杭, 赤穀稻, 赤鬚稻, 中秋稻, 七十日粳, 七月白, 泰州種, 堆穀粳, 八十日粳, 八月紅, 下馬看稻, 香粳粳, 紅稏晚稻, 紅纓帽, 紅黃秈, 黃粳秈, 黃秈	赶陳糯, 粳殺稬, 光頭糯, 菊花糯, 賴麗糯, 馬鬃糯, 白糯, 羊鬃糯, 臙脂糯稻, 盈塘靑, 烏箭稬, 烏香糯, 矮脚糯, 六升穀, 栗殼糯, 泥裏變糯, 胭脂糯, 長鬚糯, 赤糯, 朱砂糯, 珠子糯, 鐵粳糯, 靑粳稬, 葡萄稬, 湖西糯, 黃皮糯
計 70	44	26

　18세기 호주부의 메벼 품종은 52종이며, 그 중 비중복 품종은 38종으로 중복 비율은 73%이다. 또한 18세기 호주부의 찰벼 품종은 29종이며, 비중복 품종은 16종으로 중복 비율은 55%이다. 이는 메벼에 비해 찰벼의 중복 품종이 많다는 것을 의미하며, 중복 비율이 높은 것은 각 지역에서 같은 품종이 많이 재배되었다는 것을 의미한다. 그러나 중복 비율이 높은 것은 다른 한편으로는 품종의 개선 가능성이 낮다는

것을 의미한다. 한편 19세기 호주부의 메벼는 53종이며, 비중복 품종은 44종으로 중복 비율은 83%이다. 또한 찰벼는 40종이며, 비중복 품종은 26종으로 중복 비율은 75%이다. 이러한 현상은 18세기와 거의 같다.

  18세기와 19세기를 비교해 보면 전체 품종 수는 메벼의 경우 52종과 53종으로 거의 같으나, 비중복 품종 수는 18세기보다 19세기에 늘어난 셈이다. 찰벼의 경우는 29종과 40종으로 19세기에 상당히 많이 증가하고 있으며 중복 비율도 낮다. 한편 18세기와 19세기간의 품종 변화를 살펴보면, 메벼의 경우 간진선, 관음선, 금리은, 낙마선, 백갱, 백일도, 산백도, 삼수천, 삼조제, 아각황, 안래고도, 오도, 오수도, 의주백, 의흥백, 적갱, 하마간도, 홍황선, 황갱도, 황선 등 44종 중 20종이 중복 품종으로 중복 비율은 45%이다. 찰벼의 경우는 간진나, 광두나, 마종나, 백나, 양수나, 영당청, 오향나, 왜각나, 이리변나, 주사나, 주자나, 철갱나, 황피나 등 26종 중 13종이 중복 품종으로 중복 비율은 50%이다. 메벼와 찰벼의 중복 비율은 비슷하다. 이는 18세기의 품종이 19세기에 메벼와 찰벼 모두 절반 정도 같은 품종이 재배되었음을 보여주는 것이다. 그러나 전체적인 품종 수는 19세기에 증가하고 있으나, 위의 표에서 보는 것처럼 각 현 단위에서는 반드시 증가하고 있지 않다. 위의 표에서 비교 가능한 현을 분석해 보면, 귀안현과 장흥현은 메벼와 찰벼 모두 18세기보다 19세기에 품종 수가 줄어들고 있다.

  호주부의 18세기와 19세기의 벼 품종 수는 우선 위의 통계가 불완전하기에 전적으로 신뢰할 수는 없다. 통계의 불완전성은 품종을 기록한 자료에 품종을 구체적으로 언급한 경우도 있지만, 대표적인 품종 명과 품종 수만 기록한 경우가 많기 때문이다. 예컨대 위의 통계 중 장흥현의 경우 18세기와 19세기 모두 메벼 12 찰벼 7종으로 품종 수가 같으나, 같은 자료에는 갱도 70여 종 나도 40여 종으로 기록하고 있으며,[36] 오정현의 경우도 위의 통계에는 빠져 있으나 메벼 70종 찰벼 40종이

---

36) 同治『長興縣志』권17,「物産」, 1~2쪽.

있다고 기록하고 있다.37)

청대 벼 품종의 특징 중 하나는 早稻보다 晚稻를 많이 재배했다는 점이다.38) 이러한 예는 안길현의 경우 조도는 많이 재배하지 않는다는 지적39)에서도 알 수 있다. 물론 벼 품종은 지리적 특성에 따라 선택·재배되었다. 예컨대 장흥 濱湖지역에는 만도, 山鄕에는 黃秈을 많이 재배하였다.40) 또한 안길현에서는 萬年黃, 세곡갱, 향경갱, 청경갱 등이 선도보다는 갱도를 많이 재배하였다.41)

호주부의 벼 품종 수는 다른 지역에 비해 어떤 위치를 차지하고 있었을까? 벼 품종에 대한 불완전한 통계 하에서 품종 수를 비교한다는 것은 결코 쉬운 일이 아니다. 그러나 벼 품종 수의 많고 적음이 벼농업을 이해하는 데 중요한 비중을 차지한다면 비교 자체가 무의미하다고 볼 수는 없을 것이다. 여기서는 당시 중국의 경제 선진지역이었을 뿐 아니라, 호주부와도 이웃하고 있는 소주부42)와의 비교를 통해 호주부의 벼 품종 수의 위치를 가늠하고자 한다. 호주부와 소주부 간의 벼 품종 수는 18세기의 경우 소주부가 호주부보다 메벼는 약 3배, 찰벼는 4배나 많다. 19세기의 경우 소주부가 호주부보다 메벼는 1.3배, 찰벼는 1.8배 많다. 호주부와 소주부 간의 벼 품종 명을 비교해 보면, 메벼와 찰벼 모두 같은 품종 명은 아주 드물다. 이런 현상을 어떻게 봐야 하는가? 벼의 품종 명이 다르다고 해서 전혀 다른 품종일지는 의문이다. 아마 이름은 다르지만 같은 성질을 가진 품종이었다고 보는 게 타당할

---

37) 光緖 『烏程縣志』 권29, 「物産」, 1~3쪽. 『嘉慶重修一統志』 17(中華書局, 1986), 「浙江·湖州府」, 「土産」에는 곡물 기록 자체가 없다.
38) 姜判權, 「淸代(1644-1850) 江蘇省의 벼 品種과 收穫量」, 『中國史硏究』 1, 1996.
39) 同治 『安吉縣志』 권8, 「物産」, 2쪽.
40) 同治 『長興縣志』 권17, 「物産」, 1~2쪽.
41) 同治 『安吉縣志』 권8, 「物産」, 2쪽.
42) 蘇州府의 구체적인 벼 품종에 대해서는 姜判權, 「淸代 江蘇省 蘇州府의 農業經濟」, 『啓明史學』 9, 1998 참조.

것이다.

이처럼 호주부가 소주부에 비해 벼 품종 수가 상당히 적은 것은 벼 농업이 소주부보다 활발하지 않았다는 것을 의미한다고 보아도 무방할 것이다. 두 지역간의 차이는 호주부에서 맥보다 유채를 많이 심은 이유처럼, 호주부의 지형이 소주부와 달랐기 때문이다.[43]

2) 벼 品種의 特徵과 商品化

청대 벼농업의 특징은 低田의 늦벼 재배 주기를 축으로 이모작이 이루어졌다는 점이다.[44] 즉 강남의 벼농업은 저습 지대에서 '乾田化率'의 향상이라는 경지 상태의 개선에 힘입은 바 컸다. 나아가 늦벼의 재배로 시비, 제초, 농구 등의 방면에서 집약화가 이루어졌다.[45] 청대에는 벼 품종의 다양화와 함께 토양 조건과 기후 상태에 따라 벼농업이 이루어지고 있었다. 이러한 특징은 강남에서도 발견할 수 있다.[46]

---

43) 이 점에 대해서는 『補農書』, 72쪽에서도 지적하고 있다.
44) 太湖地區農業史硏究課題組 編著, 『太湖地區農業史稿』, 93~112쪽 참조. 벼는 크게 메벼와 찰벼로 나눌 수 있고, 秔은 다시 粳과 秈으로 나눌 수 있다. 같은 메벼이지만, 전자의 것은 후자의 비해 보다 많은 시비와 生長 기간이 필요했으나, 수량이나 가격 면에서도 뛰어났다. 江南 生産米의 반은 粳이었다(則松彰文, 앞의 논문, 159~160쪽). 벼 품종에 대한 좀더 자세한 내용은 川勝守, 앞의 논문, 「序」 참조.
45) 足立啓二, 앞의 논문.
46) 蘇州府 崑山 동쪽은 東高 西下, 常熟 북쪽은 北高 南下의 지형으로 高田지대였으며, 崑山 서쪽, 常熟 남쪽은 지형이 낮아 水田지대였다(顧炎武, 『天下郡國利病書(一)』, 第四冊, 「蘇上」, 8쪽). 그러나 이러한 지형은 13세기 후반 吳淞江이 점차 游塞되고, 婁江 또한 16~17세기 동안 고갈되어 黃埔江이 吳淞江의 물을 빼앗아 감에 따라 16세기 말에는 婁江이 江南 최대의 大下流가 되었다. 이로써 淸初 常熟 沿江・沿海 지역은 벼농업에 적당하지 않은 지역으로 바뀌었다. 康熙年間 蘇州府의 지형은 吳江縣・太倉州・昆山縣 등은 지세가 낮은 곳이고, 吳縣・長洲・常熟縣・嘉定縣 등은 지세가 높은 곳이었다(『李煦奏摺』(68), 61쪽, 「蘇揚等府田禾收成摺」).

『수시통고』의 경우 水田과 투田에는 메벼만, 良田에는 찰벼만 보이고 있다. 한전지역에는 소망도, 소황도, 심수홍 등의 품종이 재배되었으며, 수전지역에는 육월선, 엽리선, 타리귀, 소백선 등 선도 계통이 주로 재배되었다. 또한 양전 지역에는 추풍나(만관나, 냉립나) 등이 재배되었다. 한편 강소성 남부에서는 토양 조건에 맞는 벼농업이 행해지고 있었을 뿐 아니라, 기후조건에 맞는 벼농업이 행해지고 있었다. 즉 별살천은 가뭄에, 장수홍은 홍수에 강한 품종이었다.

송강부의 벼 재배는 토양 조건상 중·만도가 주종을 이루었다. 즉 송강부의 토양은 地氣가 차가워 올벼보다는 늦벼 재배에 적합하였다.47) 물론 올벼 재배가 드물었던 이유는 수확상 문제도 있었다. 예컨대 과숙도48)의 경우 3월 하순에 이앙해서 6월 중순경에 수확할 수 있었다. 그러나 수확량은 풍년을 기대할 수 없었고, 가장 좋은 땅에서도 무당 3석을 넘지 못했다. 따라서 상해에서는 과숙도를 재배하는 농가는 거의 없었다.49) 또한 송강부 농가의 이러한 벼 품종 선택은 올벼 재배법을 제대로 알지 못한 탓도 있었다.50) 송강부 벼 품종 중에서 특이한 것은 '百日稻'이다. 수확기간이 백일이라는 데서 유래한 이 품종은 위의 표에서는 보이지 않는다. 백일도는 품질이 부드럽고 감미로웠다. 그런데 이 품종은 모를 이앙하는 것이 아니라 수전에 散播, 즉 直播하는데, 이 품종을 '川珠'라고도 불렀다. 특히 이 품종은 상해에서만 재배되었고, 인근에서는 재배되지 않았다.51)

태창주의 벼 재배도 송강부와 마찬가지로 기후와 토양에 크게 영향

---

47) 姜皐, 『浦泖農咨』, 「曰」 8.
48) 淸初의 작품인 葉珠夢의 『閱世編』에 언급되어 있는 瓜熟稻는 『古今圖書集成』과 『授時通考』에서는 보이지 않고, 嘉慶 『松江府志』에 보이고 있다.
49) 葉珠夢, 『閱世編』 권7, 「食貨 6·種植」, 12쪽. 이러한 지적은 19세기 중반 송강부 지역의 농업 사정을 알려주고 있는 姜皐의 『浦泖農咨』에서도 언급하고 있다.
50) 姜皐, 『浦泖農咨』, 「曰」 37.
51) 葉珠夢, 『閱世編』 권7, 「食貨 6·種植」, 12쪽.

받았다. 예컨대 태창주 숭명현의 경우는 토양이 척박하고 바다에 인접하여 벼농사에 적합하지 않았다. 이에 곡물 농업 외에 어업에 종사해야만 했다. 또한 부녀들은 방적에 힘써야만 했다.52)

상주부의 벼 품종 중 향주도와 홍연도는 무진현 산이 뛰어났다.53) 또한 상주부 동쪽에 위치한 무석현의 경우『수시통고』는 물론 지방지에서도 벼 품종 기록은 보이지 않는다. 무석·금궤현은 지기가 본디 척박하다는 기록54)으로 볼 때 다른 지역에 비해 곡물 재배가 쉽지 않았다. 그러나 각종 자료에서 특별히 기록하고 있는 무석미는 명대부터 전국에서 유명하였다. 특히 무석미로 술을 빚을 경우 다른 품종에 비해 생산량이 많았다.55)

진강부에서는 송강부와 마찬가지로 大稻가 많이 재배되었다. 대도는 9월에 수확하는 일반 벼로 晩稻이다. 대도의 특성은 미색이 靑白하고 粒은 끝이 길어서(尖長) '長腰粳米'라고도 부르며, 粒團이 길면서 색이 혹 희거나 붉은 것은 모래땅(沙土)에서 생산되었다.56) 단도현의 늦벼는 東鄕近城에서 많이 재배되었으며, 올벼는 山田産이 上品이었다.57)

강남의 벼 품종이 지니고 있는 또 하나의 특징은 우수한 품종이 많이 재배되었다는 점이다.58) 이는 벼 품종 중에서도 미질이 올벼에 비

---

52) 康熙『崇明縣志』권6,「風物」, 1~3쪽.
53) 康熙『常州府志』권10,「物産」, 1쪽.
54) 光緖『無錫金匱縣志』권31, 1쪽.
55) 光緖『無錫金匱縣志』권31, 1쪽.
56) 乾隆『鎭江府志』(一) 권4,「風俗」, 17쪽.
57) 光緖『丹陽縣志』권29,「風土」, 6~7쪽.
58) 太湖地區農業史硏究課題組 編著, 앞의 책, 119~120쪽.『授時通考』에는 이앙과 수확기를 정확하게 기록하지 않은 경우가 많기 때문에 중·늦벼형의 비율을 통계로 나타내기란 어렵다. 더욱이 이앙시기가 정확하게 표기된 경우에는 문제가 없지만, 그냥 올벼, 중벼, 늦벼라고만 표기되어 있는 경우, 그것이 실제로 그러한 종류인지도 불분명하다. 왜냐하면 늦벼 중에서도 수확기가 9월인 것을 올벼, 10월인 것을 늦벼라고 한 경우가 있었기 때문이다(天野元之

해 상대적 좋은 중·늦벼형이 많이 재배되었다는 것을 의미한다. 한 통계에 의하면, 명·청시기 태호지구에는 미질이 우수한 품종이 49개 (청대 36개)가 있었다고 한다. 이 숫자는 당·송시기의 10개에 비하면 5배에 가깝다.59) 이 시기 미질이 우수한 품종으로는 芳香型(향갱, 향자나, 홍련도, 간자도 등), 柔軟型(과숙도, 양지나 등), 潔白型(설리간, 만백, 수정나 등), 宜酒型(금차나, 아지나 등), 宜粥型(박십분 등)을 들 수 있다.60) 『수시통고』를 기준으로 우수 품종을 살펴보면, 진강부 8종, 상주부 18종, 소주부 26종, 송강부 16종, 태창주 10종 등을 발견할 수 있다.61)

이 지역에서 올벼보다는 중·늦벼형이 많이 재배된 이유는 대체로 세 가지로 설명할 수 있다. 하나는 양자강 유역의 수전지대에 3·4월에 이앙하고, 6·7월에 수확하는 올벼와 9·10월에 파종하고 수확하는 이맥의 토지 이용 기간의 중복으로, 5·6월에 이앙하고 8·9·10월에 수확하는 중·늦벼가 재배되어야 했기 때문이다.62) 늦벼를 재배한 또 하나의 이유는 송강부의 예에서 보듯이 지기가 차서 올벼 재배가 쉽지 않았기 때문이다.63)

강남의 벼 품종이 지니고 있는 이러한 특징은 쌀의 상품화와 밀접히

助, 『中國農業史硏究』, 御茶の水書房, 1962, 131쪽). 중국에서 올·중·늦벼 등의 구별은 16세기에 일반화되고, 이러한 경향은 17, 18세기에 한층 진전되었으며, 18세기에 완성되었다. 이러한 경향은 쌀의 전국 유통망에 관련된 지역에서 강하였다(川勝守, 앞의 논문, 92쪽).

59) 太湖地區農業史硏究課題組 編著, 앞의 책, 121쪽.
60) 각 시대의 우수 품종에 대해서는 游修齡, 앞의 책, 1995, 107~111쪽 참조.
61) 姜判權, 앞의 논문, 1996, 41쪽.
62) 일반적으로 水田 二毛作 중 麥·늦벼의 二毛作制는 明末에 형성되었다고 한다(『太湖地區農業史稿』, 124쪽). 그런데 二毛作의 실시는 곧 벼의 파종이나 이앙에 직접적인 영향을 미치기 때문에 벼의 품종 선택은 중요하다. 다시 말해 이모작물이 어떤 종류냐에 따라 파종시기, 이앙시기, 수확시기가 달라진다.
63) 姜皐, 『浦泖農咨』, 2쪽.

관련되어 있다. 쌀의 상품화와 관련해서 두드러진 현상 중의 하나는 찰벼이다. 찰벼는 그 특성상 食米로 이용되기보다는 주로 술 원료로 이용되었다.『수시통고』에 따르면 강남의 찰벼는 주로 良田에서 재배 되었다. 술 제조에 사용된 찰벼 품종으로는 간진나, 금차나 등이었다. 앞의 표에 따르면 18세기 초 강녕부의 찰벼는 20종, 18세기 중엽 진강부 단양현의 찰벼는 21종, 18세기 중엽 상주부 정강현의 찰벼는 15종, 18세기 중엽 소주부 곤산현의 찰벼는 17종, 19세기 초 소주부 곤산·신양현의 찰벼는 71종이다. 이 같은 찰벼 수는 전체 품종의 거의 절반에 해당하며, 특히 19세기 초 곤산·신양현의 경우는 전체 품종 97종 중 2/3가 찰벼이다. 물론 생산된 찰벼가 모두 상품으로 판매되었다고 보기는 어렵다. 그러나 대부분 찰벼는 판매를 목적으로 재배되었다. 물론 술 제조에는 찰벼 외에도 무석미64)와 같은 메벼도 사용되었다. 1820년 소주부 9현에서 생산된 쌀 2,300여만 석 중에서 절반이 술 제조에 소비되었다.65) 특히 진강부의 경우 술 제조는 흉년일 경우 양식을 걱정할 정도로 성행하였다.66) 한편 떡과 죽을 만드는 데도 많은 쌀이 소비되었다.67) 그런데 찰벼를 비롯한 미곡의 상품화는 술 제조의 경우

---

64) 常州府 無錫縣은 天産으로 미가 대종을 이루었다. 그 중에서도 惠山에서 생산된 粳이 아주 뛰어났다. 이 품종은 입자가 작고 둥글고 길었으며, 성질은 강했고 견실했다(徐珂 編撰,『淸裨類抄』十二冊,「植物篇」, 5722쪽).

65) 包世臣,『安吳四種』,「齊民四術」권2, 農二,「庚辰雜著」2, 4쪽. 浙江省에서는 "百畝之田에 찰벼가 1/3을 차지하였다"(張履祥·陳恒力 校析,『補農書校釋』, 160쪽, 부록 一,「農事」4,「釀酒對水稻配置的背景」)는 기록 외에도, 淮河에서도 찰벼가 釀酒에 이용되고 있는 사례를 발견할 수 있다(『皇朝經世文編』권36,「戶政」,「鳳臺縣志論食貨」, 3쪽).

66) 光緒『丹陽縣志』권29,「風土」, 6~7쪽. 釀酒로 얻을 수 있는 이익은 상당하였다. 張履祥의『補農書』,「蠶務」에 따르면, 蘇州에서는 술 600斤의 가격은 10냥이었다. 생산비를 제외한 이익은 3냥 정도였다. 이 이익은 돼지 6마리를 키우는 것과 같았다.

67) 淸 曹廷棟의『老老恒言』(1773년 간행)에는 죽의 종류를 언급하고 있는데, 上品이 36종, 中品이 27종, 下品이 27종 언급되고 있다. 이러한 죽은 주로 메벼

소비공간을 전제로 해야 한다. 이와 관련해서 진강부에서는 술 판매가 성행하여 도로에 술집이 즐비했다.68)

우수 품종의 재배와 관련해서 간과할 수 없는 것은 높은 가격이다. 높은 가격이 보장되지 않을 경우 재배농가에서 우수 품종을 재배하는 데는 한계가 있었다. 우수 품종 중 품질이 아주 우수했던 震澤米 중 白稻의 경우는 보통미보다 10~13배 높았다.69) 또한 농가에서 우수 품종을 많이 재배한 데는 조세와도 관련이 있었다.70) 이처럼 찰벼를 비롯한 우수 품종이 판매를 목적으로 재배되었다는 것은 강남의 생활수준과 밀접히 관련되어 있다고 볼 수 있다. 즉 술과 떡 제조는 소비자가 존재한다는 것을 의미한다. 강남의 인구증가와 도시발달 등은 벼의 상품화에 크게 기여했을 것이다.

한편 강남의 쌀 상품화는 이 지역의 식량 부족을 부추긴 요인으로 작용하였다. 1820년 소주부 9현의 쌀 생산량 23,000,000석은 같은 시기 소주부의 전지 6,256,186무71)은 畝當 미 2.7석에 해당한다. 물론 소주부 전체 전지에 벼를 재배했을 가능성이 없기 때문에 무당 생산량은 2.7석보다 높았다고 보아야 한다. 그런데 23,000,000석을 1820년 소주부 인구 5,914,810丁72)으로 계산하면 1인당 3.8석에 해당한다. 그리고 1인당 3.8석의 절반이 술 제조용으로 소비되었기 때문에 1인당 쌀 보유량은 1.9석이다. 한 사람이 1년에 소비하는 쌀을 7.2석으로 계산하면73)

가 사용되었다. 찰벼의 경우는 또한 건축업에도 소비되었다(游修齡, 앞의 책, 1995, 261~263쪽).
68) 乾隆 『鎭江府志』(一) 권4, 「風俗」, 17쪽. 진강부에서는 흉년일 경우 二麥이 성장하기 전에는 관에서 술 제조를 금지시켰으나 실효는 없었다. 문제는 누룩 제조는 일반 농가의 일이었기 때문에 술 제조를 금지시킬 경우 누룩 제조 농민들에게 피해가 돌아갔다는 점이다.
69) 閔宗殿, 앞의 논문, 1990, 22~23쪽.
70) 秋風糯는 輪租 품종이었다.
71) 嘉慶 『重修一統志』 권77, 「蘇州府」.
72) 嘉慶 『重修一統志』 권77, 「蘇州府」.
73) 1인당 1년 쌀 소비량 7.2石은 『浦泖農咨』, 「曰 33」에서 忙工이 하루에 소비

5.3석이 부족하다. 이 양을 다시 전체 인구로 계산하면 30,757,012석이 부족하다. 이 양은 소주부 쌀 생산량 23,000,000석보다 많다.

이처럼 소주부의 쌀 생산량은 소주부 전체 인구의 식미에도 부족하였다. 이런 상황에서 생산량의 절반이 양주용으로 사용되었기 때문에 식량 부족은 피할 수 없는 일이었다. 물론 소주부를 비롯한 강남의 쌀 생산이 인구를 부양할 수 없었기 때문에 다른 지역으로부터 쌀을 수입할 수밖에 없었다. 그러나 쌀 수입은 다른 지역의 벼 작황에 크게 의존할 수밖에 없기 때문에 쌀의 안정적인 수급은 결코 쉽지 않았다. 따라서 자체내의 쌀 공급이 원활하지 못할 경우에는 미가안정에 큰 장애요인이 될 수 있었다. 도광시기에 강남의 쌀 생산 증대를 꾀하려는 노력은 이런 상황에서 이루어졌다.

수확량의 증가는 이 지역에서 주로 재배한 중·늦벼의 재배로는 해결할 수 없었다. 선택 가능한 방법은 두 가지였다. 하나는 단위 면적당 수확량을 증가시킬 수 있는 품종을 개량하는 것이고, 다른 하나는 새로운 농법의 도입이었다. 1843년에 간행된 李彦章의 『강남최경과도편』은 강소성 巡撫 林則徐의 후원 아래 강소성 按察使 이언장이 강남의 식량 문제를 해결하기 위해 편찬한 올벼 재배법에 대한 농서이다. 1832~1847년에 걸쳐 만들어진 奚盛의 『다가집』은 소주부를 대상으로 한 새로운 농법을 소개한 농서이다. 두 편의 농서는 도광시기 강소성 남부의 식량 문제가 지방관 차원에서 문제해결을 모색하지 않을 수 없었을 만큼 심각했음을 보여주는 것이다. 그러나 올벼 재배법이 널리 전파되기 위해서는 조도 재배가 농가 소득에 도움이 되어야 했지만 결코 쉬운 일은 아니었다. 올벼를 통한 二期作의 확대 실시는 이맥의 재배 주기와 맞물려 있기 때문에, 재배기술은 물론 이기작이 이모작에 비해 높은 소득을 보장할 때만이 실효성을 거둘 수 있었다.

하는 쌀 2升을 1년으로 환산한 것이다.

3. 벼 收穫量과 米價動向

청대 무당 생산량의 증가 여부는 여전히 하나의 논란으로 남아 있다. 그간 무당 생산량에 대해서는 대체로 두 가지로 해석되어 왔다. 하나는 청대에 무당 생산량이 명대에 비해 증가했다는 주장이고,[74] 다른 하나는 명·청 사이에 중요한 증가가 없었다는 주장이다.[75] 특히 후자는 이 시기에 벼농업에 투입한 노동력이 唐 중엽 수준에 머물고 있으며, 비료 사용으로 실질적인 증가가 이루어졌다고 주장하고 있다.[76] 이러한 상반된 주장의 이면에는 수확량의 증가를 어떻게 파악하느냐에 대한 인식의 차이가 깔려 있다. 전자는 단위 면적을 기준으로 파악한 것이고, 후자는 단위 노동시간을 기준으로 파악한 것이다. 이 문제는 청대의 농업 수준을 어떻게 파악할 것인가 와도 밀접하게 관련되어 있기 때문에 엄밀한 분석을 필요로 한다.

청대 무당 생산량의 향상은 대부분 생산기술의 향상보다는 노동력의 투입으로 이루어졌다. 그러나 명·청간에 수확량의 엄청난 차이가 없었더라도, 청대는 명대와는 달리 벼 품종 개량에 의한 수확량의 증가를 꾀하고 있었다. 특히 御稻의 개발은 주목할 만하다. 즉 어도의 개발로 이기작[77]이 가능했으며, 이는 앞에서 살펴본 벼 품종의 다양화와 함께 청대 벼농업에서 전대와 구별되는 것 중의 하나이다. 어도의 특

---

74) 許滌新·吳承明 編, 앞의 책, 40~41쪽, 190~191쪽 ; 吳慧,『中國歷代糧食畝産硏究』, 北京 : 1985, 168~170쪽, 177쪽, 194쪽.

75) 李伯重, 앞의 논문, 1984, 25~28쪽 ; Philip C.C.Huang, *The Peasant Family and Rural Development in the Yangzi Delta, 1350-1988*, SMC Publishing Inc.Taipei, 1990, 89쪽.

76) 李伯重, 앞의 논문. 李伯重은 주로 明代의 경우를 예를 들어 지적하였으나, 필립 황은 이것을 청대까지 적용시키고 있다(Philip C.C.Huang, 위의 책, 89쪽).

77) 江蘇에서 二期作이 실시된 시기는 早熟 御稻의 확대보급이 가능했던 18세기 중엽이었다(『李煦奏摺』(141),「散發御種稻穀情形幷進新穀新米摺」(康熙 54년 8월 20일), 182쪽 ; 游修齡, 앞의 논문, 1990, 160쪽).

성에 대해서는 『수시통고』에, 어도의 재배 상황에 대해서는 『李煦奏摺』에서 찾아볼 수 있다. 어도는 豊澤園中에서 구한 것이었다. 어도는 조도로서 口外(長城以外, 西北邊境 關外)에 재배할 경우에는 기후상 백로 이후에 벼가 익지 않기 때문에 백로 이전에 수확해야 했다. 남쪽에 재배할 경우에는 북쪽보다 기후가 온난하여 여름과 가을 사이 보리와 벼 재배가 겹치지 않는 시기에 수확하였다. 어도의 특성은 미색이 조금 붉고 입자가 길며, 향이 나고 기름기가 있었다.[78] 어도는 소주에 재배된 기존의 벼에 비해 묘가 길었다.[79] 그런데 어도의 재배 상황에 대해 남쪽은 『이후주접』에서 알 수 있으나, 북쪽은 알 수 없는 실정이다. 따라서 여기서는 『이후주접』에 나오는 소주의 어도재배 상황을 중심으로 살펴보고자 한다.

소주에 어도가 시험·재배된 것은 1715년(강희 54)전이다. 이후는 어도 종자 1석을 황제에게 받아 소주 知督·撫, 鄕紳들에게 나누어주고 재배하게 했다. 이후는 4월 10일에 종자 6두를 高田 6무 5分에 심고, 7월 13일에 수확하였다. 수확량은 18석 2두 5升이었다. 이후가 재배한 지역으로 보아 어도는 주로 고전에 재배된 것으로 보이지만 확실하지는 않다. 어도의 생육 기간은 93일 정도이며, 무당 생산량은 2석 8두 정도였다. 그런데 여기서의 생산량은 穀이다. 이것을 米로 환산하면 대략 1석 4두 정도이다. 이후는 1차에서 수확한 벼를 다시 7월 28일에 심었다. 그러나 2차에 심은 벼는 입추 후에도 익지 않았으며, 싹이 성장했으나, 결실이 아주 적어 매 무 1석에도 미치지 못했다.[80] 이후가 다음해(1716) 6월 16일에 2차로 어도를 심고 9월 15일에 수확한 양은 이보다 많은 1석 5두였다.[81] 이 같은 수확은 7월 23·24 이틀간의 큰

---

78) 乾隆 『授時通考』 권20, 「穀種·稻一」, 20~21쪽.
79) 『李煦奏摺』(256), 「御稻與本地稻揷秧情形幷報米價摺」(康熙 55년), 193쪽.
80) 『李煦奏摺』(144), 「進本年第二季稻穀摺」(康熙 54年, 11월 17일), 184쪽.
81) 『李煦奏摺』(272), 「御稻種收情形幷分給撫臣鄕紳種子摺」(康熙 55年, 10월 2일), 204쪽.

서북풍으로 작황이 좋지 않았기 때문이었다. 이후는 바람 피해가 없었더라면 3석 정도는 수확할 수 있었을 것으로 보았다.[82] 또한 같은 해 50무에 심은 어도는 6월 4일에 수확했는데, 매무 3석 7두를 수확하였다.[83] 이는 전년의 수확량에 비해 많은 것이다. 그러면 어도의 무당 생산량이 어느 정도였는지를 구체적으로 살펴보면 다음 <표 53·54>와 같다.

1718년 소주부의 어도 수화량은 향신·兩淮 상인 총 33명이 99무에 재배한 것이다. 이 재배 면적은 소주부 전체 전지 규모에 비하면 너무 적다. 소주부의 1·2차의 총 수확량은 최저 4.3석에서 최고 5.2석에 이르고 있다. 평균 무당 수확량은 4.7석이다. 그런데 1차와 2차 간에는 수확량에서 큰 차이가 있다. 즉 1차의 평균 수확량은 3.0석인데 반해 2차의 평균 수확량은 1.6석으로 1차의 절반 정도에 지나지 않는다. 한편 1717년 강녕부의 어도 수확량은 상원현과 강녕현 士民 총 38명이 481무에 재배한 것이다. 물론 재배 면적은 소주부에 비해 많지만 전체 면적은 적다. 그리고 강녕부의 경우는 2차 수확량이 기록되어 있지 않아 1·2차간의 비교가 불가능하다. 1차의 경우 평균 2.9석으로 소주부보다는 0.1석이 부족하다. 그러면 이 같은 어도 수확량이 어느 정도인지를 單季稻의 수확량과 비교해 보자.

吳承明 등의 분석에 따르면,[84] 청초 소주·송강의 단계도는 무당 곡 1~3석, 강희 때의 소주 단계도·쌍계도는 무당 곡 3~4석·6.6석, 강

---

82) 『李煦奏摺』(272), 「御稻種收情形幷分給撫臣鄕紳種子摺」(康熙 55年, 10월 2일), 204쪽.
83) 『李煦奏摺』(264), 「進呈御稻新米幷新穀泡秧揷蒔摺」(康熙 55年, 6월 20일), 198쪽.
84) 許滌新·吳承明, 앞의 책, 190~191쪽, <표 3-3> 참조. 吳承明 등은 이러한 畝當 생산량이 대체로 明代보다 淸代가 높다고 해석하고 있으나(191쪽), 필립 황은 吳承明 등의 통계가 불충분할 뿐 아니라, 그의 통계가 오히려 宋代부터 畝當 생산량이 정체하고 있는 것으로 해석하고 있다(Phlip C.C. Huang, 앞의 책, 89쪽).

<표 53> 1718년 소주 향신・양회상인 1・2次 어도 수확량 (단위 : 石/斗)

姓名		畝數	1차畝當 생산량	2차畝當 생산량	畝當 총생산량
翰林院庶吉士	吳瞻淇	3	3.2	1.7	4.9
翰林院庶吉士	陸秉鑒	3	3.1	1.6	4.7
原任工科給事中	慕琛	10	3.3	1.8	5.1
原任兵部職方司主事	蔣文瀾	10	3.0	1.6	4.6
原任大名道	陳世安	10	3.2	1.7	4.9
己丑(1709)科 進士	張景崧	2	3.0	1.4	4.4
候補行人司司副	陶篯	3	2.9	1.9	4.8
己丑科 進士	樊錢倬	2	2.8	1.7	4.5
己丑科 進士	韓孝基	2	2.9	미확인	통계제외
癸巳(1713)科 進士	顧之樽	2	2.9	1.7	4.6
癸巳(1713)科 擧人	宋喆	1	2.8	1.5	4.3
甲午(1714)科 擧人	韓御李	1	2.8	1.6	4.4
原任刑部四川司主事	陸熾	4	3.1	1.7	4.8
原任內閣中書	金秉朴	5	3.0	1.8	4.8
原任兵部職方司員外郎	章豫	3	3.1	1.5	4.6
原任內閣中書	顧祖鎭	2	2.9	1.6	4.5
原任寧道臺	王世繩	3	3.0	1.6	4.6
癸巳科 進士	蔣杲	2	2.8	1.5	4.3
乙未(1715)科 進士	顧沈士	3	2.9	1.6	4.5
原任廣東韶州府通判	張安國	2	3.0	1.8	4.8
原任兵部武選司員外	郎陶昱	3	3.1	1.7	4.8
商 人	高萬順	3	3.3	1.9	5.2
商 人	閔德裕	2	3.1	1.8	4.9
商 人	馬德隆	2	3.2	1.9	5.1
商 人	吳敦厚	2	3.1	1.8	4.9
商 人	程弘益	2	3.0	1.8	4.8
商 人	吳德大	2	3.0	1.8	4.8
商 人	吳握玉	2	3.1	1.6	4.7
商 人	徐尙志	2	3.0	1.5	4.5
商 人	汪德睦	2	3.2	2.0	5.2
商 人	喬履順	2	3.1	1.6	4.7
商 人	項鼎玉	2	3.0	1.7	4.7
商 人	何義大	2	3.1	1.8	4.9
總 33명		99畝	3.0(石)	1.6(石)	4.7(石)

출처 :『李煦奏摺』, 246~260쪽.

<표 54> 1717년 강녕부 사민 어도 수확량 (단위 : 石/斗)

姓名	畝數	1차畝當 생산량	姓名	畝數	1차畝當 생산량
上元縣 士民 安 謙 等	22	3.2	江寧縣 士民 蔡士禎 等	18	2.9
上元縣 士民 李玉卿 等	20	3.2	江寧縣 士民 鄭芝燦 等	16	3.1
上元縣 士民 常起之 等	20	3.1	江寧縣 士民 郭長禎 等	15	2.9
上元縣 士民 孫起鳳 等	16	3.1	江寧縣 士民 蔣 旭 等	14	3.2
上元縣 士民 駱良能 等	16	3.2	江寧縣 士民 李繼豊 等	14	2.9
上元縣 士民 史君茂 等	15	2.9	江寧縣 士民 劉起隆 等	13	2.8
上元縣 士民 高 燦 等	15	3.1	江寧縣 士民 魏含章 等	12	2.8
上元縣 士民 朱名臣 等	13	2.9	江寧縣 士民 李長澍 等	12	3.2
上元縣 士民 劉充吉 等	15	2.7	江寧縣 士民 顧 邊 等	10	2.7
上元縣 士民 何士彬 等	10	3.1	江寧縣 士民 孫咸宜 等	10	2.9
上元縣 士民 孫 祥 等	12	2.8	江寧縣 士民 程謙吉 等	10	2.9
上元縣 士民 程逢元 等	12	2.9	江寧縣 士民 董廷謨 等	8	2.8
上元縣 士民 劉質先 等	10	2.9	江寧縣 士民 華士禧 等	8	2.7
上元縣 士民 陳永生 等	10	3.1	江寧縣 士民 歐景文 等	7	3.1
上元縣 士民 潭錫公 等	8	3.2	江寧縣 士民 王 泰 等	6	3.1
上元縣 士民 候德昭 等	6	2.8	江寧縣 士民 高 彩 等	6	2.7
上元縣 士民 武彝先 等	8	2.7	江寧縣 士民 顧師臣 等	20	3.2
上元縣 士民 呂思坦 等	6	2.8	江寧縣 士民 李譯時 等	20	3.1
江寧縣 士民 吳永福 等	25	3.2	江寧縣 士民 白尙文 等	20	2.9
總 19명	243畝	2.9石	總 19명	238畝	2.9石

출처 : 孔祥賢, 「江南各省的雙季稻是在康熙後期開始推廣的」, 『農業考古』 1983-5·6, 37쪽.

희 때 소주·송강 무당 미 1.5~3석, 강음은 무당 미 2~3석, 2.5~3석, 상해는 무당 미 1.5~2석, 오강은 무당 미 2석이 생산되었다. 따라서 이같은 통계를 신뢰할 경우, 1·2차 어도의 평균 무당 수확량은 강희 이전의 단계도에 비해 2배 이상 늘어난 것이다. 더욱이 이러한 차이는 『수시통고』에 "만약 일년에 두 번 심으면 무당 배를 수확할 수 있다"[85]는 기록을 뒷받침해 주는 것이다. 또한 소주부의 2차 수확량은 "바람 피해가 없었더라면 1차 때처럼 3석 정도를 수확할 수 있다"는

---

85) 乾隆 『授時通考』 권20, 「穀種·稻 一」, 21쪽.

이후의 주장이 사실과는 거리가 멀다는 것을 발견할 수 있다.

이처럼 기록상으로는 어도의 재배 면적이 소규모였지만 수확량은 단계도의 수확량보다 많았다. 강희 말 어도 재배로 인한 단위 면적당 수확량의 증가는 민간의 식량문제 해결에 도움을 주었을 것이다.86) 더욱이 어도는 재배 지역이 1716년(강희 55) 10월 2일 이후에 강소에서 절강, 강서, 안휘로 확대되었다.87) 그러나 어도 재배의 확대는 몇 가지 조건을 갖추지 않으면 사실상 불가능하였다. 우선 소주부의 2차 어도 수확량에서 알 수 있는 것처럼 안정적인 수확량을 꾀하기 위해서는 재배기술과 함께 地力의 향상이 전제되어야 했다. 1차 수확 후 같은 곳에 다시 어도를 재배할 경우 수확량 감소는 피할 수 없다. 위의 기록에서 어도 재배자가 향신·상인·사민들 이외 재배자가 보이지 않는 것도 지력과 무관하지 않을 것이다. 일반 농가에서 어도 재배에 적극 나서지 않은 것은 2차 수익이 이모작 수익보다 낮다는 보장이 없었기 때문이었다.88) 어도의 수확량은 "보리는 佃農에게 주고, 벼는 田業之家에 돌리는" 강남의 풍속을 바꿔놓지는 못했다. 따라서 어도는 토지를 충분히 소유하고 지력을 향상시킬 수 있는 여건을 갖춘 대토지 소유자를 중심으로 재배될 수밖에 없었다.

일반 농가에서 어도 재배를 꺼린 또 다른 이유는 세금을 선이 아닌

---

86) 孔祥賢, 앞의 논문, 33쪽.
87) 『李煦奏摺』(272), 「御稻種收情形幷分給撫臣鄕紳種子摺」(康熙 55년, 10월 2일), 204쪽 ; 『李煦奏摺』(287), 「御種稻子給發官臣播種情形摺」(康熙 56년, 3월 11일), 216~217쪽. 『李煦奏摺』에는 李煦가 安徽 糧道 王希舜에게 20石을 주었다는 기록이 있는 것으로 보아 安徽에서도 御稻가 재배되었을 것으로 생각되지만, 실제 생산량은 알 수 없다. 그런데 閔宗殿은 御稻재배가 19세기 초가 되어야 江都 邵伯까지 확대되었다고 보고, 이 지역을 二期作의 북쪽 한계로 설정하고 있다(閔宗殿, 앞의 논문, 257쪽). 閔宗殿이 지적하고 있는 강도 소백은 江蘇省 揚州府에 해당된다. 그러나 閔宗殿의 이 같은 지적은 『李煦奏摺』에 兩淮 상인들의 御稻 재배상황이 기록되고 있기 때문에 설득력이 약하다.
88) 閔宗殿, 앞의 논문, 1986, 257~258쪽.

갱으로 납부하는 관행 때문이었다. 따라서 어도는 조도였기 때문에 재배 규모가 큰 농가에서는 문제가 없지만 재배 면적이 적은 농가에서는 어도를 재배할 경우 세금 납부액도 부족하였다.89) 강희시기의 기후도 어도 재배에 영향을 주었다. 즉 벼 재배는 일정한 온도를 유지해야만 정상적인 생장이 가능하다. 따라서 어도처럼 두 번 재배하기 위해서는 낮은 기온에 위치한 지역에서는 재배가 불가능하다. 더욱이 어도가 재배되기 시작한 강희연간에는 기온이 낮았기 때문에 어도 재배지역의 확대는 쉽지 않았다.90)

한편 옹정~도광시기는 강희시기처럼 재배 면적과 재배자, 그리고 구체적인 생산량 등에 대한 기록을 찾기 어렵다. 한 연구에 따르면 소주부의 경우 건륭연간의 무당 생산량은 4석을 웃돌고 있으나,91) 가경~도광시기에는 3석 이하로 떨어지고 있다. 특히 도광시기 송강부의 벼 무당 수확량은 낮았다.92) 그런데 벼 무당 수확량에 대한 정확한 통계는 결코 쉽지 않다. 왜냐하면 대부분의 자료에서 벼의 수확량을 나타낼 때 흉·풍을 구분하고 있지 않을 뿐 아니라, 上田, 善農 등 막연하게 표현하고 있기 때문이다. 따라서 무당 수확량에 대한 통계는 곡·미에 대한 구분은 물론, 품종과 토질을 감안해서 이루어져야 한다. 예컨대 상주부의 강음현에서 재배된 고당청은 무당 미 3석이 생산되었다.93) 또한 토질과 관련해서는 송강부 南匯縣의 경우 "토질이 면 재배에 적합한 지역이고, 벼농업에 적절하지 못한 지역이었기 때문에 수확량은 풍년일 때 2석, 평년작일 때 1.56석, 흉년일 때 1석 전후였다."94)

---

89) 이 같은 사실은 『浦泖農咨』에서도 확인할 수 있다(『浦泖農咨』, 「跋文」, 3쪽).
90) 이에 대해서는 姜判權, 앞의 논문, 1996, 45~46쪽 참조. 이 시기 기후에 대해서는 陳家其, 「明淸時期氣候變化對太湖流域農業經濟的影響」, 『中國農史』 1991-3 참조.
91) 趙岡 등, 앞의 책, 38쪽.
92) 이에 대해서는 姜判權, 「淸 嘉慶·道光時期 江蘇省 南部地域의 벼 農業 硏究-姜皐의 『浦泖農咨』를 중심으로-」, 『啓明史學』 6, 1995, 125~134쪽.
93) 乾隆 『授時通考』 권21, 「穀種·稻二」, 「江陰縣物産」.

아울러 명대와 청대의 무당 수확량을 비교할 때는 명·청대의 무 면적은 비슷하지만, 석 단위는 청대가 조금 컸다는 점95)도 고려해야 한다.

가경 이후 송강부의 무당 수확량 감소는 두드러졌다. 이 지역의 무당 수확량은 풍년일 경우에도 2석에 지나지 않았다. 이 같은 수확량은 세금을 내면 생산비에도 미치지 못하는 것이었다.96) 만약 흉년일 경우에는 주곡 수확량이 생산 한계비용에도 미치지 못했다. 이 당시 만성적인 자연재해는 저조한 수확량의 요인이었다.

요컨대 강남의 벼 수확량은 강희 말 어도 재배로 증가하였다. 그러나 어도 재배는 지력·세금·수익·기후 등의 문제로 재배 면적이 제한적이었다. 따라서 강희 이후 단위 면적당 수확량은 이전 시기에 비해 증가하지 않았다.97) 오히려 송강부의 경우는 가경 이후에는 감소하였다. 한편 호주부의 벼 수확량에 대해서도 자료가 없어 구체적으로 언급할 수는 없다. 수확량에 대한 기록은 무당 5석에서 1.5석까지 지역과 작황에 따라 다양하다. 정확하지는 않지만 대략적인 평균 수확량은 무당 2.5석에서 2석 정도였다.98) 그러나 호주부의 경우 벼농사에 적합하지 않았던 탓에 무당 1석도 겨우 수확할 수 있었다.99)

한편 강남의 벼 수확량이 어떤 가격에 판매되었는지를 각 시기별 미가동향을 통해 검토해 보자. 쌀을 주식으로 했던 중국의 경우, 미가는 줄곧 모든 상품가 중에서 주도적인 위치에 있었다. 따라서 미가는 일반인의 생활 경제에 직접 영향을 주었을 뿐 아니라, 다른 물가에도 영향을 주었다. 청 정부가 미가동향에 지대한 관심을 기울이고, 지금까지 청대의 가격 연구가 주로 미가를 중심으로 이루어진 것도 이러한 미가

---

94) 民國 『南匯縣志』 권21, 「風俗志」, 1434~1435쪽.
95) 吳慧, 「淸代食糧畝産的計量問題」, 『農業考古』 1988-15·16, 58쪽.
96) 民國 『靑浦縣志』 권2, 「疆域下」, 24쪽.
97) 한 통계에 의하면 淸代 평균 단위 면적당 수확량은 2.45石으로 明代 2.33石 보다 많았다(吳慧, 앞의 책, 164쪽).
98) 蔣兆成, 『明淸杭嘉湖社會經濟史硏究』, 항주 : 杭州大學出版社, 1994, 46쪽.
99) 民國 『德淸縣新志』 권4, 「食貨·農桑」, 2쪽.

의 중요성 때문이었다. 물론 청대 가격 연구가 미가 중심으로 이루어진 것은 미가 변동과 유통이 각 지역의 경제 특성에 중요한 역할을 했다는 점, 미가에 대한 사료가 다른 상품가 기록보다 많이 남아 있다는 점도 작용하였다. 특히 강희~옹정시기의 미가 자료는 그 어느 시대보다 많다. 그간의 미가 연구100)가 대부분 이 시기에 집중되어 있는 것도 다른 시기에 비해 풍부한 미가 자료 때문이다. 더욱이 이 시기의 미가 연구는 강남지역을 중심으로 이루어졌다. 이러한 연구 경향은 미가 자료의 확보뿐 아니라 강남경제에 대한 높은 관심과도 무관하지 않다.

청대의 미가는 대체로 강희시기의 저미가에서 옹정·건륭시기에는 점차 상승 추세였다.101) 이러한 미가 상승 추세는 건륭초부터 시작되

---

100) 강남의 미가 연구는 다음과 같다. 蔣建平,『淸代前期米穀貿易硏究』, 北京 : 北京大學出版社, 1992 ; 王業鍵, "The Secular Trend of Prices during the Ch'ing period(1644-1911)", *The Journal of the Institute of Chinese Studies of the Chinese University of Hong Kong*, vol.2. no.2, 1972 ; 全漢昇·王業鍵,「淸雍正年間的米價」,『中央硏究院歷史語言硏究所集刊』30, 1972 ; 全漢昇,「淸中葉以前江南米價的變動趨勢」,『中央硏究院歷史語言硏究所集刊外編』4, 1960 ; 全漢昇,「淸中葉蘇州的米價貿易」,『中央硏究院歷史語言硏究所集刊』39, 1969 ; Chuan Han-sheng·RichardA.Kraus, *Mid-Ch'ing Rice Market and Trade : An Essay in Price History*, Harvard University Press, 1975 ; 全漢昇,「乾隆13年的米貴問題」,『淸華學報』, 1965 ; 全漢昇,「淸康熙年間江南及附近地域的米價」, *The Journal of the Institute of Chinese Studies of the Chinese University of Hong Kong*, vol.10. no.1, 1979 ; 來新夏,「從『閱世編』看明淸之際的物價」,『結岡錄』, 南京 : 南開大學出版社, 1984 ; 岸本(中山)美緖, 「康熙年間の穀賤について-淸初經濟思想の一側面-」,『東洋文化硏究所紀要』89, 1982 ; 中山美緖,「淸代前期江南の米價動向」,『史學雜誌』87-9, 1978 ; 則松彰文,「雍正期における米穀流通と米穀變動」,『九州大學東洋史論集』14, 1985 ; 崔憲濤,「淸代中期糧食價格發展趨勢之分析」,『史學月刊』1987-6 ; 則松彰文,「淸代中期の經濟政策に關する一試論-乾隆13年の(1748)米貴問題を中心に」, 『九州大學東洋史論集』 17, 1990.

101) 청대의 물가상승은 대체로 강희 말년부터 시작되었다(郭成康,「18世紀中國物價問題和政府對策」,『淸史硏究』1996-1, 中國人民大學 淸史硏究所).

었으며, 1748년(건륭 13)의 미가 상승은 국가 차원에서 대책을 마련할 정도였다.102) 건륭 초의 미가 상승은 건륭 중·후반은 물론 적어도 도광시기까지 계속되었다. 그러면 각 시기별·지역별 미가를 검토해 보자.

순치시기의 미가는 미가 자료의 부족으로 송강부만 검토할 수밖에 없다. 순치시기 송강부의 미가는 아래 표와 같다.

<표 55> 순치연간 송강부의 미가 (단위 : 石/兩·錢)

時 期	品 名	價 格
1646	米	10,000錢
1647	白米	4.0
1649	糯米	1.2(豊年)
1649	川珠米	0.9(豊年)
1650. 2	白米	1.0
1650. 9	新米	2.0
1650. 9	糯米	2.5
1650. 9	白米	1.8
1651. 2	白米	3.0
1651. 3		3.5
1651. 4		4.0
1651. 6		4.8~9~5.0
1651. 7	新穀	2.0
1652.夏	白米	4.0
1652.秋	新米	2.5~6(旱)
1653~1654.11		0.8~0.6
1659. 3	米	2.0
1661.10	白米	1.5
1661.10	新米	1.3
1661.11	新米	1.8
1661.11	白米	2.0

출처 : 葉夢珠, 『閱世編』 권7, 「食貨一」.

---

102) 唐文基, 「乾隆時期的粮食問題及其對策」, 『中國社會經濟史研究』 1994-3 참조.

위의 <표 55>는 작황 여부도 자세하지 않을 뿐 아니라 미질도 일정하지 않아 균일한 통계는 어렵다. 단지 1649년에서 1654년까지, 1659년에서 1661년까지는 1년 단위의 미가가 기록되어 있기 때문에 순치시기의 대략적인 미가동향을 이해하는 데는 큰 무리가 없다. 순치연간 송강부의 대략적인 미가는 미질을 무시할 경우 2.3냥 정도이다. 이 같은 미가는 순치 직전의 평균 미가 2~3냥과 비슷하다.[103] 순치연간의 미가는 작황 여부에 따라 약간의 변동은 있지만, 전체적으로는 큰 변동은 없다. 그런데 미가를 좀더 세분해서 검토해 보면 몇 가지 특징을 발견할 수 있다. 우선 미질 간의 가격차를 발견할 수 있다. 1650년(순치 7) 9월 미가는 나미-신미-백미 순으로 가격이 높다. 1650년 나미 가격이 가장 높은 것은 일반적인 현상이지만, 신미 가격이 백미 가격보다 높은 것은 특수한 상황으로 보인다. 1661년(순치 18) 10월의 경우는 백미 가격이 신미 가격보다 높다.

강희시기의 미가에 대해서 강녕부・소주부・송강부의 미가를 통해 알아보면 아래 표와 같다.

<표 56> 강희연간 강녕부의 미가(1) (단위 : 石/兩・錢・升)

時期	品名	米價	出處
1698. 4.13	食米	0.8	『康熙奏摺』 1冊, 33쪽
1703. 8.24	熟米	0.7	『康熙奏摺』 1冊, 100쪽
1704. 4. 1	熟米	0.91~2	『康熙奏摺』 1冊, 109쪽
1704. 4. 1	倉米	0.83~4	『康熙奏摺』 1冊, 109쪽
1706. 7. 1		1.2~3	『康熙奏摺』 1冊, 391쪽
1706. 7. 1	倉米	0.8~9	『康熙奏摺』 1冊, 391쪽
1708. 4. 1		0.9	『康熙奏摺』 1冊, 943쪽
1708. 9. 1	細米	1.2~3	『康熙奏摺』 2冊, 179쪽
1708. 9. 1	粗米	1.0	『康熙奏摺』 2冊, 109쪽
1709. 2. 8		1.2~3	『康熙奏摺』 2冊, 311쪽

---

103) 葉夢珠, 『閲世編』 권7, 「食貨一」.

1710. 9. 2	食米	0.7	『康熙奏摺』3冊, 50쪽
1711. 9. 2		0.6~8	『康熙奏摺』3冊, 731쪽
1712. 2. 2		0.7~8	『康熙奏摺』3冊, 970쪽
1713. 1. 3		0.8~9	『康熙奏摺』4冊, 633쪽
1713. 5. 1		0.8~9	『康熙奏摺』4冊, 783쪽
1713. 5.20		1.0~0.9	『康熙奏摺』4冊, 852쪽
1713. 6. 3		0.8~9	『康熙奏摺』4冊, 933쪽
1713. 9. 2		0.8~9	『康熙奏摺』5冊, 165쪽
1713.11. 1		0.8~9	『康熙奏摺』5冊, 257쪽
1714. 5. 9		1.0~0.9	『康熙奏摺』5冊, 561쪽
1714. 6. 3		1.0~0.9	『康熙奏摺』5冊, 615쪽
1714. 7. 2		1.0~0.9	『康熙奏摺』5冊, 673쪽
1714. 8. 2		1.1	『康熙奏摺』5冊, 715쪽
1715. 4.17		1.2~3	『康熙奏摺』6冊, 149쪽
1715. 6. 3		1.0~1.1	『康熙奏摺』6冊, 236쪽
1715. 7. 3		1.0~1.1	『康熙奏摺』6冊, 343쪽
1715. 8.20		0.7	『康熙奏摺』6冊, 448쪽
1715. 9. 1		0.6~0.73~4	『康熙奏摺』6冊, 489쪽
1715.10. 4		0.6~0.73~4	『康熙奏摺』6冊, 535쪽
1715.11. 1		0.6~0.73~4	『康熙奏摺』6冊, 599쪽
1715.12. 1		0.6~0.73~4	『康熙奏摺』6冊, 676쪽
1716. 1. 4		0.6~0.73-4	『康熙奏摺』6冊, 743쪽
1716. 4.24	白米	1.1	『康熙奏摺』7冊, 21~22쪽
1716. 4.24	秈米	0.95	『康熙奏摺』7冊, 21~22쪽
1716. 5.15	白米	1.1	『康熙奏摺』7冊, 87쪽
1716. 5.15	秈米	0.95	『康熙奏摺』7冊, 87쪽
1716. 5.19		0.78~0.85~6	『康熙奏摺』7冊, 118쪽
1716. 6.13		0.78~0.85~6	『康熙奏摺』7冊, 214쪽
1716. 6.24		1.1	『康熙奏摺』7冊, 243쪽
1716. 7. 5		0.9	『康熙奏摺』7冊, 243쪽
1716. 7.14	白米	0.8~0.97~8	『康熙奏摺』7冊, 286쪽
	秈米	0.8~0.97~8	『康熙奏摺』7冊, 318쪽

<표 57> 강희연간 강녕부의 미가(2) (단위 : 石/兩·錢·升)

時期	品名	米價	出處
1716.8.12	白米	1.1	『康熙奏摺』 7冊, 366쪽
1716.8.12	秈米	0.95	『康熙奏摺』 7冊, 366쪽
1716.9.3		1.1~1.00	『康熙奏摺』 7冊, 407쪽
1716.9.4	白米	1.1~2	『康熙奏摺』 7冊, 409쪽
1716.9.4	秈米	0.95	『康熙奏摺』 7冊, 409쪽
1716.10.1		1.1~1.0	『康熙奏摺』 7冊, 454쪽
1716.10.3	白米	1.12	『康熙奏摺』 7冊, 466쪽
1716.10.3	秈米	0.95	『康熙奏摺』 7冊, 466쪽
1716.11.1		1.1	『康熙奏摺』 7冊, 499쪽
1716.12.1		1.0~1.1	『康熙奏摺』 7冊, 555쪽
1716.12.10	白米	1.1~2	『康熙奏摺』 7冊, 569쪽
1716.12.10	秈米	1.0	『康熙奏摺』 7冊, 569쪽
1717.2.1		1.1~1.0	『康熙奏摺』 7冊, 647쪽
1717.2.25	白米	1.1~2	『康熙奏摺』 7冊, 735쪽
1717.2.25	秈米	1.0	『康熙奏摺』 7冊, 735쪽
1717.4.1		1.0~1.1	『康熙奏摺』 7冊, 814쪽
1717.4.26	白米	1.15	『康熙奏摺』 7冊, 847쪽
1717.4.26	秈米	1.0	『康熙奏摺』 7冊, 847쪽
1717.5.2		0.94~5	『康熙奏摺』 7冊, 856쪽
1717.5.2		1.04~5	『康熙奏摺』 7冊, 856쪽
1717.5.18	白米	1.15	『康熙奏摺』 7冊, 911쪽
1717.5.18	秈米	1.0	『康熙奏摺』 7冊, 911쪽
1717.7.20		0.82~3	『康熙奏摺』 7冊, 911쪽
1717.7.20		0.93~4	『康熙奏摺』 7冊, 1098쪽
1717.8.1		0.74~5	『康熙奏摺』 7冊, 1115쪽
1717.9.1		0.7~0.84~5	『康熙奏摺』 7冊, 1157쪽
1717.10.12	白米	0.95	『康熙奏摺』 7冊, 1229쪽
1717.10.12	秈米	0.8	『康熙奏摺』 7冊, 1229쪽
1718.5.13		0.8~0.9	『康熙奏摺』 8冊, 108쪽
1718.8.1		0.7~0.8	『康熙奏摺』 8冊, 270쪽
1718.윤8.1		0.64~5	『康熙奏摺』 8冊, 299쪽
1718.윤8.1		0.7~8	『康熙奏摺』 8冊, 299쪽
1718.11.16	白米	0.85	『康熙奏摺』 8冊, 347쪽
1718.11.16	秈米	0.65	『康熙奏摺』 8冊, 347쪽
1719.2.2		0.64~5	『康熙奏摺』 8冊, 347쪽
1719.2.2		0.7.4~5	『康熙奏摺』 8冊, 652쪽

<표 58> 강희연간 소주부의 미가 (단위 : 石/兩·錢·分)

時期	米價	時期	米價
1679	斗米 3.0 ①	1710.4.15	上號1.1(內)
1680	2.3~4 ②	1710.5.13	上號1.0(內)
1693.7	粗 0.7 (上下)		次號0.9(內)
	細白 0.9	1710.6.11	上號1.0(不出)
1693.10	1.0(上下)		次號0.9(不出)
1698.11	上白米 1.0	1710.8.22	上號1.0(內)
	玄米 0.8~9		次號0.9(內)
1706.3	1.3~5,1.4~3	1710.9.11	上號0.9(內)
1707.8	1.4-7(前日)		次號0.8(內)
	1.2(今日)	1711.2.29	上號0.9(內)
1707.10	1.2 ③		次號0.8(內)
1707.12	1.6~7	1711.4.4	上號1.0(內)
1708.6	1.7~8,2.0		次號0.8(上下)
1708.9.4	1.3~4	1711.4.25	上號0.9(內)
1708.9.19	1.1~2		次號0.8(內)
1708.9.24	하락	1711.5.13	上號0.9(內)
1708.10	하락		次號0.8(內)
1709.4.15	1.3~4	1711.9.28	上號0.8(內)
1709.5.9	1.3~4		次號0.7(內)
1709.5.19	1.3~4	1711.10.9	上號0.8(不出)
1709.5.27	1.3~4		次號0.7(不出)
1709.6.18	1.3~4	1711.12.12	米糧賤
1709.7.16	上號1.2(上下)	1712.1.16	米糧賤
	次號1.1(上下)	1712.2.19	米糧賤
1709.8.21	上號1.2(內)	1712.3.26	米糧賤
	次號1.1(內)	1712.4.22	米糧賤
1709.9.13	上號1.2(內)	1712.5.16	米糧賤
	次號1.0(上下)	1712.5.26	米糧賤
1709.10.7	上號1.1	1712.6.22	米糧賤
	次號0.9	1712.7.11	米糧賤
1709.11.8	上號1.0(不出)	1712.8.8	上號0.8(不出)
	次號0.9(不出)		次號0.7(不出)
1709.12.2	上號1.0(內)	1712.9.6	米價賤
	次號0.9(內)	1712.10.4	上號0.8(上下)
1710.1.19	上號1.1(內)		次號0.7(上下)
	次號0.9(內)	1712.11.3	米價賤

時期	米價	時期	米價
1712.11.22	米糧賤		次號0.9(不出)
1712.12.11	上號0.8(不出)	1713.8.21	上號1.05~6
	次號0.7(不出)		次號0.94~6
1713.1.13	上號0.8(不出)	1713.10.6	上號1.0(內)
	次號0.7(不出)		次號0.9(內)
1713.2.4	米價賤	1713.11.12	上號1.0(不出)
1713.7.5	上號1.0(內)		次號0.9(不出)
	次號0.9(內)	1713.12.9	上號1.0(內)
1713.8.6	上號1.0(不出)		次號0.9(內)

출처:『李煦奏摺』;①② 光緒『昆新兩縣續修合志』권51,「祥異」, 9쪽; ③ 錢泳,『履園叢話』,「舊聞·米價」, 31쪽. 이 해는 큰 가뭄으로 每升 7文하던 米價가 7배 정도 상승하였다 ; 錢泳, 위의 책, 이 해는 큰 홍수로 미가가 이전보다 조금 떨어져 每升 16 내지 17升이었다.

<표 59> 강희연간 소주부의 미가 (단위 : 石/兩·錢·分)

時期	米價	時期	米價
1714.1.20	上號1.0(不出)	1715.7.7	上號1.2
	次號0.9(不出)		次號1.1
1714.3.11	上號1.0(不出)	1715.8.20	上號1.2
	次號0.9(不出)		次號1.1
1714.4.11	上號1.0(內)	1715.9.10	上號1.2
	次號0.9(내)		次號1.1
1714.7.13	上號1.14~5	1716.2.18	上號1.0(內)
	次號1.05~6		次號0.9(內)
1714.8.21	上號1.04~6	1716.3.4	上號1.1
	次號0.9		次號1.0(內)
1714.9.20	上號1.0 (不出)	1716.3.12	上號1.1
	次號1.0 (不出)		次號1.0
1714.10.6	上號1.04~5	1716.4.9	上號1.1
	次號0.92~3		次號1.0
1714.11.16	米價賤	1716.5.12	上號1.1
1715.3.10	上號1.1		次號1.0
	次號1.0	1716.6.15	上號1.1
1715.5.16	上號1.16~8		次號1.0
	次號1.05~7	1716.6.25	上號1.1
1715.6.6	上號1.15~7		次號0.9
	次號1.06~8	1716.7.4	上號1.1

1716.8.3	次號0.9　上號1.1　次號1.0	1717.12.7	上號0.95(不出)　次號0.8(不出)
1716.10.2	上號1.15　次號1.0	1718.4.25	上號1.0(不出)　次號0.9(不出)
1716.12.8	上號1.14~5　次號1.04~5	1718.5.17	上號1.05　次號0.95
1717.1.22	上號1.1　次號1.0	1718.6.16	上號1.0　次號0.9
1717.3.11	上號1.16~7　次號1.07~8	1718.7.5	上號1.0　次號0.9
1717.4.10	上號1.15~6　次號1.04~5	1718.8.8	上號1.0　次號0.9
1717.5.6	上號1.1　次號1.0	1718.윤8.9	上號0.94~5　次號0.84~5
1717.6.3	上號1.1　次號1.0	1718.윤8.9	上號0.9　次號0.7
1717.8.9	上號1.1　次號0.95	1718.윤8.2	上號0.9　次號0.75
1717.9.19	米價甚賤	1718.10.5	上號0.85　次號0.65
1717.10.11	上號0.9　次號0.8	1718.11.16	上號0.85　次號0.65
1717.11.7	上號0.95　次號0.8	1719.4.26	上號0.9　次號0.75

출처:『李煦奏摺』.

<표 60> 강희연간 소주부 미가 (단위:石/兩·錢·分)

時期	米價	時期	米價
1719.5.6	上號0.9　次號0.75	1719.9.10	上號0.87　次號0.73
1719.6.10	上號0.9　次號0.75	1719.10.13	上號0.8　次號0.7
1719.6.24	上號0.87　次號0.73	1719.12.10	上號0.8　次號0.7
1719.7.9	上號0.87　次號0.73	1720.1.9	上號0.82　次號0.7
1719.8.7	上號0.87　次號0.73	1720.2.8	上號0.82　次號0.7

1720.3.15	上號0.86 次號0.74	1721.6.6	上號0.97 次號0.84
1720.4.13	上號0.84 次號0.72	1721.7.8	上號0.98 次號0.85
1720.5.2	上號0.9 次號0.76	1721.8.8	上號1.1 次號0.96
1720.6.13	上號0.95 次號0.78	1722.2.21	上號1.05 次號0.9
1720.7.9	上號0.95 次號0.8	1722.3.6	上號1.2 次號0.97
1720.8.8	上號0.96 次號0.82	1722.4.8	上號1.2 次號0.97
1720.9.8	上號0.92 次號0.8	1722.5.2	上號1.18 次號0.96
1720.10.3	上號0.94 次號0.78	1722.6.7	上號1.18 次號0.96
1720.10.23	上號0.9 次號0.8	1722.7.8	上號1.25 次號1.03
1720.11.4	上號0.9 次號0.8	1722.8.6	上號1.2 次號0.98
1720.11.14	上號0.9 次號0.8	1722.9.11	上號1.14 次號0.95
1720.5.12	上號0.9 次號0.83	1722.10.4	上號1.1 次號0.83

출처 : 『李煦奏摺』.

<표 61> 강희연간 송강부의 미가 (단위 : 石/兩·錢·分)

時期	品名	米價
1662. 1	白米	2.1
1662. 7	新米	1.9
1662. 7	糙米	1.2
1662. 7	糯米	1.3~1.4
1669	新米	6.5
1669. 4~6	米	0.31~0.02
1670. 6	白米	1.3
1670. 8	新米	0.9
1670. 9	新米	0.8
1670. 10	糯米	0.7

1671	米	0.9~1.3
1673	糯米	0.8
1678	糙米	1,300文
1679. 봄	新米	700文
1679. 8	糙新米	0.73
1680. 여름	糙新米	1.45
1682. 5	糙新米	1.7
1682. 겨울	米	2.0
1682. 겨울	白米	2.0
1683. 가을	白米	0.85
1707	新糙米	0.56~0.57
1708	白米	0.9 上下
1708	糙米	0.8~0.9
		每升 24文
		每升16 내지 17文

출처 : 來新夏, 앞의 논문.

* 1707년은 큰 가뭄으로 每升 7文하던 미가가 7배 정도 상승하였다. 이 해는 송강부 이외에 상주부·진강부에서도 큰 가뭄으로 미가가 같은 수준으로 상승하였다. 1708년 상주부와 진강부의 미가는 송강부와 같았다(錢泳, 앞의 책).

<표 62> 강희연간 송강부 상해현의 미가 (단위 : 石/兩·錢·分)

時期	品名	米價
1662		1.40~2.10
1663		0.90
1669		0.70~0.80
1670		0.90~1.30
1671		1.30
1672		0.83
1678		0.93
1679		1.40~2.0
1682		0.76~0.85
1683		0.80~0.90
1684		0.90
1685		0.90
1693		0.95~1.05
1698		1.05

출처 : 王業鍵, 앞의 논문.

강희시기 강녕부의 미가는 전체적으로 순치시기보다는 낮다. 1698년 4월 13일부터 1715년 7월 3일까지의 강녕부 미가는 0.6냥에서 1.2냥이다. 그러나 1715년 8월 20일부터 1716년 1월 4일까지는 0.6냥으로 하락하고 있다. 1716년 4월 24일부터 1719년 2월 2일까지의 미가는 약간의 변동은 있지만 큰 변동은 없다. 강희시기 강녕부의 미질 간의 가격 차이는 1716년 7월 14일을 제외하면 숙미와 창미, 세미와 조미, 백미와 선미간에 약간의 가격차가 있다.

강희시기 소주부의 미가는 거의 변동이 없다. 상호가는 1.2냥~0.8냥이며, 차호가는 1.1냥~0.7냥이다. 상호가와 차호가의 차이는 0.1냥이다. 한편 강희시기 송강부의 미가는 미질을 무시할 경우 1669년 6.5냥을 제외하면 0.50냥~2.1냥이다. 미질 간의 차이를 살펴보면, 1662년 7월의 경우 신미가 조미보다 0.7냥 높다. 그리고 1679년의 8월과 9월간의 미가도 0.1냥이다. 그러나 1682년 겨울의 미와 백미 가격에는 차이가 없다. 강희시기 송강부 상해현의 미가는 강희시기 송강부의 미가와 큰 차이가 없다. 단지 1669년 미가는 송강부는 6.5냥인데 반해 상해현은 0.7냥~0.8냥으로 엄청난 차이가 있다. 1669년 송강부의 미가는 특수한 경우일 것이다. 또한 1679년 송강부의 미가는 700文인 반면 상해현의 미가는 1.4냥~2.0냥으로, 송강부는 상당히 낮은 반면 상해현은 높은 편이다.

이처럼 강희시기 강녕부·소주부·송강부의 미가는 대체로 안정되어 있다. 세 지역의 미가를 비교해 보면, 지역적으로 두드러진 차이는 없다. 이 같은 현상은 강희시기 강소성 이북의 미가에서도 발견할 수 있다.[104] 단지 강녕부와 소주부의 중복 월·일의 미가를 비교해 보면 대체로 소주부의 미가가 약간 높다. 양자간의 이 같은 미가 차이는 크지 않지만 앞에서 살펴본 인구밀도와 무관하지 않을 것이다. 그러나

---

[104] 姜判權,「淸 康熙~乾隆時期 江蘇省의 米價動向」,『慶北史學』19, 1996, 394쪽.

세 지역 간에는 미가 차가 크지 않기 때문에 강희시기 강남의 미가는 시간과 공간의 차이가 중요한 변수라기보다는 다른 측면에서 이해할 필요가 있다.

강희시대의 미가는 '穀賤傷農(곡가의 하락이 농민을 고통스럽게 함)'[105]할 정도로 낮았다. 1702년(강희 41) 강녕부 高淳에서는 큰 물난리로 벼가 물에 모두 잠기는 지경까지 이르렀는데도 미가는 석당 0.6냥이었다.[106] 1708년(강희 47)~1709년(강희 48)까지 소주부 소문현에서는 한·수재가 빈번했으나, 미가는 升當 16전 내지 17전이었다.[107] 물론 강희시대의 저물가 현상은 강남만이 아니라 중국 전역에서 일어났다.[108] 이처럼 저물가는 농가에 심각한 타격을 주었음은 물론, 농산물 판매자의 궁핍, 토지매각 풍조, 전가의 하락,[109] 전토 집중 현상을 낳았으며,[110] 판매자의 수입 감소로 인한 다른 상품에 대한 구매력 감소에까지 영향을 줌으로써 전반적인 판로까지 위축시켰다. 강희시기 저물가에 대한 이러한 이해는 河道總督 靳輔의 지적[111]에 따른 것이

---

105) 道光『重修儀徵縣志』권46,「祥異」, 10쪽.
106) 民國『高淳縣志』권12,「祥異」, 6쪽.
107) 鄭光祖,『一斑錄雜述』권6,「米價」.
108) 예컨대 1716년(康熙 55) 廣東의 미가는 每石 7錢 내지 8錢이었다(『康熙奏摺』7冊, 451쪽,「廣東巡撫 楊琳奏」). 康熙 55년 江西 瑞州·吉安·臨江·袁州·撫州·建昌·廣信·南安·贛州 등은 每石 7錢 2~3分, 南昌·饒州·南康·九江 등은 每石 7錢 5~6分이었다(『康熙奏摺』7冊, 464~465쪽).
109) 淸代 田價에 대한 연구는 미흡하다. 康熙시기 蘇州府의 田價는 年度와 土質에 따라 다르지만 康熙 이전과 이후 시기에 비해 낮은 편이다. 順治年間의 田價에 대해서는 中山美緒, 앞의 논문, 1979 ; 강판권,「淸 前中期 江蘇省 蘇州府의 田價」,『啓明史學』12, 2001.1 참조. 康熙~道光시기까지의 田價는 蘇州博物館 所藏『世楷置産簿』(洪煥椿 編,『明淸蘇州農村經濟資料』, 江蘇古蹟出版社, 1988, 90쪽) 참조.
110) 이러한 현상의 일면은 錢泳의『履園叢話』,「舊聞·田價」, 30쪽에서도 확인할 수있다.
111)『靳文襄奏議』(文淵閣, 四庫全書) 권7,「生財裕餉二疏」, 57~58쪽. 靳輔는 당시의 물가현상을 다음과 같이 지적하고 있다. "順治初 江浙 등에서는 모든

다. 그의 지적에 따르면, 저미가, 나아가 저물가 현상은 강희시대의 1673년(강희 12)에 이루어진 해금정책이 낳은 원활하지 못한 은 유통 경제 때문이었다.112) 물론 강희시기 저물가 현상이 근보의 지적대로 원활하지 못한 은 유통상의 문제 때문이기도 하지만, 동전의 품질이 좋고 낮은 보급으로 錢의 가치가 높았기 때문이었다.113)

한편 옹정시기의 미가 기록은 소주부뿐이다. 옹정시기 소주부의 미가는 아래 표와 같다.

<표 63> 옹정연간 소주부의 미가 (단위 : 石/兩・錢・升)

時期	品名	米價	品名	米價
1725. 4	白秈米	1.37	次秈米	1.32
1725. 5	白秈米	1.43	次秈米	1.35
1725. 6	白秈米	1.38	次秈米	1.32
1725. 7	白秈米	1.23	次秈米	1.16
1725. 9	白秈米	0.98	次秈米	0.90
1725.10	白秈米	0.98	次秈米	0.90
1725.11	白秈米	0.98	次秈米	0.90
1725.12	白秈米	1.02	次秈米	0.93
1726. 1	白秈米	1.02	次秈米	0.93
1726. 2	白秈米	1.08	次秈米	0.95
1726. 3	白秈米	1.08	次秈米	0.95
1726. 4	白秈米	1.05	次秈米	0.93

출처 :『宮中檔雍正朝奏摺』,「張楷奏摺」; 則松彰文, 앞의 논문, 1985, <표 1>.

絲粟布帛 器具의 물가가 크게 상승했으나 사는 사람도 아주 많았으며, 민간의 資財 유통도 괜찮아 장사하는 사람들도 모두 많은 이익을 얻었으며, 人情도 편안하였다. 그러나 근래의 각 물가는 아주 낮지만 사는 사람은 오히려 적고 인정도 좋지 못하고, 商人도 손실을 입어 20년 전보다 아주 못하다. 또 이웃 마을의 宗族 戚友들은 順治初 10家 중 부유한 자와 일상 생활에 지장이 없는 사람들이 70% 내지 80% 였고, 가난한 사람들이 20% 내지 30%였다. 그러나 지금은 富者가 100 가운데 20% 내지 30%에 지나지 않는다. 여론을 자세히 살피면 海禁이 지나치게 엄해 재원이 두절되어 有耗無增한 것이다. 이 때문에 민생의 곤궁함이 極에 이르렀다."

112) 康熙시대의 銀 유통문제에 대해서는 岸本(中山)美緖, 앞의 논문, 1982 참조.
113) 鄭光祖,『一斑錄雜述』 권6,「米價」.

<표 64> 옹정연간 소주부의 미가 (단위 : 石/兩・錢・升)

時期	品名	米價	品名	米價
1726. 2	上白米	1.10	次白米	0.96
1726. 3	上白米	1.10	次白米	0.96
1726. 4	上白米	1.10	次白米	0.96
1726. 5	上白米	1.05	次白米	0.92
1726. 7	上白米	0.98	次白米	0.88
1726. 8	上白米	0.98	次白米	0.88
1726.10	上白米	0.98	次白米	0.90
1726.11	上白米	1.20	次白米	1.10
1726.12	上白米	1.30	次白米	1.20
1727. 1	上白米	1.35	次白米	1.26
1727. 2	上白米	1.30	次白米	1.20
1727.윤3	上白米	1.35	次白米	1.25
1727. 4	上白米	1.50	次白米	1.38
1727. 5	上白米	1.55	次白米	1.40
1727. 6	上白米	1.55	次白米	1.40
1727. 7	上白米	1.55	次白米	1.40
1727. 8	上白米	1.10	次白米	1.00
1727. 9	上白米	1.00	次白米	0.90
1727.10	上白米	1.15	次白米	1.00
1727.11	上白米	1.20	次白米	1.15

출처 : 『宮中檔雍正朝奏摺』;『雍正硃批諭旨』, 「蘇州織造高斌摺」; 則松彰文, 앞의 논문, 1985, <표 3>.

<표 65> 옹정연간 소주부의 미가 (단위 : 石/兩・錢・升)

時期	品名	米價	品名	米價	出處
1723.2.2	白米	1.05	次白米	1.0	『硃批諭旨』권20, 4쪽
1723.7.7	上白米	1.14	次白米	1.045	『硃批諭旨』권20, 7쪽
1724.1.2	上白米	1.212	次白米	1.123	『硃批諭旨』권20, 27쪽
1724.2.2	上白米	1.212	次白米	1.123	『硃批諭旨』권20, 28~29쪽
1724.윤4.6	上白米	1.245	次白米	1.145	『硃批諭旨』권20, 34쪽
1724.5.1	上白米	1.245	次白米	1.112	『硃批諭旨』권20, 43쪽
1724.9.9	上米	1.312	次米	1.245	『硃批諭旨』권20, 50쪽
1724.11.25	上米	1.312	次米	1.245	『硃批諭旨』권20, 54쪽

1725.3.2	上白米	1.27~8	次白米	1.212	『硃批諭旨』권20, 61쪽
1725.3.2	粗米	1.1			『硃批諭旨』권20, 61쪽
1725.5.3	上白米	1.278	次白米	1.212	『硃批諭旨』권20, 68쪽
1725.7.7	上白米	1.278	次白米	1.212	『硃批諭旨』권20, 70쪽
1725.12.16	上白米	1.178	次白米	1.067	『硃批諭旨』권20, 77~78쪽
1725.12.16	粗米	0.93			『硃批諭旨』권20, 77~78쪽
1727.3.16	上米	1.212	次米	1.134	『硃批諭旨』권20, 82쪽
1727.11.17	上米	1.0	中米	0.845~9	『硃批諭旨』권20, 87쪽

<표 66> 옹정연간 소주부의 미가 (단위 : 石/兩·錢·升)

時期	品名	米價	品名	米價
1729. 5	上米	1.08	次米	0.92
1729. 9	上米	0.8	次米	0.6
1731.11	上米	1.2	次米	1.15
1733. 4	上米	1.4	次米	1.3
1734. 3	上米	1.35		
1734. 7	上米	1.4		
1734.10	上米	1.3		
1734.12	上米	1.2		
1735. 4	上米	1.0		
1735.윤4	上米	1.0		
1735. 5	上米	1.3		

출처 : 『雍正硃批諭旨』; 蔣建平, 앞의 책, <표 2>.

<표 63>은 강소 순무 張楷가 1725년 4월에서 1726년 4월까지 약 1년간의 소주지방 선미가를 보고한 것이다. 이 보고에 따르면 백선미와 차선미의 가격은 1725년 4월에서 7월까지는 1냥을 상회하다가 9월부터는 1냥을 밑돌고 있는 추세이다. 그런데 백선미의 경우 1726년에 1냥을 상회하고 있으나, 차선미는 1냥을 밑돌고 있다. 이러한 완만한 하락세는 아마 계절 요인으로 볼 수 있을 것이다. 한편 상백미와 차선미 간의 가격차는 1726년 1월까지는 0.1냥 이하였으나, 그 이후에는 0.1냥을 상회하고 있다.

<표 64>는 소주부 織造 高斌이 1726년 2월에서 1727년 11월까지

약 2년간의 소주지방 백미가를 보고한 것이다. 그런데 고빈의 미가 보고는 장해가 보고한 미가와는 다른 품목이다. 특히 양자의 미가는 극히 일부 시기이긴 하지만 중복되기 때문에 품목간의 가격차 이해에 유용하다. 이 보고에 따르면 상백미의 경우는 1726년 말 몇 개월을 제외하면 1냥을 상회하는 추세지만, 차백미의 경우는 1726년 말부터 1냥을 상회하고 있다. 이러한 추세는 1726년 말부터 미가가 완만하나마 상승하고 있음을 보여주는 것이다. 이러한 추세를 다시 앞에서 언급한 장해의 미가 보고와 비교해 보면, 1725년 초반 이후 완만하게 하락 추세에 있던 미가가 1726년 말을 기점으로 점차 상승하고 있음을 발견할 수 있다. 물론 이러한 추세는 품목간의 차이를 무시한 것이다.

한편 위의 <표 65>에서는 품목간의 가격차가 아니라 같은 품목간의 지역간 가격차를 확인할 수 있다. 중복되는 시기는 1727년 3월과 11월이다. 3월의 경우 상백미와 상미 간의 가격차는 상백미가 0.138냥, 차백미가 0.116냥 높다. 11월에는 상백미가 0.1냥, 차백미가 약 0.383냥 높다. 이러한 가격차는 백미와 선미간의 가격차보다는 높은 편이다. 이 표에서 알 수 있는 것은 유사 지역간의 가격 차이다. 그런데 何天培의 미가 보고는 대부분 소주부의 미가를 대상으로 하고 있으면서도 강남 전체 지역을 포괄하는 경우도 있어 특정 지역의 미가로 보기 어렵다. 그러나 분명한 것은 하천배의 미가 보고가 강남의 미가라는 점이다. 따라서 위의 표는 동일시기의 지역간의 미가를 이해하는 데는 무리가 없을 것이다. 한편 미가 기록에서 특기할 만한 것은 1727년 4월~6월 간의 미가가 상대적으로 높다는 점이다. 이는 소주부만의 현상이 아니라 강녕부에서도 마찬가지 였다. 즉 강녕부 고순에서도 여름의 미가가 翔貴했다는 기록[114]은 이러한 사실을 뒷받침해 준다.

백선미와 상백미, 차선미와 차백미 간의 가격 차이를 동일시기인 1725년 5월과 7월, 1726년 2월~4월의 예를 통해 비교해 보면, 백선미

---

114) 民國『高淳縣志』권12, 「祥異」, 7쪽.

와 상백미 간의 차이는 1725년 5월에는 백선미가 0.15냥 정도, 차선미가 0.138냥 높고, 7월에는 오히려 상백미가 0.03냥, 차백미가 0.052냥 높다. 1726년 2월~4월에는 상백미는 0.02~0.05냥, 차백미가 0.01~0.03냥 높다. 이처럼 선미와 백미간의 차이가 크지 않을 뿐 아니라, 어떤 경우에는 선미의 가격이 백미보다 높다.

옹정시기 미가 변동 원인에 대해서는 우선 客米의 반입을 들 수 있다. 객미의 반입을 이 지역 미가 변동의 요인으로 보는 것은 기존의 연구에서 분석하고 있는 지역 즉 강남이 쌀 수입(특히 일반 식미)지역이라는 점을 감안하면 새삼스러운 지적은 아니다. 객미의 반입이 이 지역 미가에 미치는 영향에 대해서는 미가 보고자인 장해와 하천배의 지적115)에서 잘 나타나 있다. 물론 이 지역에 들어온 객미의 대부분은 湖廣米였다.116) 하천배의 지적에 의하면, 천하의 米糧은 東南에서 나오는데 이 미량은 각 성의 객상들이 판매·유통하였다. 즉 복건의 미는 대만에서, 절강·광동 미는 광서·강서·호광에서, 강절의 미는 모두 강서·호광에서 취급하였다. 그러나 객상들에 의한 미량 판매를 국가에서 私販으로 파악, 타 지역으로의 판매를 엄금함으로써 미가가 앙등하였다.117)

한편 건륭시기 강남의 미가에 대해서는 中山美緖와 則松彰文의 연구118)를 제외하면 거의 찾아볼 수 없다. 더욱이 이 시기 미가 연구 중

---

115) 『硃批諭旨』 권20, 50쪽. 이 점에 대해서는 則松彰文, 앞의 논문, 1985, 163~168쪽에 상세하다.
116) 『硃批諭旨』 권20, 50쪽. 강남에 객미 반입에 대해서는 『淸康熙實錄』 권187 (康熙 37년 3월) ; 『康熙奏摺』 4책, 852쪽 ; 『淸朝經世文編』 권37, 高晉, 「請海疆和棉兼種疏」). 강소성 남부로 수입된 호광미의 가격은 옹정시기 소주의 미가와 비교해 보면, 1725~1726년 소주부의 경우 석당 1냥을 상회하고 있으나, 호광 미가는 1냥 미만이다. 옹정시기 호광미가에 대해서는 鄭哲雄, 「淸初 揚子江 三省지역의 미곡유통과 가격구조」, 『歷史學報』 143, 1994, 161쪽 참조.
117) 『硃批諭旨』 권20, 79쪽(1726. 7. 20).
118) 中山美緒, 앞의 논문, 1978, 14쪽과 24~25쪽 ; 則松彰文, 앞의 논문, 1990.

중산미서의 일부 시기에 대한 분석을 제외하면, 이 시기 미가 자체에 대한 연구는 미흡하다. 물론 건륭시기 미가 연구의 부진은 미가 자료의 부족 때문이다. 다음 표를 통해 건륭시기 강소성 미가를 살펴보자.

<표 67> 건륭연간 강남의 미가 (단위 : 石/兩·錢·升)

時期	品名	蘇州府	品名	松江府	品名	常州府	品名	江寧府
乾隆初		每升10文(1)						
1748		3.0		3.5		2.0+		
		2,000文						
		3.0(2)						
1749						2.0+		
1750						2.0+		
1751		3.1				2.5		3.0(24)
1752				1,000文				
1753		仰騰(3)						
1754								
1755		3,600文(4)		3,600文		3,600文	中米	1.2上下
		3.1		2,000文				(25)
	中米	1.4上下(5)						
		1.45-1.67(6)						
		3,500錢(7)						
1756		3.8				4.0		1.67(26)
	中米	3.12(8)						1.54(27)
	中米	3.2(9)		3.12(19)				
		2.7(10)						
	中米	2.34(11)	中米	2.56(20)				
	籼米	1.89(12)	籼米	1.89(21)				
		1.3~1.87(13)		1.5		1.3~		
		미가앙등(14)				1.8		
1766		3.8						
1785		5,000文(15)		4,000文		5,700文		5,200文
		5,700文		5,700文				(28)
1786		5,200(16)		5,000文		4,300文		
				5,600文		5,000文		
1788						(23)		
1793		3,500(17)						
1794		3,000+文		6,000文(22)				

출처 : 번호 표시가 없는 것은 中山美緒, 앞의 논문, 1978, <표 1>에서 정리. (1) 錢泳, 앞의 책, 31쪽. 이때 松江府, 常州府, 鎭江府의 미가도 같았다. (2) 道光『崑新兩縣志』권39,「祥異」, 11쪽 ; 光緖『崑新兩縣續修合志』권51,「祥異」, 11쪽 ; 光緖『無錫金匱縣志』권31,「祥異」, 13쪽. (3) 道光『崑新兩縣志』권39,「祥異」, 11쪽. (4) 이 해는 蟲荒으로 松江府, 鎭江府, 常州府의 미가는 每升 35 내지 36升으로 상승하여 굶어죽는 자도 상당히 많았다. 그러나 그 뒤 계속된 풍년으로 미가는 점차 이전의 시세를 회복하여 每升 14文~15文 정도였다(錢泳, 앞의 책). (5)『乾隆奏摺』11집, 146쪽,「江蘇巡撫莊有恭奏」. 이 미가는 倉石 市價이다. 5월의 미가도 동일하였다(『乾隆奏摺』11집, 326쪽,「江蘇巡撫莊有恭奏」). (6)『乾隆奏摺』11집, 1727쪽,「江蘇按察使許松佶奏」. (7) 道光『崑新兩縣志』권39,「祥異」, 11쪽 ; 光緖『崑新兩縣續修合志』권51,「祥異」, 12쪽. (8)『乾隆奏摺』14집, 97쪽,「江蘇巡撫莊有恭奏」. 이 미가는 市價이다. 그러나 江寧府와 鎭江府의 이해 미가는 莊有恭이 구체적인 수치를 제시하고 있지 않지만, 蘇州府와 松江府 보다는 낮았다고 한다. (9)『乾隆奏摺』14집, 353쪽,「江蘇巡撫莊有恭奏」. 미가는 市價이다. (10)『乾隆奏摺』14집, 353쪽,「江蘇巡撫莊有恭奏」. 이 미가는 市價이다. (11)『乾隆奏摺』14집, 517쪽,「江蘇巡撫莊有恭奏」. 이 미가는 市價이다. (12)『乾隆奏摺』15집, 65쪽,「江蘇巡撫莊有恭奏」. (13)『乾隆奏摺』16집, 318쪽,「江蘇巡撫愛必達奏」. 미가는 倉石價이다. (14) 光緖『常昭合志稿』권47,「祥異」, 10쪽. (15) 이 해의 미가는 道光시대 지방지에는 "米石價은 5200"으로 되어 있으나, 광서시대 지방지에는 "전 5200"으로 되어 있다. 도광시대 미가는 상식적으로 납득하기 어려운 가격이기 때문에 錢의 誤記일 것이다(道光『崑新兩縣志』권39,「祥異」, 13쪽 ; 光緖『崑新兩縣續修合志』권51,「祥異」, 13쪽). (16) 이 해는 큰 가뭄으로 미가가 每升 56升~57升이었다. 그러나 이 이후부터 미가는 대개 凶·豊에 관계없이 每升 27 내지 28升에서 34~35升 사이였다(錢泳, 앞의 책). (17) 道光『崑新兩縣志』권39,「祥異」, 13쪽 ; 光緖『崑新兩縣續修合志』권51,「祥異」, 14쪽. (18)『乾隆奏摺』14집, 97쪽,「江蘇巡撫莊有恭奏」. (19)『乾隆奏摺』14집, 801쪽,「江蘇布政使許松佶奏」. 이 미가는 倉石價이다. (20)『乾隆奏摺』15집, 399쪽,「江南提督總兵陳鳴夏奏」. (21) 光緖『南匯縣志』권20,「風俗志」, 2쪽. 이 해는 흉년이었다. (22)『乾隆奏摺』16집, 318쪽,「江蘇巡撫愛必達奏」. 이 해의 미가는 12월 13일 倉石價이다. (23) 光緖『武進陽湖縣志』권29,「祥異」, 11쪽. (24) 民國『高淳縣志』권12 下,「祥異」, 8쪽. (25)『乾隆奏摺』11집, 146쪽,「江蘇巡撫莊有恭奏」. 이 미가는 倉石 市價이다. (26)『乾隆奏摺』15집, 65쪽,「江蘇巡撫莊有恭奏」. (27)『乾隆奏摺』15집, 346쪽,「江南安徽布政使兼管江寧織造事務 託庸奏」. (28) 民國『高淳縣志』권12, 8쪽.

건륭시기 강남의 미가는 1748년부터 1756년까지를 제외하면 미가 기록이 불규칙하다. 1755년과 1756년의 소주부의 미가 차를 보면, 中山美緒는 1755년 소주부의 미가를 3,600문과 3.1냥으로 분석하고 있다. 이는 전영의 『이원총화』 1, 「미가」와 도광 『平望志』 13에 근거한 것이다. 그러나 『건륭주접』의 1755년의 미가는 1.4 상하와 1.45~1.67냥이다. 양자간에는 두 배 정도 차이가 있다. 그런데 中山美緒가 제시하고 있는 미가는 필자가 지방지에서 확인한 미가와 유사하다. 이러한 현상은 1756년의 소주부에서도 발견할 수 있다. 그러나 1756년의 미가는 1755년에 비해 가격차가 낮다. 즉 中山美緒가 제시하고 있는 3.8냥과 『건륭주접』의 미가는 상당히 유사하다. 동일 지역에 대한 이러한 미가 차이가 왜 발생하는가?

우선 지적할 수 있는 것은 미가 기록 연대의 불명확성을 들 수 있다. 특히 中山美緒가 제시하고 있는 미가 자료가 그렇다. 또한 품명의 구분과 미가 가격 형태가 없는 것도 하나의 이유가 될 수 있을 것이다. 즉 1756년 2.7냥을 제외하면 모두 중미 혹은 선미·창석미의 가격인데 반해 中山美緒가 이용하는 미가 자료에는 이러한 구분이 없다. 그러나 강희시대의 미가에서 보았던 것처럼 품명간의 가격차는 그다지 크지 않기 때문에, 이 사실을 지역내의 미가 차로 삼기란 어렵다. 이러한 지역내의 미가 차는 미가 보고의 불균일성을 다시 한번 확인시켜 주고 있다. 그런데도 1766년 이후의 미가가 그 이전 시기보다 훨씬 높다는 사실을 보여주고 있다. 물론 1766년 이후 미가 기록의 불연속성은 1766년 이후 고미가 현상이 지속되었다는 사실을 보장해 주지 못한다. 지역내의 미가 차 이해를 어렵게 하는 또 하나는 미가 단위의 이중성이다. 이러한 현상은 이전 시기의 미가 기록에서는 빈번하지 않다. 이러한 현상은 청대의 은·동 이중구조 때문이겠지만, 문제는 은·동의 환율이 일정하지 않았을 뿐 아니라 폭도 넓었다는 점이다.[119]

---

119) 黑田明伸, 앞의 논문, 94쪽. 이 당시 錢貴현상에 대해서는 黑田明伸, 「乾隆の

건륭시기 강남 미가의 불규칙성에도 불구하고 이 시기는 그 이전 시기보다 미가가 높았다.[120] 건륭시대, 특히 1748년(건륭 13)의 고미가 현상에 대해서는 「인구증가」와 「採買」설이 제기되고 있다.[121] 그러나 기존의 연구에서 강조하고 있는 1748년의 미가 앙등은 이 해만의 독특한 현상은 아니다. 즉 1748년의 미가는 소주부 3.0냥, 송강부 3.5냥, 상주부 2.0냥이지만, 1748년의 미가는 그 이후 시기의 미가에 비해 높은 것이 아니다. 건륭시기의 미가상승 문제는 '産米之鄕'이었던 호남성의 경우이긴 하지만, 이미 1736년(건륭 1)부터 지적되었다.[122] 이러한 점으로 미루어 볼 때 건륭시대의 미가앙등은 1748년에 국한된 문제라기보다는 건륭시대 전체의 문제로 보아야 할 것이다.

도광시기 미가는 강소 순무 임칙서의 「奏議」(도광 12년 윤9월 27일)에 첨부된 「淸單」이 거의 유일한 자료이다. 특히 이 「청단」에는 강소성 전역에 대한 곡가가 기록되어 있어 이 해의 물가 이해에 중요한 자료이다. 우선 1832년(도광 12) 8월의 미가는 아래 표와 같다.

錢貴」, 『東洋史研究』 45-4, 1987 참조.
120) 이 점과 관련해서 署理湖北巡撫 彭樹葵에 의하면, 稻穀登場때 康熙年間의 미가는 石當 2錢~3錢, 雍正年間의 미가는 4~5錢, 1748년(乾隆 13) 3월의 미가는 5錢~6錢이었다(『淸高宗實錄』 권311, 1748년 3월 하, 99쪽). 彭樹葵의 지적은 石當 미가가 다른 기록과는 달리 지나치게 낮지만 상승추세였다.
121) 全漢昇, 앞의 논문 ; 岸本美緒, 「淸朝中期經濟政策の基調-1740年代の食糧問題を中心に-」, 『近きに在きり』 11호, 1987 ; 則松彰文, 앞의 논문 참조. 署理 湖北巡撫 彭樹葵도 乾隆 13년의 미가 상승 요인을 「人口增加」와 「採買」에서 찾고 있다(『淸高宗實錄』 권311, 乾隆 13년 3월 하, 99쪽). 兩說의 구체적인 내용에 대해서는 則松彰文, 앞의 논문, 226~239쪽 참조.
122) 『淸高宗實錄』 권13, 乾隆 元年 2월 하, 386쪽. 大學士 張廷玉에 의하면, 乾隆 元年 2월 이전 湖南의 미가는 每石 7~8錢에 지나지 않았으나, 최근에는 미가가 앙등하여 1월 24, 25일부터는 每石 1냥 7~8錢으로 배 이상 상승하였다.

<표 68> 1832년 8월 강소성의 미가 (단위 : 石/兩·錢·分)

地域	上米	中米	粗米
江寧府	2.63~3.50(3.06)	2.37~3.19(2.78)	2.28~3.00(2.64)
蘇州府	2.60~3.10(2.85)	2.50~2.70(2.60)	2.40~2.50(2.45)
松江府	2.47~3.20(2.83)	2.50~3.00(2.75)	2.40~2.90(2.65)
常州府	2.75~3.10(2.92)	2.70~3.00(2.85)	2.50~3.05(2.77)
鎭江府	2.40~3.40(2.90)	2.20~3.20(2.70)	2.00~3.00(2.50)
太倉州	2.75~3.35(3.05)	3.00~3.95(3.40)	2.90~3.70(3.30)

출처 : 『林則徐集』, 「奏稿(上冊)」, 96~99쪽. * 괄호 안의 가격은 평균가격임.

<표 69> 1832년 9월 강소성의 미가 (단위 : 石/兩·錢·分)

地域	上米	中米	粗米
江寧府	2.38~3.25	2.28~3.10	2.18~2.90
蘇州府	2.60~3.10	2.50~2.70	2.40~2.50
松江府	2.47~3.20	2.40~2.90	2.20~2.70
常州府	2.55~2.90	2.45~2.75	2.20~2.75
鎭江府	2.40~3.40	2.20~3.20	2.00~3.00
太倉州	2.75~3.35	2.60~3.55	2.40~3.20

출처 : 『林則徐集』, 「奏稿(上冊)」, 96~99쪽. * 괄호안의 가격은 평균가격임

위의 표를 통해 강소성의 지역별 미가를 검토해 보자. 8·9월 지역별 상미 가격차를 살펴보면, 진강부→강녕부→송강부→태창주→소주부→상주부 순이다. 8·9월 중미 가격차를 살펴보면 진강부→태창주→강녕부→송강부→소주부 순이다. 8·9월 조미 가격차는 진강부→태창주→강녕부→상주부→송강부→소주부 순이다. 이처럼 강소성의 미질 간의 가격 차이는 품질에 따라 다르다. 단지 진강부는 모든 품질에서 가격 차이가 가장 크다. 그리고 소주부는 중미와 조미에서 가격 차이가 가장 적다. 미 품질상의 가격 차이는 대체로 진강부가 가장 높은 반면 소주부는 가장 낮다.

한편 강소성의 미가 중 품명간의 가격 차이를 살펴보면 아래 <표 70>과 같다.

3장 곡물 농업 생산과 수확량 141

<표 70> 미 품질간 가격 차 (단위 : 兩·錢·升)

地域	上米-中米 8월	上米-中米 9월	中米-粗米 8월	中米-粗米 9월	上米-粗米 8월	上米-粗米 9월
江寧府	0.26~0.31	0.10~0.15	0.09~0.19	0.10~0.20	0.35~0.50	0.20~0.35
蘇州府	0.10~0.40	0.10~0.40	0.10~0.20	0.10~0.20	0.20~0.50	0.20~0.35
松江府	0.03~0.20	0.07~0.30	0.10~0.10	0.20~0.20	0.07~0.30	0.27~0.50
常州府	0.05~0.10	0.10~0.15	0.20~0.05	0.25~0.00	0.25~0.05	0.35~0.15
鎭江府	0.20~0.20	0.20~0.20	0.20~0.20	0.20~0.20	0.40~0.40	0.40~0.40
太倉州	0.25~0.60	0.15~0.20	0.10~0.25	0.20~0.35	0.15~0.35	0.35~0.15

출처 : 『林則徐集』, 「奏稿(上冊)」, 96~99쪽.

　상미-중미간 8월의 최저가격차는 강녕부→태창주→진강부→상주부→송강부 순이다. 그런데 태창주의 경우는 중미가가 상미가보다 높다. 최고가격차는 태창주→소주부→강녕부→송강부→상주부 순이다. 그런데 태창주의 경우는 중미가가 상미가보다 오히려 높다. 9월의 최저가격차는 진강부→소주부(상주부)→송강부 순이다. 중미-조미간의 8월 최저가격차는 상주부(진강부)→태창주(송강부·소주부)→강녕부 순이다. 최고가격차는 태창주→소주부(진강부)→강녕부→송강부→상주부 순이다. 그런데 상주부의 경우는 조미가가 중미가보다 높다. 9월의 최저가격차는 상주부→송강부(진강부·태창주)→강녕부(소주부) 순이다. 상미-조미간의 8월 최저가격차는 진강부→강녕부→상주부→소주부(송강부)→태창주 순이다. 그런데 태창주는 조미가가 상미가보다 높다. 최고가격차는 강녕부(소주부)→태창주→상주부 순이다. 9월의 최저가격차는 진강부→상주부(태창주)→송강부→강녕부 순이다. 최고가격차는 송강부→진강부→강녕부(소주부)→상주부 순이다.
　이처럼 미 품명간의 지역별 가격 차이는 앞에서 살펴본 같은 품명간의 가격 차이에서 나타난 현상과 일치하지 않는다. 즉 품명간의 가격 차이는 품명에 따라 각각 다르게 나타나고 있다. 그러면 각 지역별 미 가의 차이가 어디서 연유하는지를 이 시기의 인구·전지·시장 등과 관련해서 검토해 보자.

우선 강소성의 인구·전지·액징 전부·1인 무수를 살펴보면 아래 표와 같다.

<표 71> 1820년 강소성의 인구·전지·액징 전부·1인 무수

地域	人口(丁)	田地(畝)	地丁銀(냥)	1人 畝數
江寧府	2,072,536	5,233,949	253,728	2.5
蘇州府	5,914,810	6,256,186	564,408	1.0
松江府	2,855,775	4,408,871	447,421	1.5
常州府	4,489,558	5,579,264	571,962	1.2
鎭江府	2,372,512	5,200,023	309,478	2.1
太倉州	1,950,872	3,962,671	275,027	2.0

출처 : 嘉慶『重修一統志』권72~103에서 정리.

1820년 강소성의 인구는 소주부→상주부→송강부→진강부→강녕부→태창주, 전지는 소주부→상주부→강녕부→진강부→송강부→태창주, 지정은은 상주부→소주부→송강부→진강부→태창주→강녕부, 1인 무수는 강녕부→진강부→태창주→송강부→상주부→소주부 순으로 많다. 이 같은 각 지역별 강소성의 인구·전지·액징 전부·1인 무수에서 나타난 특징은 소주부가 인구·전지가 가장 많은 반면 1인 무수는 가장 적으며, 강녕부와 진강부는 인구·전지는 적으나 1인 무수는 많다. 따라서 상주부를 중심으로 동쪽에 위치한 지역들은 대체로 인구밀도가 높은 반면, 서쪽에 위치한 지역들은 인구밀도가 낮다. 상미 평균가는 강녕부→태창주→상주부→진강부→소주부→송강부 순으로 높다. 이는 1832년의 미가가 각 지역의 인구·전지·1인 무수와 비례하지 않는다는 것을 보여주고 있다. 특히 소주부·송강부·태창주처럼 상·면업이 발달한 지역에서 미가가 낮게 나타나고 있다. 이들 지역은 인구밀도가 높다. 결국 강소성의 미가는 인구밀도가 낮은 곳이 높은 곳 보다 상대적으로 높다는 것을 의미한다. 그러면 인구밀도가 높은 곳의 미가가 왜 낮은가? 인구밀도가 높다는 것은 전지 규모에 비해 인구가 많다는 것을 의미하기에, 쌀의 생산보다는 소비가 많다는 것을 의미한다. 그런데도 이들 지역의 미가가 낮은 이유는 다른 지역에서 미곡이 다량으로 수입되어 미가를 안정시켰기 때문이다. 따라서 이들 지역의 낮은 미가는 원활한 유통과 밀접히 관련되어 있다고 보아야 한다.

市鎭의 발달은 농촌 경제구조의 지속적인 변화와 발전, 수륙 교통의 영향은 물론 지역 경제구조와도 밀접히 관련되어 있다. 그리고 시진의 가장 중요한 기능은 상품유통이다. 따라서 생산지의 미곡이 인구밀도가 높은 소주부·송강부·태창주 등지로 유통되기 위해서는 이들 지역의 시진이 중요한 역할을 담당한다. 1832년 8·9월 이들 지역의 미가가 다른 지역에 비해 낮은 이유도 시진의 발달과 밀접히 관련되어 있다고 본다. 청 전기 지역별 시진 분포를 살펴보면, 소주부의 시진 수는 139개, 송강부의 시진 수는 116개이다.[123] 청 전기 소주부의 시진은 명말·청초 시진 수 104개에 비해 34% 증가하였다. 가정현의 경우 명 만력에서 옹정 사이에 시진의 수가 26개에서 38개로 증가하였다. 상숙현의 경우에는 명 가정에서 도광 사이 시진의 수가 22개에서 79개, 건륭에서 도광 사이에도 37개에서 79개로 증가하였다. 송강부에서도 명 숭정에서 건륭 사이 시진의 수가 61개에서 116개로 증가하였다.

반면에 청 전기 강녕부와 진강부의 시진에 대해서는 가경『신수강녕부지』와 건륭『진강부지』에는 보이지 않는다. 시진의 발달과 관련해서 특히 수상 교통이 편리했던 소주는 강서·호광 등지에서 들어온 객미의 집산지였다. 소주는 절강 수입 식미의 주요한 시장이었다. 1751년 (건륭 16) 절강 상인들이 2개월간 소주에서 사들인 쌀은 239,000여 석이었다.[124] 소주의 예에서 보는 것처럼 시진의 발달은 이 지역과 주변 송강부와 태창주의 미가에 영향을 주었을 것이다.

---

123) 明淸代의 市鎭 數에 대해서는 樊樹志,『明淸江南市鎭探微』, 上海 : 復旦大學出版社, 1990, 附錄 478~531쪽 참조.
124)『乾隆實錄』권403, 2~25쪽.

4. 春花 농업의 발달과 그 특징

1) 춘화 재배와 그 성격

稻·小麥 이모작은 송대부터 시작되었다. 양자강 하류지역의 한지 작물 보급은 홍수와 가뭄에 대비한 식량 확보 때문이었다.125) 그런데 강남의 맥·두·油菜 등 이른바 춘화126) 재배는 벼농업 低濕지대의 '乾田化率' 향상에 힘입은 바 컸다.127) 또한 이모작의 실시는 벼 재배 주기에도 영향을 주었다. 즉 양자강 유역의 수전지대에 3·4월에 이앙하고 6·7월에 수확하는 올벼와 9·10월에 파종하고 수확하는 맥의 토지 이용 기간이 중복되어, 5·6월에 이앙하고 8·9·10월에 수확하는 중·늦벼로 대체되었다. 수전 이모작 중 소맥과 중·늦벼 형태의 이모작은 명말에 형성되었다.128) 그리고 소맥과 더불어 대맥도 홍수대비를 위하여 경작되었다.129) 이처럼 맥 재배는 송 이후 강남의 곡물 생산에 중요한 역할을 하였다. 그런데 춘화라는 용법이 사용된 시기는 17세기 명말·청초이지만, 이 용어가 전파·보급된 시기는 18세기였다. 따라서 이모작도 18세기에 이르러 본격적으로 이루어졌다.130)

---

125) Ping-ti Ho, *Studies on the Population of China, 1368-1953*, Harvard Univ. Press, Cambridge, Massachusetts, 1974(3)/정철웅 역, 『중국의 인구』, 서울 : 책세상, 1994, 215~217쪽.
126) '春花'라는 용어는 明末·淸初 양자강 삼각주지대 중 浙江에서 출현하였다. '춘화'의 어원은 黃花 즉 油菜에서 유래하였기 때문에 유채만을 지칭하는 경우도 있지만, 일반적으로 二麥·유채·콩 등을 지칭한다(天野元之助, 앞의 책, 342쪽 ; 川勝守, 앞의 책, 102쪽). 그런데 강소성의 경우 춘화라는 용어는 明末까지 나타나지 않았지만(川勝守, 앞의 책, 110쪽), 언제부터 나타나는지는 알 수 없다. 『浦泖農咨』에서도 '춘화'라는 용어는 보이지 않지만, '春熟', 奚誠의 『畊心農話』(1852년)에는 '春花'라는 용어가 보인다.
127) 姜判權, 앞의 논문, 1999, 38쪽.
128) 太湖地區農業史硏究課題組 編著, 앞의 책, 124쪽.
129) 정철웅 역, 『중국의 인구』, 219쪽.
130) 川勝守, 『明淸江南農業經濟史硏究』, 東京 : 東京大學出版會, 1992, 104쪽.

춘화 재배의 가치는 춘화가 농가에 얼마나 도움을 주는가에 달려 있다. 이에 대해 陳恒力과 汪士信 등은 수확량의 증가에 대해서는 긍정적으로 평가하면서도 전면적이고 혁명적인 발전으로는 평가하지 않고 있다.131) 이는 강남의 이맥 재배가 본격적으로 이루어지는 18세기 이전의 춘화 재배에 대한 평가이다. 아직 강남의 이맥 재배에 대한 전반적인 연구는 16~18세기 양자강 하류 각 성 이모작에 대한 川勝守의 연구132)를 제외하면 찾아보기 어렵다. 따라서 강소성의 이맥 재배에 대한 분석은 이런 점에서 의미가 있다. 특히 이맥 재배는 이맥 재배의 목적이었던 수확량의 증가 이외에도 미가와 밀접한 관련을 맺고 있었다. 즉 이맥은 미가의 안정과 조정에 크게 기여하였다.133) 또한 이맥과 더불어 콩 품종도 중요한 의미가 있다. 즉 豆餠은 돼지 사료였을 뿐 아니라, 명말·청초에 등장한 부농·상농의 농업 경영에 중요한 역할을 하였다.134) 명·청대에는 미·맥 이모작 이외에도 미·면의 輪作, 면·맥·두류의 조합을 통한 윤작도 이루어져 콩의 비중이 점차 높아졌다.

강녕부의 이맥·두 품종에 대해서는『고금도서집성』과『수시통고』에만 기록되어 있을 뿐 지방지에는 없다.『고금도서집성』에서는 대맥, 管麥 등이 기록되어 있지만,『수시통고』육합현에는 맥 품종에 대한 기록이 없다. 그러나 16세기 말 육합현의 자료에는 대맥·소맥 등이 기록되어 있다.135) 이처럼 기록상으로 볼 때 강녕부의 二麥 재배는 적어도 16세기 말 이전부터 시작되었다고 볼 수 있다. 한편 강녕부의 콩은 이맥과 마찬가지로『수시통고』에는 육합현만 기록되어 있으나, 품

---

131) 川勝守, 위의 책, 103쪽.
132) 川勝守, 위의 책.
133) 川勝守, 위의 책, 117쪽.
134) 足立啓二,「大豆粕流通と淸代の商業的農業」,『東洋史硏究』37-1, 1978, 363쪽.
135) 萬曆『六合縣志』권2,「土産」.

종은 16종 기록되어 있다. 이는 16세기 말 흑두, 황두, 청두, 홍두, 녹두, 다갈두, 완두, 잠두 등 8종136)에 비해 배가 증가한 것이다.

진강부의 이맥과 콩 품종은『수시통고』, 건륭『진강부지』등에 기록되어 있다. 그런데 두 자료의 품종은 모두 같다. 맥 품종은 5종, 콩 품종은 27종이다.137) 18세기 초·중엽 진강부의 맥 품종 수는 강녕부의 3종에 비해 많다. 특히 대맥 중 일찍 익는 芒麥은 10월부터 정월까지 심을 수 있었다. 이 같은 품종은 도광시기에는 河邊 저지대를 중심으로 재배되었으며, 풍작을 가져다주었다.138) 한편 콩은 18세기 중엽 단도현의 경우 27종 기록되어 있다. 콩 품종은 같은 시기 송강부와 강녕부보다 많다.

상주부의 맥 품종은 강희『상주부지』139)에는 대맥, 소맥, 뇌맥 등이 기록되어 있으나, 옹정『고금도서집성』에는 뇌맥이 없다. 그런데 건륭『수시통고』에는 정강현과 강음현의 맥 품종은 대맥 2종, 소맥 7종이 기록되어 있다. 또한 콩 품종은 강희『상주부지』와 옹정『고금도서집성』에는 각각 14종과 11종이 기록되어 있으나, 건륭『수시통고』에는 25종 기록되어 있다. 이처럼 상주부의 맥과 콩 품종은 1695년(강희 34)에서 1742년(건륭 7) 사이에 양적으로 큰 변화가 있다.140)

소주부 상숙현의 맥은 1687년(강희 26)과 1724년의 자료에는 모두 4종으로 양적 변화는 없다.141) 오강현의 맥은 건륭시기 자료에 10종이 기록되어 있다.142) 오강현의 맥은 같은 시기 장주현의 5종,143) 원화현

---

136) 萬曆『六合縣志』 권2,「土産」.
137) 乾隆『授時通考』 권29,「穀種·豆三」; 乾隆『鎭江府志』 권42,「物産」.
138) 光緒『丹徒縣志(一)』 권17,「物産」, 2쪽.
139) 康熙『常州府志』 권10,「物産」.
140) 1879년 靖江縣의 맥은 6종, 콩은 26종이며(光緒『靖江縣志』 권5,「食貨志·土産」), 1878년 江陰縣의 맥은 4종, 콩은 13종이다(光緒『江陰縣志』 권10,「物産·穀」).
141) 康熙『常熟縣志』 권9,「物産」; 乾隆『授時通考』 권26,「穀種門·麥」.
142) 乾隆『吳江縣志(一)』 권7,「物産」.

의 5종144)보다 배 많은 것이다. 1826년 곤신 양현의 맥은 7종이다.145) 한편 상숙현의 콩은 1687년(강희 26)에는 7종인 반면 1724년에는 4종 으로 줄어들었다.146) 오강현의 콩은 건륭시기 자료에 10종이 기록되어 있다.147) 오강현의 콩은 같은 시기 장주현의 8종,148) 원화현의 8종149) 보다 많다. 1826년 곤신양현의 콩은 20종이다.150)

송강부 1728년의 맥은 9종, 가경시기에는 10종으로 18세기 초와 18 세기 말 사이에 양적 증가는 거의 없다.151) 반면 콩은 1724년에는 16 종, 1724년 상해현의 콩은 19종,152) 가경연간에는 21종으로 증가하였 다.153) 태창주 1724년의 맥은 『수시통고』에 기록되어 있지 않다.154) 단 지 1681년(강희 20) 숭명현의 맥은 6종 기록되어 있다.155)

이처럼 이맥과 콩 품종은 대체로 17세기보다는 18세기에 양적으로 증가하였다. 특히 이들 춘화 작물은 인구밀도가 높은 지역에서 품종 수가 많다. 1724년 상주부 정강현과 강음현의 경우 다른 지역에 비해 양적으로 많다. 물론 두 지역간의 비교는 1724년 자료에는 두 지역을

---

143) 乾隆 『長洲縣志』 권17, 「物産」.
144) 乾隆 『元和縣志』 권16, 「物産」.
145) 道光 『崑新兩縣志』 권8, 「物産」. 1881년 崑新兩縣의 맥도 7종으로 같은 품종 이다(光緖 『崑新兩縣續修合志』 권8, 「物産」).
146) 康熙 『常熟縣志』 권9, 「物産」; 乾隆 『授時通考』 권26, 「穀種門·麥」.
147) 乾隆 『吳江縣志(一)』 권7, 「物産」.
148) 乾隆 『長洲縣志』 권17, 「物産」.
149) 乾隆 『元和縣志』 권16, 「物産」.
150) 道光 『崑新兩縣志』 권8, 「物産」. 1881년에는 21종이었다(光緖 『崑新兩縣續 修合志』 권8, 「物産」).
151) 雍正 『古今圖書集成』 권699, 「職方典」; 嘉慶 『松江府志(一)』 권6, 「疆域 志」, 「物産」. 1724년 上海縣의 麥은 8종이다(乾隆 『授時通考』 권26, 「穀種· 麥」).
152) 乾隆 『授時通考』 권26, 「穀種·豆三」.
153) 雍正 『古今圖書集成』 권699, 「職方典」; 嘉慶 『松江府志(一)』 권6, 「疆域 志」, 「物産」.
154) 乾隆 『授時通考』 권29, 「穀種門·豆三」.
155) 康熙 『崇明縣志』 권6, 「風物·物産」.

분리하지 않은 품종이기 때문에 어렵다. 단지 19세기 말(1878년 경)의 자료상으로는 정강현의 맥·두 품종이 강음현보다 많다. 이러한 현상은 두 지역의 인구밀도와는 반비례하는 것이다. 소주부의 경우도 오강현과 곤신 양현의 맥·두 품종은 다른 지역에 비해 많다. 맥의 경우 정강현과 강음현과 1종의 차이가 있다. 송강부도 18세기 말에는 맥·두 품종이 많다. 태창주는 맥 품종은 적으나 콩 품종은 많다. 그러면 이같은 춘화 작물이 농가에 어느 정도 비중을 차지했는지를 알아보기 위해 우선 맥가와 두가를 검토해 보자.

2) 맥·두가 동향

그간 맥·두가에 대한 관심은 미가에 비해 상대적으로 낮았다.[156] 이러한 현상은 맥·두가에 대한 자료가 부족하고, 미가에 비해 비중이 낮았기 때문일 것이다. 그러나 맥가와 두가는 춘화 작물의 비중을 이해하는 데 중요한 역할을 한다. 단지 본고에서는 도광 이전 시기까지는 자료의 한계로 맥가를 중심으로 살펴보고자 한다.

우선 순치·강희시기의 맥가를 살펴보면 아래 표와 같다.

<표 72> 순치~강희시기 송강부의 맥가 (단위 : 石/兩·錢)

時期	圓麥	小麥	大麥
1648.2	2.1		
1651	2.2		1.5
1651.4	1.3	1.5	
1651.6	2.0		
1670	0.6	0.7	
1678		1.2~1.3	1.5
1680	1.5	2.0+	
1682	(350文)	(530文)	

출처 : 葉夢珠, 『閱世編』 권7, 「食貨二·三」.

---

156) 시기는 다르지만 17·18세기의 小麥·大麥·黃豆價에 대한 최근의 연구로는 來新夏, 앞의 논문 ; 川勝守, 앞의 책, 95~97쪽.

맥가의 경우 맥의 종류에 따라 가격차가 존재하고 있다. 즉 순치시기에는 원맥가가 소·대맥가보다 높지만, 강희시기에는 소·대맥가가 원맥가보다 높다. 그런데 순치시기 원맥가는 송강부의 미가와 비슷할 정도로 높다. 그리고 두 시기의 가격을 비교해 보면, 순치시기의 원맥가가 강희시기보다 높다. 이 같은 순치~강희시기의 맥가동향은 대체로 같은 시기의 미가동향과 일치하고 있다. 즉 순치시기의 맥가는 고미가와 비례해서 높은 반면, 강희시기의 맥가는 저미가와 비례해서 낮다.

한편 순치·강희시기 두가를 살펴보면 아래 표와 같다.

<표 73> 순치~강희시기 송강부의 두가 (단위 : 石/兩·錢)

時期	豆	時期	豆
1649. 8	3.5	1661.冬	1.2~1.3
1649.冬	1.8	1663.10	0.5
1650. 2	2.0	1679. 3	1.2~1.3
1650. 9	1.5	1679. 4	1.45
1651. 3	1.5	1679.秋	0.7
1651. 4	1.2	1679.11	1.2
1651. 6	1.6	1680.春	1.35
1651. 7	3.2	1682.春	0.7
1657.11	0.8	1682. 5	0.6
1659.윤3	2.0	1684.冬	1.0前後
1661	0.8		

출처 : 葉夢珠, 『閱世編』 권7, 「食貨二·三」.

순치~강희시기 송강부의 두가 중 순치시기는 석당 0.8~3.5냥이지만, 1649년 9월과 1651년 7월을 제외하면 0.8~2.0냥이다. 반면에 강희시기의 두가는 0.5~1.45냥이다. 두 시기의 두가는 순치시기에 가격 폭이 클 뿐만 아니라 가격 자체도 높다. 이 같은 양 시기의 두가동향은 맥가동향과 마찬가지로 순치시기에는 높은 반면 강희시기에는 낮다. 그런데 같은 시기의 맥가와 두가를 비교해 보면 순치시기의 원맥가가 두가에 비해 높다.

한편 강희연간 강녕부의 맥·두가를 살펴보면 아래 표와 같다.

<표 74> 강희연간 강녕부의 맥·두가 (단위 : 石/兩·錢·升)

時 期	麥	豆	出 處
1716. 4.24	0.8	0.7	『康熙奏摺』 7冊, 21~22쪽
1716. 5.15	0.75	0.7	『康熙奏摺』 7冊, 87쪽
1716. 6.24	0.7	0.7	『康熙奏摺』 7冊, 243쪽
1716. 8.12	0.7	0.7	『康熙奏摺』 7冊, 366쪽
1716. 9. 4	0.75	0.7	『康熙奏摺』 7冊, 409쪽
1716.10. 3	0.75	0.7	『康熙奏摺』 7冊, 466쪽
1716.12.10	0.8	0.7	『康熙奏摺』 7冊, 569쪽
1717. 2.25	0.9	0.8	『康熙奏摺』 7冊, 735쪽
1717. 4.26	0.75	0.7	『康熙奏摺』 7冊, 847쪽
1717. 5. 2	0.54		『康熙奏摺』 7冊, 856쪽
1717. 5.18	0.65	0.7	『康熙奏摺』 7冊, 911쪽
1717.10.12	0.6	0.6	『康熙奏摺』 7冊, 1229쪽
1717.11.16	0.6	0.6	『康熙奏摺』 8冊, 347쪽

1716년 4월 24일에서 1717년 11월 16일까지 약 14개월간 강녕부의 맥가는 17세기 말 송강부의 맥가보다 낮다. 그리고 豆價도 대체로 낮은 편이다. 이처럼 18세기 초 강녕부의 맥·두는 미가와 마찬가지로 하락·안정되어 있다. 그런데 강희시기의 맥·두가의 특징은 두 품목의 가격이 거의 같다는 점이다. 이는 순치시기와는 다른 현상이다.

도광시기의 맥·두가에 대해서는 1832년의 8월의 예를 통해 검토해 보면 아래 표와 같다.

<표 75> 1832년 8월 강소성의 소맥·대맥·황두가 (단위 : 石/兩·錢·分)

地域	小麥	大麥	黃豆
江寧府	1.65~2.20(1.92)	0.90~1.45(1.17)	1.68~2.60(2.14)
蘇州府	1.50~2.10(1.80)	0.75~0.95(0.85)	1.63~2.40(2.01)
松江府	1.30~1.90(1.60)	0.85~1.00(0.92)	1.30~2.00(1.65)
常州府	1.90~2.20(2.05)	1.00~1.30(1.15)	1.90~2.20(2.05)
鎭江府	1.50~2.40(1.95)	1.30~1.80(1.55)	2.20~2.30(2.25)
太倉州	1.25~1.95(1.60)	0.92~1.40(1.16)	2.10~3.00(2.55)

출처 : 『林則徐集』, 「奏稿(上冊)」, 96~99쪽. * ( )의 가격은 평균가격임.

1832년의 8월 맥·두가에서 순치~강희시기와 두드러진 차이는 두가가 맥가보다 높다는 사실이다. 8월 소맥 최저가는 태창주가 가장 낮으며 상주부가 가장 높다. 양 지역간의 가격차는 0.65냥이다. 최고가는 송강부가 가장 낮으며, 진강부가 가장 높다. 양 지역간의 가격차는 0.5냥이다. 대맥 최저가는 소주부가 가장 낮으며, 상주부가 가장 높다. 양 지역간의 가격차는 0.25냥이다. 대맥 최고가는 소주부가 가장 낮으며, 진강부가 가장 높다. 양 지역간의 가격차는 0.85냥이다. 황두 최저가는 송강부가 가장 낮으며, 진강부가 가장 높다. 양 지역간의 가격차는 0.9냥이다. 최고가는 송강부가 가장 낮으며, 태창주가 가장 높다. 양 지역간의 가격차는 1.0냥이다. 이처럼 맥가와 두가는 가격이 높은 품목 순, 즉 황두, 소맥, 대맥 순으로 가격차가 크다. 한편 소맥과 대맥간의 최저 최고가의 가격차는 강녕부 0.75냥~0.75냥, 소주부 0.25냥~1.15냥, 송강부 0.55냥~0.90냥, 상주부 0.90냥~0.90냥, 진강부 0.20냥~0.60냥, 태창주 0.33냥~0.55냥이다. 소맥과 대맥간의 이러한 가격차와는 달리 황두와 소맥간의 가격차는 황두가 전체적으로 약간 높지만 거의 비슷한 가격을 형성하고 있다.[157)]

강소성의 맥·두 평균 가격을 살펴보면, 소맥의 경우 상주부→진강부→강녕부→소주부→송강부(태창주) 순으로 높다. 대맥의 경우 진강부→강녕부→태창주→상주부→송강부→소주부 순으로 높다. 황두의 경우 태창주→진강부→강녕부→상주부→소주부→송강부 순으로 높다. 이처럼 각 품목별 가격은 지역에 따라 다르다. 예컨대 소맥의 경우는 상주부를 제외하면 인구밀도가 높은 지역의 가격이 낮다. 대맥의 경우는 인구밀도가 높은 지역의 가격이 낮다. 황두의 경우도 태창주를 제외하면 인구밀도가 높은 지역의 가격이 높다. 대체로 춘화작물의 가격

---

157) 1832년 8월의 춘화 가격을 1751년(乾隆 16) 12월 18일·1752년(乾隆 17) 10월 15일의 江西省의 가격과 비교해 보면 1832년 8월의 가격이 높다((川勝守, 앞의 책, 96쪽, <표 4>).

은 인구밀도가 높은 지역이 낮다. 이는 이들 지역이 강소성 중에서도 곡물 생산의 중심이 아닌데도 가격이 낮은 것은 유통의 발달과 무관하지 않다고 본다.

이처럼 춘화작물의 가격은 강희시기의 경우 미가와 거의 비슷한 가격이었으며, 도광시기에는 절반 정도였다. 이 같은 가격은 춘화작물의 확대 재배에 크게 기여했다. 특히 이맥 재배는 19세기 초 전호가 벼 조생종 재배보다 선호할 정도로 수익이 높았다.158) 강남의 麥租관행159)도 맥 재배로 인한 높은 수익을 반영한 것이었다. 그런데 춘화작물은 콩의 경우 면화와 윤작할 경우에는 면화 양 고랑에 심었기 때문에160) 큰 문제가 없었지만, 맥 재배의 경우는 사정이 달랐다. 즉 맥 재배는 임칙서가 지적하고 있는 것처럼 벼 생산량의 저하와 밀접히 관련되어 있었다. 이언장과 임칙서 등이 식량 문제를 해결하기 위해 올벼 재배를 권장한 것도 바로 이 때문이었다. 맥 재배가 벼 생산에 미치는 영향에 대해서는 이미 건륭~가경시기부터 제기되고 있었으며, 이러한 사실은 적어도 1834년까지 지속되었다. 『목면보』와 『포묘농자』에서 이 같은 사실을 확인할 수 있다.

> 내년에 벼를 재배할 예정이면 맥을 심지 말라. 田에 풍년이 들면 지력을 쉬게 하는 것이 古代田의 뜻이다. 그러나 인구가 많고 땅이 좁은 곳에서는 부득이한 일이다. 만약 대맥과 과맥(쌀보리)을 재배하려면 여전히 시비해야 하지만, 결코 소맥을 재배해서는 안 된다. 면화 재배자는 혹 대맥을 함께 심는다. 여름에 대맥을 수확하고 가을에 면을 수확하는데, 이것을 '麥雜花'라고 한다. 그리고 도랑에 콩 심는 것을 '豆溝'라고 한다. 元扈선생이 말하길, 도랑 측면에 콩을 심지 말라. 傷災가 염려스럽다. 조그마한 이익을 얻는 자는 下農夫이다.······이것으로

---

158) 李彦章, 『江南催耕課稻編』, 林則徐 序文.
159) 川勝守, 앞의 책, 1992, 5~6장 참조.
160) 康熙 『嘉定縣志』 권4, 「風俗」, 39쪽.

미루어 볼 때 맥·雜花 재배는 불가하다.161)

이맥은 지력을 다 써버린다. 대개 한번 보리를 심으면, 그 해 벼농사는 반드시 흉년이다. 벼를 얻으면 맥을 잃고, 맥을 얻으면 벼를 잃는다. 따라서 우리 고을에서는 맥을 많이 심지 않는다.162)

맥 재배가 벼 생산에 끼치고 있는 악영향에 대한 위의 내용은 모두 송강부를 대상으로 한 자료이다. 송강부의 이러한 예는 소주부에서도 확인할 수 있다.『경심농화』에 따르면, 춘화 재배로 벼 이앙을 늦춤으로써 '見小棄大' 현상이 발생하고 있음을 개탄하고 있다. 이 당시 춘화는 식용과 燃燈에 필수품이었다. 그러나 사실상 많이 재배할 수 없었기 때문에 이맥과 잠두를 함께 재배했다. 그 중에서도 잠두163)는 춘화 중에서도 가장 먼저 수확할 수 있었기 때문에 사람들이 즐겨 재배했다. 그러나 재배 농가는 10에 2, 3 정도뿐이었고, 나머지는 맥을 심었다. 물론 맥 재배로 얻을 수 있는 이익은 많지 않았다. 따라서 맥 심는 땅을 二熟稻로 바꾸는 것이 양득이었다.164)

농가에 많은 수익을 보장한 춘화 재배는 도광시기에 지력 저하를 낳아 벼 수확에 지장을 초래할 정도였다.165) 이는 지주와 소작인간의 갈등 요인이었다. 농서의 저자들이 춘화 재배의 피해를 강조하고 있는

---

161) 楮華,『木棉譜』, 3쪽, 6쪽.
162) 姜皐,『浦泖農咨』,「日 29」.
163) 蠶豆는 嘉靖『縣志』,「風俗」에 春花(春熟)로 등장하는 것으로 보아 이미 16세기부터 그루갈이로 재배되고 있었다(川勝守, 앞의 책, 110쪽). 잠두는 유채와 함께 잎은 거름으로 사용되었다. 그리고 유채의 씨는 기름으로 이용되었지만, 일부는 농가에서 직접 식용으로 사용되기도 하고, 일부는 시장에 팔기도 했다(姜皐,『浦泖農咨』,「日 28」).
164) 奚誠,『畊心農話』, 467쪽.
165) 地力 문제로 면화 재배에 다른 작물을 심지 말라는 지적은 이미 王象晋의『群芳譜』(1621年)에 언급되어 있다(馬宗申 校註,『授時通考校註』4冊, 北京: 農業出版社, 1995, 311쪽).

것도 지주의 이해 관계를 일정하게 반영한 것으로 볼 수 있다. 양자의 갈등은 춘화 재배가 벼 소득에 지장을 초래하지 않는 범위에서 해결될 수 있었다. 이 문제를 해결할 수 있는 방법은 맥 재배 이후에 벼 재배에 지장을 초래하지 않을 정도의 지력을 보강하는 일이었다. 그러나 지력 보강은 비싼 시비료와 임금 등으로 결코 쉽지 않았다. 더욱이 도광시기의 빈번한 자연재해도 지력 저하를 가중시켰다. 이런 상황에서 면·상, 특히 상은 농가 소득을 높일 수 있는 주요한 작물로 인식되었다.

4장 곡물 생산력의 저하와 면·상 재배의 확대

1. 자연재해와 곡물 수확량의 저하

1) 수리시설의 미비와 자연재해

　중국은 기후와 수리상의 과다한 위험과 그로 인한 경작상의 위험 부담이 세계 어떤 지역보다 컸다. 자연재해는 인명과 농작물 피해, 농경지 유실, 기근과 질병 등 인구변화와 농업생산 등 사회 전반에 광범위한 영향을 미친다. 특히 강남은 수재의 빈도가 높았다. 이러한 특징은 벼농업을 중심으로 한 이 지역의 농업에 상당한 영향을 주었다. 그런데 재해의 발생은 중국을 '수력사회'로 표현하고 있는 데서 알 수 있는 것처럼 국가 권력의 강약과 밀접히 관련되어 있다. 더욱이 국가 권력의 물적 토대가 농업인 사회에서는 재해 방지 여부가 민생 안정과 권력 안정에 긴요하다. 중국 역대 왕조들의 재해에 대한 변함없는 관심과 치수 사업은 재해가 중국사에서 얼마나 큰 비중을 차지하고 있는지를 단적으로 보여준다.
　통계 부족으로 치수사업이 농산물의 산출량에 어느 정도 영향을 주었는지를 가늠하기란 쉽지 않다. 단지 이모작의 산출량이 물조절과 밀접히 관련되어 있다는 사실을 감안한다면 자연재해와 치수 사업은 농업 생산량에 중요한 변수였다. 그러나 그간 중국사 연구에서는 자연재해가 농업분야에서 높은 비중을 차지하고 있는데도 이 부분에 대한 구체적인 연구1)는 드물었다.2) 특히 청조 권력이 벼농업 중심지이자 주요 징세 지역인 강남의 농업 기반에 상당 부분 의지하고 있었기 때문에 이 부분에 대한 연구는 청조 사회를 이해하는 데 중요하다. 더욱이 청조 권력이 쇠퇴하는 가경 이후의 수재는 단순히 이 지역의 곡물 농업 생산량의 감소 차원이 아니라 생산기반 자체를 위협할 정도로 심각하였다.

강소성의 수재는 송대부터 강남의 농업 생산력 발달에 크게 기여한 수리전과 밀접히 관련되어 있었다. 그 중 湖沼를 둘러 제방을 쌓고 그 가운데를 전토로 만드는 수리전의 대표격인 圩田(圍田 혹은 湖田)은 그 특성상 재해를 입을 가능성이 높았다. 예컨대 상주부 의흥지역은 만무, 천무의 우전이 있었다. 이 같은 우전도 수리 정도에 따라 그 피

---

1) 1990년 이전 중국의 재해 관련 연구에 대해서는 佐藤武敏, 『中國災害史年表』, 東京 : 國書刊行會, 1993, 「附 中國災害史硏究文獻目錄」에 자세하다. 이 목록은 기존의 목록을 종합한 것이기 때문에 1990년 이전의 종합 재해 관련 목록이라 할 수 있다. 이 목록에 수록된 자연재해 관련 문헌은 604편이다. 그 중 水旱災 관련 문헌이 181편으로 가장 많고, 水土保持 관련 문헌이 30편, 지진 관련 문헌이 163편, 蟲·動物재해 관련 문헌이 31편, 風·雹·雪·霜·潮災 관련 문헌이 11편, 災荒·救荒 관련 문헌이 111편이다. 이 중에서도 청대 관련 문헌은 29편이고, 그 중 강소성을 대상으로 한 본격적인 연구는 개괄적인 연구를 제외하면 거의 찾아볼 수 없다.
2) 17세기에서 19세기 중엽까지의 자연재해 문제는 小氷期와 관련해서 검토할 필요가 있다. 강희시기 御稻의 보급이 강남을 벗어나지 못한 것도 이 시기의 저온 현상이 한 원인이었다. 따라서 이 시기의 기후문제는 농업 생산에 변수로 작용했다. 그러나 지금까지 소빙기과 관련한 본격적인 연구는 찾아보기 어렵다. 본고에서도 이 문제에 관심을 가지고 자연재해 현상을 검토하였으나, 소빙기와 관련해서 검토하는 데는 이르지 못했다. 기후와 농업 관련 연구는 任振球,「中國近五千年來氣候的異常期及天文成因」,『農業考古』1986-11·12 ; 陳家其, 「明淸時期氣候變化對太湖流域經濟的影響」, 『中國農史』1991-3 ; 傅逸賢, 「氣候變化と中國人口の變遷」,『地理』 37-11, 1992 ; S.Wang, Climate of the Little Ice in China, *Proceeding of the International Symposium on the Little Ice Age*, 1992 참조.

해는 상당한 차이가 있었다.3) 아래 표에서 보는 것처럼 1708년(강희 47) 상주부, 1719년(강희 58) 강녕부, 1726년(옹정 4) 강녕부 등지에서도 홍수로 우전의 피해가 컸다.

재해는 대부분 순치제의 지적4)처럼 '失修水利'에서 비롯되었다. 그 중에서도 劉河와 吳淞江의 수리 여부는 강소성의 소주부·송강부·상주부와 절강성의 가흥부·호주부·항주부 등 6부 지역의 농업경제에 중요한 위치를 차지하고 있었다. 그러나 1652년(순치 9) 工科給事中 胡之駿과 1671년(강희 10) 巡撫都御史 馬祜의 上奏5)에서 알 수 있는 것처럼 유하와 오송강은 막혀 있었고, 이는 이 지역의 수재를 낳았다. 따라서 유하와 오송강의 준설은 마호의 지적대로 이 당시 가장 급한 일이었다. 그러나 유하와 오송강은 그간 계속 방치되어 있었다. 물론 명말 海瑞와 순치시대의 호지준 등의 준설 요청이 없었던 것은 아니지만, 유하와 오송강의 준설 공사는 재정 부족으로 이루어지지 않았다.

유하의 진흙길(淤道)은 29리로 공사에 필요한 인부는 398,412명이었다. 2座의 閘門 건설비용은 2千金, 그 외 공사비 4만냥이 필요하였다. 그리고 오송강 준설에 필요한 경비는 10만냥이었다. 이 같은 공사비는 강희 9년 강소성의 소주부·송강부·상주부와 절강성의 가흥부·호주부·항주부 등 6부의 漕糧 금액 9만냥과 5만냥으로 충당되었다.6) 그런데 유하와 오송강의 준설 공사에 6부의 조량이 사용되었다는 것은 그만큼 유하와 오송강의 준설이 시급했다는 것을 의미한다. 청 정부에서 조정의 양식과 군비에 중요한 6부의 조량을 수리 공사에 사용한 이유는 청조의 조부 절반을 차지하는 이 지역의 농업 기반인 유하와 오송강을 방치할 경우 심각한 타격이 예상되었기 때문이다. 그밖에도 1681년(康熙 20) 白泖港 준설, 1728년(옹정 6)과 1730년(옹정 8) 오강 진택

---

3) 康熙『常州府志』권7,「水利」, 9~11쪽.
4) 同治『蘇州府志』권11,「水利(三)」, 1쪽.
5) 同治『蘇州府志』권11,「水利(三)」, 1~8쪽.
6) 同治『蘇州府志』권11,「水利(三)」, 5쪽.

운하 준설 및 南北塘 수축, 1731년(옹정 9) 장주현 運河塘 수축 등도 모두 이 지역의 재해 방지를 위한 수리 사업이었다.7) 한편 강남은 동쪽으로 바다와 접해 있고 산이 없기 때문에 해안 계절풍이 내지로 직접 들어온다. 海潮로 인한 농작물과 인명 피해는 바로 이러한 기후 때문이다. 물론 이러한 피해를 줄이기 위한 海塘건설이 이루어지고 있었지만, 해조 피해가 사라진 것은 아니었다.8)

한편 건륭시기 이후 강소성의 수리 현황을 살펴보면 <표 76>과 같다.

수리 사업 내용을 구체적으로 살펴보면, 1745년(건륭 10)의 소문·상숙 이현 성내 諸河에 대한 重濬 사업은 明이래 100여 년 동안 1677년(강희 36) 단 한 차례를 제외하면 한번도 이루어지지 않았다.9) 또한 福山塘 준설은 1751년(건륭 16)·1761년(건륭 26)·1767년(건륭 32)·1775년(건륭 40)·1826년(도광 6)·1836년(도광 16) 등 1세기 동안 6차례 이루어졌다. 복산당은 읍성 鎭海門 40리에서 江門까지의 兩岸 數千頃의 농경지에 필요한 물을 공급하고 있었다. 물론 1680년(강희 19)과 1727년(옹정 5)에 준설 작업이 없었던 것은 아니지만, 재정 부족으로 사업이 지지부진하였다. 복산당 준설이 이처럼 빈번하게 이루어지고 있는 것은 그간 준설 사업이 제대로 이루어지지 않았음을 의미하기도 하지만, 그만큼 복산당이 농업뿐 아니라 상업에 중요한 비중을 차지하고 있었기 때문이다. 1770년(건륭 35) 백묘당 준설은 백묘당이 상숙현과 소문현은 물론 인근 읍까지 피해를 주었기 때문이다.10)

---

7) 同治『蘇州府志』권11,「水利(三)」, 8~15쪽.
8) 『雍正朝漢文硃批奏摺彙編』제3책, 上海 : 江蘇古籍出版社, 1989~1991(이하 『雍正彙編』으로 줄임), 593쪽, 옹정 2년 9월 9일 ; 동 10월 28일 ;『雍正彙編』제11책, 107쪽, 옹정 5년 11월 24일 ;『雍正彙編』제23책, 505쪽, 10년 11월 15일 ; 동 제23책, 749쪽, 옹정 10년 12월 11일 ; 동 제24책, 976쪽, 옹정 11년 8월 22일 ; 동 제28책, 749쪽, 옹정 13년 7월 12일.
9) 同治『蘇州府志』권11,「水利 三」, 15~16쪽.
10) 同治『蘇州府志』권11,「水利 三」, 19~20쪽.

<표 76> 건륭~도광시기 소주부 수리 현황

時期	內用	費用(兩)
1736	開濬震澤縣浪打穿直港	1,085
1737	重築元和塘	48,515
1738	濬吳江縣橋河	?
1739	修築震澤縣荻塘,常熟縣濬五塘,昭文縣重濬許浦	4,387
1744	昆山縣重濬玉帶河	33,883
1745	昭文常熟二縣重濬城內諸河	?
1746	重濬府城內諸渠	4248
1751	濬福山塘	28,027
1752	濬三丈浦	?
1754	開濬白卯塘,建築海塘	49,098
1761	濬福山塘	8,900
1763	修三江水利	220,000(白金)
1764	修築元和塘	9,175
1767	濬木瀆橫金塘河	20,000
	再濬福山塘	?
1771	濬白卯塘	85,200
1775	濬福山塘	93,718
1785	濬貴涇塘	?
1808	濬常熟城河	?
1820	濬至和塘	紳民捐濬
1821	濬昭文城河	1,860
1822	濬常熟城河,濬昆新城河	?
1826	濬福山塘	?
1830	濬吳縣雕鰐河,濬吳縣興福塘	30,110
1834	濬白卯河及徐六涇	94,917
1836	濬福山塘	?
1850	濬白卯諸河	?

출처 : 同治『蘇州府志』권11, 「水利·三」, 16~26쪽.

한편 상주부는 소주부와는 유사하면서도 약간의 차이가 없지 않았다. 상주부는 이른바 京杭 대운하의 남부, 즉 항주에서 진강까지 이르는 강남 운하의 북변에 위치해 있다. 북으로는 단양·단도를 거쳐 양자강에 이르고, 남으로는 무석·소주를 거쳐 항주에 이른다. 따라서 상주부는 남북 모두 대운하의 요지에 위치해 있다. 또한 상주부는 太湖 동·남부 강남 각지의 샛강(크리크)과 통하는 유통의 요충지였다. 특히 상주부는 남송이래 '魚米之鄕'으로 불리면서 송강·소주와 함께 강남 경제의 중심지였다. 그런데 상주부는 소주·송강이 저습지인데 비해 상대적으로 지대가 높았다. 이 때문에 상주부와 진강부는 가뭄에 시달린 반면 소주와 송강은 홍수에 시달렸다.[11] 따라서 상주부의 수리대책은 소주·송강의 제방의 강화, 河港의 深通과는 달리 閘堰에 의한 수량 조절, 연못에 의한 저수 등의 수리 시설이 필수적이었다.[12]

상주부의 경제발전이 府城內外의 河道水利에 달려 있다면, 청대 상주부의 수리 상황은 이 지역 농업에도 중요한 관건일 수밖에 없다. 청대 상주부의 준설 사업은 1660년(순치 17) 知府 趙琪의 玉帶河 준설 요청이 최초이다.[13] 그리고 1692년(강희 31) 지부 于琨, 通判 徐丹素, 지현 王元烜 등에 의해 성내외 각 河에 대한 준설 요청이 있었다.[14] 1692년의 준설 요청은 성내 각 하가 유통에 상당한 지장을 주어 士民들의 피해가 커서 가장 시급한 현안으로 떠올랐기 때문이었다.

준설 경비는 均田均役의 원칙에 따라 성내에 거주하는 사람과 沿河각 戶들이 중심이 되어 자주적으로 부담하고, 官紳·商賈들의 지원금으로 충당되었다. 당연히 준설로 유통이 원활해져 이곳 주민들의 생업에 도움이 되었다.[15] 그러나 外城河에 대해서는 80년 뒤인 1760년(건륭 25)에, 內城河에 대해서는 100년쯤 뒤인 1786년(건륭 51)에 준설 공사가 이루어졌다.[16] 오랜 기간 동안 준설 공사가 왜 이루어지지 않았는지는 알 수 없다. 단지 강희시기의 준설 공사가 상당한 효과가 있어

---

11) 光緖 『武進陽湖縣合志』 권3, 「輿地志三·水利」.
12) 光緖 『武進陽湖縣合志』 권3, 「輿地志三·水利」.
13) 康熙 『常州府志』 권7, 「水利」, 8쪽.
14) 光緖 『武進陽湖縣合志』 권3, 「輿地志三·水利」.
15) 康熙 『常州府志』 권7, 「水利」, 8~9쪽.
16) 光緖 『武進陽湖縣合志』 권3, 「輿地志三·水利」.

서 준설의 필요성이 없었거나, 아니면 준설 공사를 할 수 없는 처지였 거나 둘 중의 하나일 것이다. 상주부가 저습지가 아닌 점을 감안하면 강희시기의 준설 공사가 상당한 효과가 있었을 것으로 생각된다.

건륭 이후 시기에도 준설 공사는 계속되었다. 이 시기의 준설 공사는 강희시기와는 달리 주로 신사들의 기부금으로 이루어졌다. 그러나 준설 공사는 공비의 부족으로 거의 효과가 없었다. 특히 도광시기에는 공사비의 부족으로 공사 자체가 정지되는 지경에 이르렀다. 공사비의 부족과 淤塞이라는 악순환이 상주부에서도 소주부와 마찬가지로 발생한 것이다. "도광 10년 이후부터 해마다 준설되지 않아 날로 점차 막혀 農田水旱 모두 재해이다"[17]라는 지적은 가경 이후 수리시설의 미비가 농업에 상당한 영향을 미치고 있음을 단적으로 보여주고 있다. 이처럼 강남의 수리 미비로 인한 자연재해의 발생과 농업에 미친 악영향은 이미 1810년(가경 15) 海運論爭[18]이 상징적으로 보여주고 있다. 즉 가경제의 상유에는 "이미 河工에 문제가 있어 조운에 심각한 문제가 생겼는 데도 강희대와는 달리 재정 부족으로 停運해서 준설할 수도 없는 상황이었다."[19] 곧 해운논쟁의 일단은 바로 하공에 심각한 문제가 상존해 있었기 때문이었다.

2) 농작물 피해 규모와 수확량의 감소

재해가 농작물에 미친 영향을 이해할 수 있는 구체적인 기록은 전체 재해 빈도에 비하면 많지 않다. 지방지나 실록에는 재해 정도에 대한 구체적 피해 규모보다는 대부분 재해 사실만 기록하고 있다. 또한 피해 사실을 기록하고 있더라도 대부분 구체적인 피해 규모가 적시되어

---

17) 光緖 『武陽志餘』 권1-3, 「水利」, 1쪽.
18) 海運論爭에 대해서는 表敎烈, 「淸中期 漕運 改革論 硏究-江浙地方에서의 經世論 擡頭와 關聯하여-」, 서울大學校 大學院 博士學位論文, 1995 참조.
19) 『仁宗實錄』 권226, 嘉慶 15, 2.28(壬子).

있지 않다. 따라서 지방지나 실록을 통해서 재해로 입은 농작물 피해 규모를 밝히기란 쉽지 않다. 우선 여기서는 순치~옹정기의 재해 규모가 어느 정도인지를 개략적으로나마 알아보기 위해 지방지에서 재해 규모를 이해할 수 있는 내용을 아래 표에서 확인해 보자.

<표 77> 순치~옹정시기 자연재해 상황

地域	時期	內容
松江府	1647	봄 淫雨, 無麥, 歲大饑
	1650	饑 花米騰貴, 米石 5냥, 花 斤 1錢
	1670	6월 대풍, 淫雨, 大饑, 3일 주야雨, 禾稼盡沒
	1671	夏4-7월 亢旱, 歲饑
	1679	夏, 大旱, 8월蝗禾稻無羔, 二麥蠶豆無收 米價湧貴石 2냥 4錢, 村間有餓莩 浦水, 連年大饑, 자녀파는자 많음, 大寒, 凍死者多
	1683	7월 颶風損稼, 大風雨死者不可勝數
	1687	歲饑
	1688	6월 大旱 傷禾, 9월 대풍우
	1693	폭풍 3 주야, 禾棉盡倒
	1700	41년까지 連遭水旱 道路多莩
	1701	夏旱, 秋水, 秋大水, 民饑
	1705	夏 大旱, 禾豆盡枯
	1707	정월-5월 大雨, 苗沒 人民無算, 秋 大水, 禾棉無收
	1708	米鹽盡貴, 米石 2냥 8錢, 鹽斤 1錢
	1721	冬寒, 大雪, 樹木凍死, 麥 흉년, 入秋價 3배, 旱饑
	1733	夏 旱饑, 大疫, 死無算
	1735	연해 麥豆禾稻幾盡穰
蘇州府	1647	大旱, 民饑, 饑, 米石4냥
	1648	大雨, 破屋 殺畜, 夏 大水, 民饑
	1651	地震, 水田不蒔, 水疫, 水荒, 夏 大水寒饑 米石 4냥 2錢
	1652	大旱, 旱疫, 米石2냥 7錢
	1653	大風雨, 海溢, 人多溺死
	1661	大旱, 米石 1냥 7錢, 旱, 山田禾枯
	1663	夏旱, 秋淫雨, 下田浸水多
	1667	大水, 民饑
	1670	大風 大水, 民田피해, 無麥, 大水, 無禾

蘇州府	1671	旱, 大旱, 秋旱, 山禾枯
	1676	雨, 田禾盡沒, 秋冬大饑, 春多雨, 麥爛, 田中低田 不得分秧, 지진
	1678	大水, 4월 지진, 山禾枯
	1679	夏旱, 5-8 메뚜기 피해, 不雨, 旱, 2월 지진 夏大旱, 秋 8월 메뚜기 피해심각
	1680	夏大疫, 秋大水, 下田盡沒, 대풍우, 民居室中積水 大水, 民 나무껍질로 연명
	1683	봄 淫雨, 無麥, 麥死, 麥石 은 1냥 8전
	1687	大風 水, 傷禾
	1688	蟲食禾
	1689	秋蟲食禾
	1693	大旱, 山畝多荒, 9월大雨
	1695	夏多雨, 傷稼, 田禾浸沒, 5월 積雨麥盡爛, 低田 無分秧, 山苗枯, 平田收薄
	1700	夏秋 旱, 歲畝多荒
	1701	夏麥薄收
	1703	麥收薄, 夏秋旱 米收薄
	1708	大水, 田禾 침몰
	1709	春饑, 米石은 2냥 4전
	1715	夏大水, 田禾盡沒
	1726	8월 淫雨敗穀, 旱
	1732	7월 大風雨, 海溢 沒田廬溺死人畜無算
	1733	歲饑, 夏疫民多死, 秋旱
	1734	4월 大雨, 麥苗損傷, 吳江, 震澤 尤甚
常州府	1650	大水, 歲饑, 淹官塘
	1651	大水, 6월 淫雨, 禾苗爛死, 米 銀 4냥
	1661	大旱, 山田禾枯
	1670	大雨, 田禾沒, 夏大水, 歲饑
	1671	夏6월-秋7월 不雨, 旱, 禾枯死
	1672	山水衝沒田, 廬人畜 피해, 메뚜기 피해
	1674	大水, 傷稼
	1676	大水, 傷稼, 田禾沒, 民廬壞
	1677	5월 큰우박, 損麥禾, 6월 大雨, 禾苗盡沒
	1678	旱, 大旱, 山禾枯
	1679	大旱, 旱疫 大饑, 歲饑, 官塘水盡竭, 江潮枯渴禾枯 夏旱농민고통, 지진, 秋 蝗
	1680	大水, 惠山麓田침수, 人民死者不可勝紀, 미석2냥
	1691	7월 大風潮溢, 沙田淹沒

常州府	1693	大旱, 秋大水, 山畝多荒
	1695	夏積雨, 傷麥, 秋旱, 無麥
	1698	旱疫, 日食, 夏無麥
	1700	旱, 歲畝多荒
	1703	夏 秋旱 米 흉년
	1704	旱 歲饑, 大雷雨, 麥損
	1708	大水, 圩田無收, 夏大水
	1716	大旱,夏大旱, 池河枯渴 禾苗萎
	1722	5월-7월不雨, 數丈田禾災
	1724	旱, 7월 19일 밤 태풍해일, 死亡者 甚多
	1731	秋7월 大風雨 傷稼
	1735	하6월 大風雨, 震電梁溪 蓉湖間舟覆溺死數十人
江寧府	1679	大旱, 民食楡皮, 사망자다
	1693	大旱
	1694	큰우박, 傷禾稼
	1695	蛟水驟發, 死亡者不算
		벼충해, 田無斂
	1705	旱, 稻田中傷, 大水
	1714	大旱, 山田禾稼不登
	1715	큰우박, 傷麥無穫
	1719	大水, 圩田 盡沒
	1726	圩田이 무너져 田 매몰
	1727	水 夏米翔貴
	1735	8월 대풍3일, 粳稻脫落過半
鎭江府	1679	大旱, 民屑楡樹, 皮食
	1680	大水, 沙湖田無禾
	1683	夏無麥, 大旱
太倉州	1654	大水, 田皆不蒔, 亡者甚衆, 米價 4냥 2錢
	1665	潮災, 沿海禾稻俱傷
	1670	大水, 淫雨連月, 高低田盡沒, 花稻俱無
	1679	大旱, 低窪處地皆裂
	1680	大水, 高田皆湮 低田皆有岸者熟, 淫雨累月 木棉禾稻荳苗皆爛
	1682	夏雨災, 木棉盡爛
	1693	颶風海水泛溢, 익사자 甚衆
	1708	大水, 木棉淹死
	1715	夏淫雨 傷禾
	1732	태풍, 人畜死無算
	1733	5월 大疫死無算, 一日 백 수십명 사망

출처: 光緖『川沙廳志』권14,「祥異」; 民國『南匯二區舊五團鄕志』권16,「祥異」;『張澤志』권11,「祥異」; 民國『無錫開化縣志』卷下,「災祥」; 乾隆『盛湖志』권3,「災變」;『璜涇志略』,「災祥」; 光緖『江陰縣志』권8,「祥異」; 民國『開化鄕志』下,「災祥」; 道光『雙風里志』권6,「祥異」; 乾隆『小海場志』권10,「災異志」; 光緖『崑新兩縣志』권39,「祥異」; 光緖『常昭合志稿』권47,「祥異」; 乾隆『盛湖志』권3,「災變」; 光緖『句容縣志』卷末,「祥異」; 光緖『江浦埤乘』권39,「雜記上 祥異」; 光緖『無錫金匱縣志』권31,「祥異」; 光緖『武進陽湖縣志』권29,「祥異」; 嘉慶『宜興縣舊志』卷末,「祥異」;『涇里志』권10; 光緖『江陰縣志』권8,「祥異」; 民國『開化鄕志』下,「災祥」; 光緖『重修丹徒縣志』권30,「祥異」; 光緖『丹徒縣志』권12,「恤政」; 道光『雙風里志』권6,「祥異」; 嘉慶『劉河鎭記略』권10,「災異」; 光緖『崑新兩縣續修合集』권51,「祥異」; 道光『崑新兩縣志』권39,「祥異」; 同治『蘇州府志』권143,「祥異」; 乾隆『句容縣志』卷末,「祥異」; 民國『高淳縣志』권12下,「祥異」; 嘉慶『宜興縣舊志』卷末,「祥異」.

위의 표는 농작물과 인명 피해, 그리고 穀價 상승을 보여주고 있다. 그러나 위의 표만으로는 재해 정도와 피해 규모를 구체적으로 이해할 수 없다. 벼농업과 관련해서 재해가 곡가에 어느 정도 영향을 미쳤는지에 대해 살펴보면 아래 표와 같다.

<표 78> 자연재해로 인한 곡가

年度	地域	種類	價格(石/銀兩)	資料
1647	松江府	재해	미 5.0	②
1650	松江府	재해	미 5.0	③
1651.6	常州府	수재	미 4.0	⑤
1651	太倉	재해	미 4.2	⑨
1651	蘇州府	수재	미 4.2	①
1651	太倉	수재	미 4.2	⑧
1652	江寧府	재해	穀價騰貴	⑦
1652	蘇州府	한재	미 2.7	⑨
1661	蘇州府	한재	미 1.7	⑨
1679	松江府	한재	미 2.4	⑨
	蘇州府	한재	미 3.0	①
1680	常州府	수재	미 2.0	⑨

1680	蘇州府	수재	미 2.3~4	①
1683	蘇州府	수재	맥 1.8	⑨
1708	松江府	수재	미 2.8	⑨
1709	蘇州府	춘기	미 2.4	⑨
1721	松江府	재해	맥 3배 상승	⑨

출처 : ① 光緒『昆新兩縣續修合志』권51,「祥異」② 康熙『嘉定縣志』권3,「祥異」③ 光緒『南匯縣志』권22,「祥異」④ 光緒『通州直隷州志』卷末,「祥異」⑤ 嘉慶『增修宜興縣舊志』卷末,「祥異」; 光緒『江陰縣志』권8,「祥異」⑥ 嘉慶『東臺縣志』권7,「祥異」⑦ 光緒『江浦埤乘』권39,「祥異」⑧ 道光『雙風里志』권6,「祥異」⑨ 위의 표 해당지역 자료

위의 미가는 강희시기의 평균미가 1.0에 비해 1.5 상승한 가격이다. 순치·강희시기 재해로 인한 미가 상승폭은 각각 65%와 67%이다.

한편 건륭~도광시기 재해로 인한 농작물 피해가 구체적으로 어느 정도였는지를 가늠하기란 사실상 어렵다. 단지 여기서 확인할 수 있는 것은 이 시기의 농작물 피해 상황과 심각성에 대한 개괄이다. 우선 지방지에 기록된 건륭~도광시기의 재해로 인한 농작물 피해 상황을 살펴보면 아래 표와 같다.

<표 79> 건륭~도광시기 자연재해 상황

地域	時期	內容	出處
蘇州府	1738	大雨雹, 夏旱, 傷禾	同治『蘇州府志』권143,「祥異」
	1739	大雨 損麥	
	1740	夏雨雹 傷麥	
	1743	大雨 傷麥	光緒『無錫金匱縣志』권31,「祥異」
	1747	7月颶風海溢 常熟昭文	
	1747	淹沒田禾4480餘頃, 壞廬舍 22490餘間, 溺死男女53人 秋蟲傷禾	光緒『常昭合志稿』권4,「祥異」
	1748	4月4日 大雨 菜麥俱損 饑, 米石3兩, 秋 豊年	道光『昆新兩縣志』권39,「祥異」
	1749	秋疫	光緒『昆新兩縣續修』合志』권51,「祥異」
	1751	春-夏淫雨, 傷麥	
	1753	秋旱 米價仰騰	

蘇州府	1755	8月17日-19日 雨, 病蟲害 歲大饑, 2月-4月雨 麥苗腐 6月大雨蝗傷稼	
	1756	春夏大疫, 米價昂貴	
	1759	8月 蟲生苗節災荒同 積水經月 下田盡淹	
	1762	大風雨, 下田盡淹	
	1769	大水 凶年, 太湖溢, 沒田	
	1781	6月18日 大風雨 海水泛溢 沿海縣人畜廬舍漂沒無算	
	1785	大旱, 河港涸, 蝗, 歲大饑	
	1790	大雨雹 損麥	
	1791	1月13日 大水傷稼	
	1793	春久雨 傷麥	
	1794	7月6日 大風雨 拔木偃禾 雨, 積水彌月, 傷稼, 米貴	
常州府	1736	被旱, 夏秋淫雨低田災	
	1737	5月暴雨, 五晝夜不止 江湖 河水泛溢 低田災	
	1738	大旱, 秋大風 湖水涸 江陰東鄕 蝗, 高田災	
	1741	水, 秋饑	
	1755	大旱, 秋大水, 蟲食稼, 8月寒霜早降 禾苗盡枯	光緒『丹徒縣志』권12,「恤政」
	1768	旱, 3月 大雨雹, 秋 大旱 苗不實, 江陰西鄕尤甚	光緒『武進陽湖縣志』 권29,「祥異」.
	1769	大水, 雨雹傷禾	光緒『江陰縣志』권8,「祥異」.
	1771	大風雨 沒田50家	
	1773	春夏大雨二麥具壞, 秋凶年 麥凶年, 夏旱苗稿 秋蝗	
	1774	夏大旱, 夏蝗, 秋大旱	
	1775	下流絶高下具災 春不雨, 夏大旱, 民無食	
	1785	春大饑疫, 夏麥大熟	
	1786	夏 大水, 晚禾傷	
	1788	夏 大水 馬家圩田 成災	
松江府	1755	夏, 淫雨, 五穀木棉不實	
	1759	秋, 蟲害, 傷稼	
	1791	凶年, 棉花價 每斤110文	

松江府	1804	淫雨, 歲大饑, 米價石7千	乾隆『婁縣志』권15,「祥異」. 光緒『松江府續志』권39,「祥異志」. 光緒『松江府續志』권39,「祥異志」. 光緒『松江府續志』권39,「祥異志」.
	1810	秋大熟, 穀賤	
	1814	大旱, 豆稻多傷	
	1818	秋旱, 木棉凶年	
	1823	春2月~5月 大雨, 大饑, 米價騰貴	
	1824	春 棉花價貴	
	1833	夏秋淫雨, 木棉禾稼多不實	
	1836	豊年, 米石 2千	
	1838	秋 颶風海潮, 木棉鮮實, 歲饑	
	1849	2月~5月淫雨, 大饑, 民食糠粃	
	1850	饑, 米石6千	
江寧府	1736	水, 洪水	乾隆『句容縣志』卷末,「祥異」. 民國『高淳縣志』권12下,「祥異」. 光緒『續纂句容縣志』권19上,「祥異」. 光緒『江浦埤乘』권39,「雜記上」.
	1737	水, 秋螟傷稼	
	1738	旱, 山田不登, 大旱	
	1739	麥秀五岐	
	1743	大水, 圩田盡沒, 4월 大雨, 傷麥	
	1745	大旱, 夏大雨, 圩田盡沒	
	1749	大風, 稻半脫	
	1751	春 大雪, 夏 大旱	
	1755	螟饑, 夏大雨, 大饑	
	1758	饑	
	1769	大水, 永豊于決, 饑	
	1770	夏, 疫	
	1773	歲 大災殃	
	1775	大旱, 秋旱	
	1780	大荒	

이 시기 재해의 심각성을 보여주는 또 하나의 예는 1814년(가경 19) 강녕부 강포에서 발생한 가뭄과 1839년(도광 19) 홍수 피해에 대한 두 편의 詩이다.[20] 가뭄과 홍수 피해가 당시 사람들에게 어떻게 받아들여지고 있는지를 이해하기 위해 두 편의 시를 우리말로 옮겨 보면 아래와 같다.

---

[20] 이 詩는 1839년(道光 19) 겨울에 만든「江浦新樂府」에 수록된「積潦嘆」이다 (光緒『江浦埤乘』권39,「祥異」, 8~9쪽).

유월의 이글거리는 태양 너희 어찌할꼬   [六月驕陽奈爾何]
눈으로 보아도 비는 내리지 않으니 곧 벼가 없으리[眼看不雨便無禾]
가련토다 농부의 한결같은 통곡소리   [可憐田父同聲哭]
눈물이 연못의 물보다 더욱 많도다   [淚比塘中水更多]
물긷는 두레박 소리 들리지 않고   [桔皐閒處靜無聲]
차마 시든 묘목 보아도 다시 살아나지 않네   [忍見苗枯不復生]
관아에서는 오히려 세금장부 만드는 소리만 들리고[聞說縣衙猶造冊]
올해 먼저 해야 할 일은 가을의 세금일세   [今年及早事秋徵]

밀물 사라짐이 가을의 큰 회오리바람 같고   [潮消又若秋淫飇]
가을의 큰 회오리바람은 그치지 않네   [秋淫飇不止]
늙은 농부의 눈물 비와 같으니   [老農淚如雨]
눈물은 마를 날 있으나   [淚眼有乾時]
농토마다 마른땅이 없네   [田田無乾土]
수확하고자 하나 벼가 없고   [欲獲無禾]
씨뿌리고자 하나 보리종자도 없네   [欲種無麥]
보리종자도 없고 벼도 없으니   [無麥無禾]
어찌 한해를 마칠까   [何以卒歲]
한해가 장차 저무는데   [歲將迫]
다가오는 봄에는 무엇을 먹을꼬   [來春更於何覓食]
세금을 재촉하는 관리들   [催租吏]
너희들은 누구이길래   [爾何人]
어찌 아침저녁으로 우리집 대문에 오는가   [胡爲乎朝暮來吾門]
마을에는 지금 이미 닭도 돼지도 없는데   [村中今已無鷄豚]
어촌에서 어찌 千緡의 세금을 얻으랴   [漁田那得稅千緡]
참새 볼 수 없고 날아서 쪼을 곡식도 없으니   [不見野雀飛飛無可啄]
굶주린 새들 밤에는 사람 사는 곳에서 자네   [飢鳥夜傍人家宿]

시의 내용은 표현 기법상 재해의 심각성을 다소 과장하고 있을지도 모른다. 그러나 1804년 "홍수와 가뭄이 없던 적이 없다. 국가의 안정이

백수십 여 년에 이르러 전에는 8명이 10무로 살았으나 지금은 수십 인이 살아야 한다. 지금 60%의 재해는 과거의 100% 재해와 맞먹는다"[21]는 經世家 阮元의 언급은 시의 내용이 결코 과장이 아님을 분명히 보여주고 있다.

한편 곡물가격 상승은 이 시기 재해의 심각성이 어느 정도였는지를 보여주는 또 하나의 예가 될 수 있을 것이다. 지방지에 나타난 건륭~도광시기 곡물가격 상황을 살펴보면 표와 같다.

<표 80> 건륭~도광시기 재해로 인한 곡가 현황

時期	蘇州府	常州府	江寧府	松江府
1748	3.0兩①			
1751			3.0兩②	
1755	3,500錢①	4,000錢③ 3,000錢(麥)③		
1785			5,200錢②	
1786	5,200錢①	5,000錢③ 4,000錢(大麥)③		
1793	3,500錢① 3,800錢(小麥)①			
1798		2,000錢③		
1804				7,000錢④
1807		3,000錢		
1814	5,600錢①	4,000錢③		
1823		4,000錢③		6,000文④
1833				7,500文④
1834		5,000錢③		
1849	6,000錢①	5,000錢	10,000錢⑤	7,000文④
1850				6,000錢④

출처 : ① 道光『昆新兩縣志』권39,「祥異」; 光緒『昆新兩縣續修合志』권51, 「祥異」; ② 民國『高淳縣志』권12下,「祥異」; 光緒『常昭合志稿』권47, 「祥異」; ③ 光緒『武進陽湖縣志』권29,「祥異」; ④ 光緒『松江府續志』권39,「祥異志」; 光緒『川沙廳志』권14,「祥異」; ⑤ 光緒『續纂句容縣志』권19上,「祥異」.

---

21)『皇朝經世文編』권42,「戶政」, 20쪽.

지금까지 청대 곡물가격 연구가 주로 건륭 이전 시기에 집중되어 있기 때문에 건륭~도광시기의 곡물가격에 대한 균일한 통계는 찾아보기 어렵다. 따라서 건륭~도광시기의 곡물가격 수준을 이해하는 데는 한계가 있다. 그러나 이 시기에도 단편적인 기록이 없는 것은 아니기 때문에 전혀 불가능한 것은 아니다.

우선 위의 표를 통해 곡물가격이 어느 정도 상승했는지를 시기별로 살펴보자. 건륭 초에서 1766년(건륭 31)까지 품명과 관계없이 가장 높은 미가는 석당 3.8냥이다.22) 물론 이 미가가 어떤 상황에서 형성된 것인지는 알 수 없다. 또한 이 미가는 건륭 주접에 보이고 있는 가격에 비해서도 상당히 높다.

嘉慶시기의 미가는 기존 연구 중 강소성을 대상으로 한 구체적인 연구가 없기 때문에 미가 상승폭을 이해하는 데 한계가 있다. 부득이 가경시기 다른 지역의 미가와 비교할 수밖에 없다. 한 연구23)에 따르면 가경시기 廣東의 미가는 1.4냥, 江西지역의 미가는 1.3냥이다. 물론 지역간 미가 차이가 존재하기 때문에 이 미가를 그대로 강소성의 미가로 볼 수는 없다. 그러나 지역간의 미가 차이가 존재하더라도 특별한 경우를 제외한다면 1냥을 넘지는 않을 것이다. 따라서 지역간의 미가 차이를 감안하더라도 위의 표에 나타난 가경시대의 재해로 미가는 최소한 배 이상 상승한 것이다. 도광시기의 미가 역시 기존의 연구에서는 거의 주목받지 못하고 있지만, 최근 단편적인 연구24)가 나오고 있다. 이 연구에서는 1821년(도광 원년)·1830년(도광 10)·1840년(도광 20)·1850년(도광 30)의 강소성 전역의 미가를 단순히 언급하고 있다. 이 기록과 1832년(도광 12) 8월 강소성의 곡물가격25)을 비교해 보면,

---

22) 姜判權, 앞의 논문, 1996, 402~403쪽.
23) 崔憲濤, 「淸代中期糧食價格發展趨勢之分析」, 『史學月刊』 1987-6.
24) 李文治, 『明淸時代封建土地關係的松解』, 北京 : 社會科學出版社, 1993, 394쪽.
25) 道光 12년 江蘇省의 物價에 대해서는 姜判權, 「淸 道光 12年(1832) 江蘇省

1832년의 미가가 약간 높다. 1832년의 미가는 지역·미질 간 차이가 있지만, 대체로 3.0냥 전후로 볼 수 있다. 1832년의 미가를 기준으로 삼을 경우 도광시기의 재해로 미가는 최소한 1.5배 정도 상승한 셈이다.

이처럼 자연재해는 인명 피해는 물론 농작물에 많은 피해를 주었다. 무엇보다도 자연재해는 곡물 수확량을 저하시켰다. 예컨대 송강부의 벼 수확량은 1823년(도광 3) 이전에는 벼 수확량이 전300個稻를 가진 자의 경우에 30斗를 수확, 3石田稻라 불렀다.[26] 여기서 전300개도는 큰 1무에 해당하기 때문에[27] 1무에 3석이 생산된 셈이다. 그러나 1823년 이전에는 培土한 경우라도 2석밖에 수확할 수 없었다. 따라서 배토하지 못한 농가에서는 생산비조차 갚을 수 없을 정도로 수확량이 낮았다. 이 당시 이렇게 단위 면적당 수확량이 낮은 이유는 1823년의 대홍수로 지력이 떨어졌기 때문이었다.[28] 이러한 현상은 1834년(도광 14)까지 10년간 지속되었다.[29] 이 때문에 송강부 농민은 10년 동안 어려운 처지에 있었고,[30] 1823년 대홍수 이후 계속 흉년이 들어 세금을 늦추지 않은 현이 없었다.[31] 또한 지력의 저하는 토지가치의 상실을 의미하였다. 송강부의 땅값은 자연재해와 궤를 같이하여 1804년(가경 9)경부터 떨어지기 시작하여 1834년까지 이어졌다. 아래 글은 전가 하락

의 物價-林則徐의「奏議」分析-」,『大丘史學』52, 1996 참조.
26) 姜皐,『浦泖農咨』,「曰 9」.
27) 姜皐,『浦泖農咨』,「曰 2」.
28) 1823년에 발생한 대홍수는 松江府뿐 아니라 上元·江寧·句容·溧水·高淳·六合·江都·儀徵·泰興·長洲·元和·吳·吳江·震澤·常熟·崑山·新陽·太湖·華亭·奉賢·婁·金山·南匯·靑浦·川沙·武進·陽湖·無錫·金匱·江陰·宜興·荊谿·靖江·丹陽·金壇·太倉·嘉靖·寶山·崇明 등 42 州廳縣에서 발생하였다(『道光實錄』권60, 17쪽). 1823년의 대홍수로 송강부에서는 많은 饑民이 발생하였다(來新夏 編著,『林則徐年譜』(增訂本), 上海, 上海人民出版社, 1985(2), 76쪽).
29) 姜皐,『浦泖農咨』,「曰 9」.
30) 姜皐,『浦泖農咨』,「曰 5·9」.
31) 光緒『重修華亭縣志』,「田賦 上」, 3쪽.

의 실상을 잘 보여주고 있다.32)

전가는 下鄕의 기름진 땅이 가장 높다. 糧은 비교적 가벼우며 租도 얻기가 쉽다. 30년 전(1804 : 필자) 무당 가치는 50냥이었다. 그러나 1814년(甲戌)의 수확 감소 후 전가는 20% 내지 30% 내렸다. 1823년(癸未)에서 지금까지 전가는 해마다 내렸다. 1833년(癸巳) 겨울 田을 전10千(10,000錢)에 내놓아도 살 사람이 없다.33)

2. 棉·桑의 재배 상황과 가격 동향

1) 면·상 재배와 그 특징

棉·桑業은 청대 상품작물을 대표한다. 면·상은 '자본주의맹아'논쟁과 관련해서 가장 주목받은 작물이다. 이 작물이 주목받은 이유는 이른바 이 작물에 대한 '상품화' 때문이었다. 이러한 주장의 근저에는 다음과 같은 설명이 늘 뒤따르고 있다. 즉 강남이 면 방직업의 중심지로 등장한 시기는 명대부터이다. 강남 델타지역의 수로에 대한 반복되는 준설 작업으로 인한 圩岸과 田面의 상승과 시비 효과로 상의 재배와 蠶桑이 가능하였다. 이에 따라 명말에 이 지역이 상 재배·잠상·제사·견직과 같은 상품작물과 농촌 수공업의 중심지로 발전하게 되었다.

강남에서는 미·상 간에 경쟁도 나타났다. 이 지역에서는 이미 12세기부터 稻作地가 蠶桑地로 전환되기 시작하였고, 明末부터는 이러한 현상이 급속히 확대되었다. 미곡 생산보다 적게는 2배 많게는 10배 정도 이윤이 많았기 때문이다. 이런 이유로 남경·소주·호주·항주·가흥 등지에서는 상 재배와 양장업·견직물업의 중심지가 되었다. 다시

---

32) 姜皋, 『浦泖農咨』, 「曰 3」.
33) 姜皋, 『浦泖農咨』, 「曰 3」.

말해 강남델타 지역의 소농민들은 잠상과 제사업에, 微高地의 소농민들은 면직업에 각각 가담함으로써 부족한 가계를 보충할 수 있었다.34) 이 같은 주장은 명대 이후부터는 강남델타 지역이 면직업의 중심지였으며, 소농들이 가계 보충을 위해 이러한 일에 참여했다는 사실을 의미한다. 특히 잠상업은 청 후기에 이르면 生絲 수출에 힘입어 시장 판매를 위한 상품생산으로 발전하였다. 더욱이 잠사업은 분업화와 함께 양잠재료의 상품화와 매매시장의 발달은 물론, 巢絲와 燃絲의 항상적 분업까지 나타났다. 그런데 이와 같은 현상에 대해서는 그 평가가 엇갈리고 있다.

일본의 佐白有一과 田中正俊 등은 양잠 재료의 유통 발달은 투기적 성격의 미숙한 상품유통으로 평가하고 있다. 이들이 이 같이 평가하고 있는 이유는 양잠기술의 불안정성과 자기 뽕밭을 가질 수 없는 농민의 영세성 때문이다. 소사와 연사의 분업도 상인자본의 개입 결과로 평가하고 있다. 이처럼 상인자본이 생산 공정에 개입할 수 있었던 것도 자금이 부족한 농민들이 생사를 다급히 판매했기 때문이었다.35) 한편 중국의 연구자들은 제사·견직업 상품생산의 발전이 양잠업의 분업과 양잠 재료의 유통을 촉진시켜 분업 단위의 전업화를 낳았다고 평가하고 있다. 그러나 이들 역시 이러한 현상이 생산자 농민의 빈궁함에서 비롯되었다고 보고 있다.36) 필자는 이러한 연구가 적어도 몇 가지 점

---

34) 吳金成, 앞의 논문, 99~101쪽.
35) 이에 대해서는 佐白有一·田中正俊,「16·17世紀の中國農村製絲·絹織業」, 『世界史 講座』1, 東洋經濟新報社, 1955 ; 田中正俊,「明末淸初江南農村手工業に關する一考察」,『和田博士古稀記念東洋史論叢』, 講談社, 1961/田中正俊,『中國近代經濟史研究 序說』, 東京大學出版會, 1973 ; 田中正俊,「明淸時代問屋制前貸生産-衣料生産を主とする硏究史的覺書」,『西嶋定生還曆記念 東アジアにおける國家農民』, 1984 ;「中國における地方都市手工業-江南製絲·絹織物業中心」,『中世の都市』, 東京 : 學生社, 1982.
36) 陳學文,「明中葉崇德縣の社會經濟結構」,『中國封建晩期的商品經濟』, 湖南 : 湖南人民出版社, 1989 ; 陳學文,「明淸時期杭嘉湖地區的蠶桑業」,『中國社

에서는 재고의 여지가 있다고 본다. 우선 지금까지의 연구가 지니고 있는 가장 큰 결함은 강남델타 지역이 명말부터 도작지가 잠상지로 전환되었다는 설명이다. 이러한 설명이 설득력을 얻기 위해서는 강남델타 지역의 상 재배 상황을 검토해야만 한다. 본고에서는 이 문제를 소주부의 상 재배를 통해 재검토할 것이다. 소주부의 면·상 재배와 관련해서 확인해야 할 사항은 우선 면·상이 소주부 중에서도 어느 지역을 중심으로 재배되었는가이다. 이 문제는 명대 이후 상이 도작지로 대체되었다는 주장을 확인하는 데 중요한 부분이다. 또한 이 문제는 면·상 재배가 어떤 목적으로 재배되었는지를 확인하기 위해서도 중요하다. 특히 이들 작물의 성격을 둘러싼 논쟁은 중요한 의미를 지니고 있다. 따라서 이들 작물이 어느 지역에, 어떤 목적으로, 그리고 어느 정도 재배되었는지를 검토하는 것은 이들 작물 재배의 성격을 이해하기 위한 기초작업이다. 그러면 각 지역의 면·상 재배 상황을 검토해 보자.

우선 가장 서쪽에 위치한 강녕부의 경우 광서시기에 편찬된 가경 『강녕부지』에 따르면, 도·맥이 중심이었으며, 그 중에서도 벼가 중심이었다.[37] 물론 강녕부일지라도 지역에 따라 농작물 분포는 달랐다. 그 중에서도 땅은 좁고 인구가 많았던 구용현은 농사이외에 장사에 종사하는 사람들이 많았지만, 다른 지역은 대체로 도·맥이 주류였다.[38] 따라서 가경 이전 시기까지 강녕부에서는 絲가 생산되지 않았으며, 吳越에서 사를 수입하였다.[39]

會經濟史硏究』 1991-4 ; 樊樹志, 「絲綢業市鎭的分布與結構」, 『明淸江南市鎭探微』, 上海 : 復旦大學出版社, 1990 ; 方行, 「淸代前期農村市場的發展」, 『歷史硏究』 1987-6 ; 中國農業科學院·南京農業大學中國農業遺産硏究室太湖地區農業史硏究課題組 編著, 「長期處于全國領先地位的蠶桑業」, 『太湖地區農業史稿』, 北京 : 農業出版社, 1990.

37) 嘉慶 『新修江寧府志』 권11, 「物産」, 7쪽.
38) 嘉慶 『新修江寧府志』 권11, 「物産」, 6~7쪽.
39) 嘉慶 『新修江寧府志』 권11, 「物産」, 8쪽. 강녕부에서 棉·桑 재배가 본격적

상주부의 경우 강희『상주부지』에 따르면 상주부의 綾絹布苧類는
다른 지역과 다를 바 없었다. 오직 포는 무진읍 산이 유명하였다. 특히
東門 산은 闊하면서도 아주 가늘어 다른 지역과 달랐다. 직의 경우는
무석 산이 유명하였다.40) 이런 점으로 미루어 볼 때 상주부에서는 강
희시기 이전부터 면 재배가 이루어지고 있었다. 이러한 현상은 상주부
의 토양과 밀접히 관련되어 있었다. 이에 따라 상주부에서는 면직업이
상당히 발달했던 것으로 보인다. 예컨대 강음현의 경우, 면화는 西鄕
및 沙州에서 가장 많이 생산되었다. 그런데 면화는 白紫 두 종이 있었
는데, 백은 다시 大花沙가 있었다. 물론 꽃은 기름을 짜는데 이용되었
으며, 餠은 소의 사료로 이용되었다.

한편 포는 堅緻細密한 것을 '雷溝大布'라고 하였는데, 淮揚 각 군의
판매상들이 이것을 사기 위해 운집하였다. 羊毛布는 羊毛彈을 목면 중
紡紗로 만드는 것인데, 黃山 여공들이 이 업에 많이 종사하였다.41) 그
러나 남쪽에 위치한 무석현의 경우는 부녀자들이 이 업에 종사하기를
즐겨하지 않았다. 지방지에서는 이러한 현상을 풍속상의 차이로 해석
하고 있다.42) 물론 읍 중의 여공들 역시 방직에는 부지런했다. 그러나
무석에서는 면이 재배되지는 않았다. 그런데도 이 지역에서는 직포가

으로 이루어진 시기는 1871년(同治 10) 桑棉局의 설립으로 볼 수 있을 것이
다. 물론 이 보다 6년 전인 1865년(同治 4)에 知府 涂宗瀛이 石城門내 蛇山
에 局을 설치해서 가난한 사람 중 상 심기를 원하는 사람에게 35株를 나누어
주어 심도록 했다. 이 이후에 상 재배를 원하는 사람들에게 浙江省 湖州府와
嘉興府에서 생산한 상 묘목을 구매·재배함으로써 강녕부의 상 재배는 본격
적으로 시작되었다(同治『續纂江寧府志』권6,「實政」, 4쪽 ; 同治『上江兩縣
志』권11,「建置」, 5쪽). 관 주도의 상 재배는 1880년(光緖 6) 桑棉局이 없어
지는 것(同治『續纂江寧府志』권6,「實政」, 4쪽)으로 보아 대략 10년간 지속
되었던 것으로 보인다.
40) 康熙『常州府志』권10,「物産」, 5쪽 ;『古今圖書集成』권719,「職方典」, 6542
쪽.
41) 光緖『江陰縣志』권10,「物産·穀」, 6쪽.
42) 光緖『無錫金匱縣志』권30, 3쪽.

성행하였다. 사의 경우 과거에는 開化鄕에서만 있었다.43)

武進 북향과 陽湖 동향에서는 莊布가 많이 생산되었다. 장포는 폭 一尺 三寸이며, 길이는 三丈 六尺이었다. 그 중에서도 東 장포가 좋았다. 또한 門莊布도 많이 생산되었는데, 이는 폭 구촌이며, 길이는 이척이었다. 闊布는 폭 일척 팔·구촌이었으며, 緇布는 폭이 구촌, 길이가 일장 팔척이었다. 沙綠布와 大小布는 모두 염색되었는데 남향에서 생산되었다. 그리고 絲線에는 城東南의 남녀가 모두 이 업에 종사하였으며, 羅絹에는 동문 거민들이 이 업에 많이 종사하였다. 또한 棉經絲緯布는 양호 동북 각 향에서 생산되었다.44) 한편 정강현의 농민들도 면화를 많이 재배하였다. 물론 포의 질은 강남에 미치지 못했으나, 이 지역 제품은 견고하고 내구성이 강했기 때문에 강남의 사대부들도 선호하였다.45) 정강현의 실은 서향진 생산품이 뛰어났는데, 실이 고르고 광채가 났다.46)

진강부의 상 재배에 대해서 살펴보자. 우선, 진강부에 잠상업이 언제 시작되었으며, 왜 이 업을 시작했는지를 살펴보자. 진강부에 잠상업이 언제 시작되었는지를 알려주는 기록은 많지 않다. 우선 沈練의 『蠶桑說』이 19세기 중반에 편찬되었기 때문에 진강부의 잠상업은 19세기 중반 이전부터 시작되었다고 보아야 한다. 그런데 잠상업의 시작과 관련해서 염두에 두어야 할 것은 잠상업의 경우, 특히 뽕나무 재배의 경우는 산뽕나무(柘)와 집뽕나무를 구분해야 한다는 점이다. 심련의 농서에서 언급하고 있는 잠상업은 주로 湖桑47)을 이용한 잠상업이다. 따라

---

43) 光緖『無錫金匱顯志』권31, 1쪽.
44) 光緖『武進陽湖縣志』권2,「賦役·土産」.
45) 光緖『靖江縣志』권5.「食貨志·土産」, 8쪽.
46) 光緖『靖江縣志』권5,「食貨志·土産」, 9쪽.
47) 浙江省 湖州府에서 주로 생산된 湖桑은 華北의 荊桑과 魯桑을 접붙여 만든 것이다. 荊桑은 잎이 작고 오디가 많으며, 質은 비교적 견고하다. 魯桑은 잎이 크고 오디가 적으며, 뿌리는 견고하다. 湖桑은 잎이 둥글고 크며, 즙이 많고 달며, 質은 부드럽다. 때문에 湖桑은 뽕나무 중 최고였다. 따라서 湖桑을

서 야생뽕을 이용한 잠상업은 이전 시기에 시작되었다. 그렇다면 진강부에 잠상업이 언제 시작되었는가.『율양현지』에 의하면 1743년(건륭 8)경에 농가 수익의 절반을 잠상업에서 얻고 있었다.48) 물론 이러한 지적이 山桑을 이용한 것인지, 家桑을 이용한 것인지는 알 수 없다. 그런데『廣蠶桑說輯補』,「原序」에 건륭 중엽에 율양현감 吳學濂의 부임으로 호상 재배법이 전해졌다는 기록으로 보아 18세기 중엽에 호상 재배가 이루어졌던 것으로 보인다. 그러나 도광시기에 호상이 전해졌으며, 동치 초 관찰사 沈秉成의 부임으로 課桑局이 설치되면서 본격적으로 재배되었다는 기록49)도 있기 때문에 어느 쪽 기록이 정확한지는 단정하기 어렵다. 단지 전체적인 상황으로 볼 때 건륭시기에 호상이 이미 재배되었던 것으로 보이지만, 본격적인 재배는 1821년경일 것이다.

소주부 면·상 재배는 두 지역 즉 남과 북을 나누어서 검토할 필요가 있다. 남쪽으로는 오강·진택·오현·장주·원화 등을 들 수 있고, 북쪽지역으로는 상숙·소문·신양·곤산을 들 수 있다. 우선 남쪽부터 살펴보자. 건륭『오강현지』에 의하면, 이 지역은 1369년(명 홍무 2) 조칙에 따라 인민들이 뽕나무를 심기 시작하였다. 이에 오강현 내에는 뽕나무가 18,033주, 1432년(명 선덕 7)에는 44,746주에 이르렀다. 그리고 건륭시대에는 향촌 내에 거의 빈터가 없을 정도로 뽕나무를 많이 심었다. 봄·여름에는 뽕잎으로 장관을 이루었는데, 뽕나무가 수십만 주에 달했다. 당연히 잠상은 많은 이익을 가져다주었다.50) 이러한 점으로 볼 때 오강현의 경우 명초에서 건륭시기까지 뽕나무 재배와 잠상업이 상당히 활발했다고 볼 수 있다. 그러나 건륭 이후 시기에도 이 같

이용한 잠상업은 기존의 桑보다 많은 수익을 가져다 주었다. 강소성 남부의 잠상업 발달은 浙江省 호주부에서 생산된 湖桑의 묘목을 언제 수입하느냐와 밀접히 관련되어 있었다.
48) 嘉慶『溧陽縣志』권1,「風俗」, 38쪽.
49) 光緖『丹徒縣志(一)』권17,「食貨十·物産 一」, 19쪽.
50) 乾隆『吳江縣志』권5,「物産」, 32쪽.

은 상황이 계속되었는지는 알 수 없다. 단지 광서시기 오강현 남쪽에 위치한 平望의 경우 飼蠶자는 적었으며, 오히려 농업 종사자가 많았다. 이 지역은 벼농사를 주종으로 하는 곳이었다.51)

진택현의 경우도 서남에서 뽕나무를 많이 재배했으며 오강현과 마찬가지로 향촌간에 거의 빈터가 없을 정도였고, 봄·여름 사이에 뽕숲으로 장관을 이루었다. 뽕나무 중 명품은 20 내지 30종을 내려가지 않았다.52) 그러나 건륭『원화현지』에는 면포만 확인될 뿐 잠상 관련 기록은 보이지 않는다.53) 이처럼 소주부 남쪽은 대체로 뽕나무 재배와 잠상업이 성행하였다. 그러나 위의 기록은 19세기 이전의 자료에 근거한 것이기 때문에 19세기에도 같은 상황이 전개되었다고 단언하기 어렵다. 남쪽일지라도 평망에서처럼 지역에 따라서는 농작물 분포가 달랐다고 보는 것이 타당할 것이다.54)

소주부 북쪽은 남쪽과는 상황이 달랐다. 우선 상숙·소문현을 살펴보자. 상숙읍은 해안에 위치해 있어 땅이 모두 사토였다. 따라서 이 지역은 면이 광범위하게 재배되었다. 소문 남쪽에서 태창·가정·상해·남회·금산에 이르는 지역 모두가 상숙과 유사한 토양이었기 때문에 이들 지역에서도 상숙과 마찬가지로 면이 광범위하게 재배되었다. 상숙·소문 양 읍에서 생산된 포필은 500만 관이었다. 이러한 생산품은 북으로는 회안·揚州·산동, 남으로는 절강·복건에 판매되었다.55) 그러나 모든 농가에서 면화를 재배했던 것은 아니었다. 이른바 '有力之

---

51) 光緒『平望續志』권1,「風俗」, 1쪽.
52) 乾隆『震澤縣志』권4,「物産」, 14쪽.
53) 乾隆『元和縣志』권16,「物産」, 8쪽.
54) 嘉靖『吳邑志』,「風俗」에는 桑이 보이지 않는다(嘉靖『吳邑志』권1,「風俗」). 그러나 崇禎『吳縣志』에는 桑과 柘가 보이고 있으며, 太湖 주변의 많은 山家에서는 蠶桑에 종사하였다(崇禎『吳縣志(一)』권29,「物産」). 그리고 吳縣과 인접한 長洲縣은 吳邑보다 항상 가난했다. 隆慶『長洲縣志』에는 桑·棉이 기록되어 있지 않다(隆慶『長洲縣志』권7,「物産」).
55) 鄭光祖,『一斑錄雜述』권7,「三綻紡紗」, 14~15쪽.

農'에서는 隙地에 면화를 심어 식용에 보탰기 때문에 재배 면적이 아주 적었다.56) 그리고 곤산·신양에서도 면을 많이 재배했는데, 목면포는 동남문에서 주로 생산되었다.57)

송강부는 이미 잘 알려진 대로 중국에서도 면업이 가장 발달한 곳이었다. 송강부가 중국에서 면업이 가장 발달한 이유는 남방과의 용이한 해상교통, 황도파의 면기술 보급, 적합한 토양 때문이었다.58) 이러한 이유로 이 지역에 대해서는 西嶋定生이 송강부의 면작지대 일부가 벼농사와 윤작하는 경우도 있었지만, 대개 면화를 연작함으로써 면작업자는 완전한 상품 생산자였다는 주장59)이래 자본주의맹아를 확인하는 중요한 지역이었다.

송강부는 바다와 접해 있는 지역이 비교적 많기 때문에 토질이 다른 지역에 비해 척박하였다. 이러한 토양 조건은 농작물 재배에 큰 영향

---

56) 光緖『常昭合志稿』권46,「物産志」, 3쪽.
57) 道光『崑新兩縣志』권8,「物産」, 4~6쪽. 19세기 자료에는 소주부 북쪽의 蠶桑 관련 기사는 찾아볼 수 없다. 이들 지역의 잠상업은 1867년 이후에 시작되었다(光緖『崑新兩縣續修合志』권1,「風俗」, 23쪽).
58) 徐光啓,『農政全書』(欽定四庫全書本) 권35,「蠶桑廣類·木棉」, 11쪽. 西嶋定生은 이들 지역에서 목면 재배가 성행하게 된 이유를 1)토지가 높아서 수리에 불편한 점, 2)관개 농작업에 많은 노동력이 필요한 점, 3)벼농사는 공이 많이 들어 소득이 적은 점, 4)바닷가에 접해 있어 토지가 염성 알카리성이기 때문에 벼농사에 부적절한 점 등으로 든다(『中國經濟史研究』第三章, 東京 : 東京大學出版會, 1966). 송강부의 면 재배 상황을 분석한 연구는 다음과 같다. 姜判權, 앞의 논문, 1997 ; 許滌新·吳承明, 앞의 책 ; 西嶋定生,『中國經濟史研究』, 東京 : 東京大學出版會, 1966 ; 全漢昇,「阿片戰爭前江蘇的棉紡織業」,『淸華學報』1-3, 1958 ; 趙岡 等,『中國棉業史』, 臺北, 1977 ; 寺田隆信,「明淸時代における商品生産の展開」,『岩波講座世界歷史』12, 東京 : 岩波書店, 1971 ; 田中正俊,「明.淸時代の問屋制前貸生産について-衣料生産 主とする硏究史の覺え書」,『東アシアにおける國家と農民』, 東京, 1984 ; P.E. 빌/정철웅, 앞의 책. 송강부가 淸 嘉慶 이전에도 여전히 중요 면 재배지역이었다는 사실은 兩江總督 高晉,「請海疆禾棉兼種疏」(乾隆 40)(『皇朝經世文編』권37,「戶政」, 1~3쪽)에서 확인할 수 있다.
59) 西嶋定生, 앞의 책.

을 주었다. 즉 송강부 7읍 중 봉현·상해·남회는 농경지의 50~70%
에 목면을 재배하였다.60) 송강부 중세 지역은 대체로 지세가 높고 흙
이 두터울 뿐 아니라, 겨울에는 물이 고여있지 않는 곳이었다.61) 한 연
구는 청초 가정현의 80%, 상해의 70%에 해당하는 경작지에서 면화가
재배되어, 그러한 경향이 태평천국 이전까지 한층 강화되었다고 지적
하고 있다.62) 그러나 강소성 남부의 면 재배는 청초에서 약 100년 뒤
인 1775년(건륭 40)까지도 확대되지 않았다. 兩江總督 高晉의 지적에
의하면, "강녕부, 진강부, 상주부, 소주부는 땅이 비옥하고 耕種에 익숙
하고, 手藝로 생계를 영위하는데 능숙하다. 그러나 오직 송강부, 태창
주, 해문청, 통주는 바다에 인접해 있어 면화 재배에 적합하다. 이로써
면화를 심는 자는 많으나 벼를 심는 자는 적다. 매년 口食을 전적으로
객상들의 판매에 의존한다. 이에 곡식가격이 항상 높고 낮을 때가 없
다.……벼를 심는 자는 20~30%, 면을 심는 자는 70%이다."63) 이러한
지적은 오히려 청초의 면 재배 면적이 태평천국 이전까지 거의 변동
없이 지속되고 있음을 보여주는 것이다. 또한 『포묘농자』에서는 기존
의 연구에서 지적한 것과는 달리 목면은 연작하는 형태가 아닌 벼와
윤작하는 형태를 묘사하고 있을 뿐이다.

송강부에서 상이 재배된 시기는 도광 말부터였다. 물론 가경 『송강
부지』에 상이 기록64)되어 있으나, 재배 상황에 대해서는 구체적인 언

---

60) 姜皐,『浦泖農咨』,「曰 7」; 光緖『南匯縣志』,「風俗志」, 3쪽 ; 光緖『重修 奉
賢縣志』권19,「風俗」, 1쪽. 農書에서는 松江府 중 동쪽에 위치한 奉賢·上
海·南匯에서 주로 木棉을 재배했다는 사실을 지적하고 있으나, 南匯 북쪽
에 위치한 川沙에서도 벼보다 木棉을 많이 재배한 곳이었다(光緖『川沙廳
志』권1,「疆域」, 臺北 : 學生書局, 1968, 8쪽). 특히 奉賢의 西鄕은 저지대였
기 때문에 紡織과 魚鹽으로 생계를 꾸려야만 했다.
61) 姜皐,『浦泖農咨』,「曰 7」.
62) P.E. Will/정철웅 역, 앞의 책, 246쪽.
63) 高晉, 앞의 글, 2쪽.
64) 嘉慶『松江府志』권6,「物産」, 7쪽.

급이 없다. 그런데 광서『송강부속지』에는 도광 말 청포현 남쪽과 화정현에서 잠상이 이루어졌다는 기록이 있다.65) 이처럼 송강부의 잠상재배 시기는 소주부와 인접한 청포현·화정현 등지에서는 도광말부터 시작되었으나, 연해에 위치한 상해현·남회현·봉현현 등지에서는 함풍 이후에 시작되었다.66)

요컨대 강남의 면은 송강부, 태창주, 소주부 북쪽은 물론 상주부, 진강부 등지에서도 청 전기부터 재배되었다. 그러나 상은 소주부 남쪽을 제외하고는 도광시기에야 본격적으로 시작되었다. 즉 진강부는 1821년경, 상주부·강녕부·송강부에서는 함풍 이후 시작되었다. 이처럼 강남 중에서도 소주부 남쪽에서 일찍 잠상업이 발달한 이유는 이들 지역이 잠상업이 발달한 호주부와 인접해 있을 뿐 아니라 태호와 인접해 있다는 점을 들 수 있다. 그리고 잠상업의 발달과 밀접히 관련되어 있는 시진의 발달을 들 수 있다.67) 강소성의 시진이 소주부 남쪽을 중심

---

65) 光緒『重修華亭縣志』권23,「風俗」, 4~5쪽. 다른 지역의 상 재배는 咸豊이후에 본격적으로 시작되었다. 南匯縣·奉賢縣 등지에서는 함풍연간의 전쟁으로 강녕부 및 浙西 사람들이 이쪽으로 피난옴으로써 시작되었다(光緒『松江府續志』권5,「風俗」, 5쪽 ; 光緒『松江府續志』권40,「拾遺志」, 2쪽 ; 光緒『重修奉賢縣志』권19,「風俗」, 2쪽). 南匯縣에서는 知縣 羅嘉杰이 1873년(同治 12)에 養濟院 옆에 種桑局을 설립해서 田40畝를 매입해서 桑園과 章程을 만들면서 본격적으로 시작되었다. 上海縣에서도 1872년(同治 11)에 상이 재배되기 시작하였다(光緒『松江府續志』권40,「拾遺志」, 2쪽 ; 光緒『南匯縣志』권3,「建置志」, 8쪽. 8~10쪽에는 種桑法이 첨부되어 있다). 특히 상해현의 상 재배는 蘇松 台道 沈秉成이 柔桑 數萬 株를 저렴하게 구입·보급하면서 시작되었다. 또한 심병성의『蠶桑輯要』도 간행되어 잠상법이 보급되었다. 그 이후에는 兩江總督 左宗棠에 의해 상 재배가 보급되어 法華·徐家匯·小閘·漕河涇 일대에서 성행하였다(『法華鎭志』권3,「土産」).
66) 송강부의 상 재배 시기와 관련해서 주목할 만한 것은 송강부의 상 재배 시기에 아편 흡식자가 증가하고 있다는 점이다(光緒『松江府續志』권5,「疆域志」, 14쪽). 아편의 특성상 재배 상황을 구체적으로 알 수 없지만, 아편 흡식자의 증가와 상 재배 시기의 일치는 곡물 생산의 한계와 밀접한 관계가 있을 것이다.

으로 발달한 것은 결코 우연이 아니다. 수공업을 전문으로 한 진택진과 성택진은 태호와 절강성 가흥부와 인접해 있다. 아울러 앞에서 살펴보았던 것처럼 소주부는 인구 압박이 심했던 곳이다. 따라서 잠상업은 인구 압력을 해결하기 위한 이 지역 농가의 작물 선택과 밀접히 관련되어 있었을 것이다. 한편 소주부 남부지역을 제외한 지역에서 상 재배가 도광 이후 시기에 본격적으로 이루어지고 있는 것은 농업 생산기술의 한계와 인구 압력에 따른 곡물생산의 한계, 그리고 잠상기술의 보급 등과 관련되어 있다.

2) 棉·布·絲·紗價 動向

순치~도광시기의 면·포·사·紗 가격에 대한 연구68)도 자료 부족으로 일부 시기와 특정 지역에 한정되어 있다. 그리고 자료 역시 앞의 맥·두가에서 이용한 특정인의 보고이다. <표 81>은 면업이 가장 발

<표 81> 순치~강희시기 송강부의 면화가 (단위 : 百斛/兩·錢)

時期	棉花價	時期	棉花價
1644~1645	0.5~0.6	1670.10末	4.0
1644~1645	2,000文	1671.11	3.0
1649	3.4~3.5	1671.11	3,300文
1650. 9	5.0	1674	上上花 1.9
1651. 3	9.0	1677.夏	2.6~2.7
1657	2.5	1677	上者 3.0
1659.윤3	4.5	1679.秋	1.5~1.6
1661.冬	2.0	1680.夏	3.0
1662. 1	3.0	1681.夏	3.5~3.6
1662. 7	2.0	1682.5	上白者 4.1
1670.冬	1.7~1.8	1684.秋	上白好花 1.3~1.4
1670.10	3.0+		

출처 : 葉夢珠, 『閱世編』 권7, 「食貨四」.

---

67) 乾隆 『吳江縣志』 권38.
68) 岸本美緖, 앞의 책, 第四章.

달했던 송강부의 면화가격이다.

순치시기 중 청 정부 수립기인 1644~1645년간의 송강부의 면화가격은 이후 시기에 비해 낮다. 이러한 추세는 전란으로 인한 유통상의 문제로 면화 수요가 감소했기 때문이기도 했고,[69] 하남·산동 등지의 면화가 강남으로 들어왔기 때문이기도 했다.[70] 1649년에서 1661년까지의 가격은 시기에 따라 큰 폭의 차이가 있다. 이 같은 현상도 수요-공급의 불균형에 의한 것으로 생각된다. 강희시기 면화가격은 얼마간의 변동폭은 존재하지만, 순치시기에 비해 비교적 안정된 가격을 유지하고 있다. 강희시기의 면화가격은 순치말의 가격과 유사하다. 이러한 현상은 강희시기의 가격 통제에 따른 것으로 보인다.

한편 옹정시기의 면화가격은 소문현의 경우 2,000전 전후였다는 기록[71] 외에는 찾아볼 수 없다. 이 가격은 강희시기에 비해 높다고 볼 수는 없다. 요컨대 순치~옹정시기 송강부의 면화가격은 순치 초기를 제외하면 큰 등락 없이 가격이 유지되었던 것으로 보인다.

다음으로 건륭시기 강남의 면화가격을 살펴보면 <표 82>와 같다.

<표 82> 건륭시기 강남의 면화가격 (단위 : 百斛=擔/文)

時期	地域	棉花價	備考
건륭 중기	蘇州府 昭文縣	3,000전후	
1781.5	蘇州府 昭文縣	2,300~2,400	
1781.6이후	蘇州府 昭文縣	4,600~4,800	태풍으로 歉收
1782	蘇州府 昭文縣	6,000	
1783~93	蘇州府 昭文縣	4,000	
1785	松江府 上海縣	8,000	大旱
1791	松江府 上海縣	11,000	歲祲

출처 : 昭文縣 : 鄭光祖, 『一斑錄雜述』 권6, 「棉花價」; 上海縣 : 嘉慶 『上海縣志』 권19, 「祥異」.

---

69) 寺田隆信, 「蘇松地方における都市の棉業商人について」, 『史林』 41-6, 1958, 53쪽.
70) 西嶋定生, 『中國經濟史硏究』, 東京 : 東京大學出版會, 1966, 876~879쪽.
71) 鄭光祖, 『一斑錄雜述』 권6, 「棉花價」.

건륭시기 면화가격에서 우선 눈에 띄는 것은 화폐 단위의 변화이다. 건륭시기의 화폐 단위는 이전 시기와는 달리 은이 아닌 동전으로 표기되어 있다. 이 같은 현상은 전가 기록에서도 발견할 수 있다. 이러한 경우에 가격 평가에서 중요한 변수는 은에 대한 동전의 환율이다. 환율변동 연구72)에 따르면 18세기 강남의 1냥은 700문이었다. 건륭시기의 면화가를 1냥=700문으로 계산할 경우 건륭 중기 소문현의 면화가격은 4.3냥 전후이다. 이는 강희시기에 비해 높다.

1781년 5월과 1781년 6월 이후의 가격은 계절 요인에 따라 가격 폭이 상당히 크다는 사실을 보여주고 있다. 즉 1781년 6월 이후의 가격은 태풍으로 생산량이 줄어 수요에 비해 공급이 부족했기 때문에 1781년 5월에 비해 두 배 정도 상승하였다. 그런데 소문현의 면화가격은 건륭 말까지 흉풍에 관계없이 4,000전 즉 5.7냥을 상회하고 있다. 흉년일 때의 송강부의 면화가격은 소문현에 비해 배 이상 상승하고 있다. 이 같은 면화가격의 상승은 건륭시기의 전반적인 물가상승과 밀접히 관련되어 있다. 특히 건륭 말의 잦은 자연재해는 곡물을 비롯한 면화 등의 생산에 상당한 영향을 주었다.

한편 순치~강희시기 면포가격은 어떠했는지를 아래 표를 통해 살펴보자.

명말·청초 강남의 면포는 標布, 官布, 扣布, 小布, 中機 등 다양하다. 이들 면포들은 모두 고급품이 아닌 보통품들이다. 『열세편』에 따르면73) 표포는 上闊尖細한 제품이다. 표포는 三林塘에서 생산된 제품이 가장 좋았으며, 그 다음이 周浦, 邑城産이 가장 좋지 않았다. 이들 제품들은 주로 秦晉京邊의 여러 길에서 판매되었다.

중기는 표포에 비해 폭은 조금 좁으나 길이는 긴 제품을 말한다. 이 제품은 湖廣江西兩廣의 여러 길에서 판매되었다. 소포는 가장 좁고 짧

---

72) 黑田明伸, 앞의 논문, 94쪽.
73) 『閱世編』 권7, 「食貨五」, 5쪽.

<표 83> 순치~강희시기 강남의 면포가격

時期	地域	品質	價格(銀=錢/疋)	出處
1644~1645	松江府 上海縣	標布	1.0-	①
1644~1645	松江府 上海縣	標布	(200~300文)	①
1651	松江府 上海縣	標布	3.3	①
1652	蘇州府 嘉定縣	官布	6.0	②
順治間	蘇州府 嘉定縣	扣布	4.0~5.0	③
1652~1653	松江府 上海縣	小布	2.0	①
1654~1655	松江府 上海縣	標布	4.0~5.0	①
1662	蘇州府 嘉定縣	官布	5.0	②
1662~1664	松江府 上海縣	小布	0.8~1.0	①
1672~1673	蘇州府 嘉定縣	官布	4.15	②
1682	松江府 上海縣	中機	3.0	①
1684	松江府 上海縣	標布上上者	2.0	①
1684	松江府 上海縣	標布麤者	1.3~1.5	①
康熙中葉	松江府 上海縣	標布	2.0	①

출처 : ① 葉珠夢, 『閱世編』 권7, 「食貨5」; ② 光緒 『嘉定縣志』 권3, 趙昕 「官布考略」; ③ 光緒 『嘉定縣志』 권3, 張詩 「永折論略」.

은 제품을 말하는데, 폭은 1척 남짓하고, 길이는 16척에 지나지 않았다. 소포는 강서의 饒州 등지에서 판매되었다. 저화의 『목면보』에 따르면 구포는 세밀하지만 좁고 짧은 것을 일컫는 소포이다.74) 관포는 면포의 제품명이 아니라 관에 상납하는 면포를 일컫는다. 위의 표에 언급되지 않은 면포 중에는 조밀하지 못하고 폭이 긴 稀布가 있었다. 이 제품은 읍 중에서 생산되었다. 그리고 아주 세밀한 포인 飛花布도 있었다. 이 포는 丁孃子布로 불릴 만큼 가벼웠다. 읍내의 삼림당에서 생산되었다.75)

우선 순치시기 면포가격을 살펴보면, 관포 가격이 상대적으로 높은 반면 소포 가격이 상대적으로 낮다. 1644~1645년의 면포가격이 면화가격과 마찬가지로 가장 낮다. 이러한 현상도 면화가격과 마찬가지로

---

74) 褚華, 『木棉譜』, 10쪽.
75) 褚華, 위의 책.

시대적 상황으로 볼 수 있을 것이다. 강희시기 면포가격 역시 관포가격이 상대적으로 높고, 소포가격이 상대적으로 낮다. 또한 강희시기의 면포가격은 순치시기와 비슷하다. 그러나 소포를 제외하면 1684년부터는 가격이 점차 하락하고 있다. 그런데 표포의 경우 상품과 하품간에는 0.5~0.7 정도 차이가 있다.

강희시기 면포와 관련해서 주목할 만한 것은 1682년의 중기이다. 중기는 이후 시기 표포 가격보다 높다. 물론 시기의 차이가 있지만, 이처럼 폭이 좁은 중기가격이 표포보다 높은 가격에 판매되었던 이유는 제품 가치의 변화 때문이었다. 즉 순치시기에는 표포가 성행한 반면 중기는 성행하지 않았으며, 강희시기에는 중기가 성행한 반면 표포는 성행하지 않았던 것이다. 순치시기 표포가 성행했을 때 많게는 수십만 냥, 적게는 만냥 정도 유통되었다. 이에 따라 牙行들이 앞다투어 이 제품을 취급하였다. 반면에 중기 상인의 수는 적었을 뿐 아니라 자본도 표포 상인과는 비교할 수 없을 정도로 미약하였다. 이런 상황에서 중기 제품은 시장에 거의 판매되지 않았다. 그러나 강희시기, 특히 1682년경부터는 순치시기와는 상황이 완전히 달라졌다. 강희시기에는 표포 상인 중 巨商들은 드물었던 것이다. 표포상의 자본은 많게는 萬金, 적게는 2~3천 금에 지나지 않았을 뿐 아니라 이익도 적었다. 따라서 표포 상인들도 제품을 중기로 바꾸지 않을 수 없었으며, 송강부 사람들은 이를 '新改布'라 불렀다.

소포가격이 다른 제품에 비해 낮았던 이유는 폭과 길이에서 다른 제품에 비해 좁고 짧기 때문에 가격이 낮을 수밖에 없지만, 1669년(강희 8)이후에는 강서의 饒商들이 이 제품을 취급하지 않아 소포가 판매되지 않았기 때문이었다.

이상에서 살펴본 순치~강희시기 면포가격은 자료 부족으로 만족할 만한 가격 추이를 이해하기가 어렵다. 단지 주어진 자료 내에서 평가한다면 순치시기에는 상승하고 있는 반면 강희시기에는 하락하고 있다. 이러한 추세는 면포가격이 다른 물가와 밀접히 관련해서 형성되고 있다는 사실을 의미한다. 그리고 면포가격은 앞에서 살펴본 면포의 원료인 면화가격 영향을 받을 수밖에 없다. 아울러 면포가격은 면화의 흉·풍에 따라 달라진다. 예컨대 수재 때 면화가격이 상승할 경우 면포가격은 하락한다. 따라서 면포 수익은 상당히 떨어졌다.[76] 한편 건륭연간의 면포가격에 대해서는 洪亮吉(1746~1809)[77]의 지적[78]이 거의 유일한 자료이다. 홍량길의 지적에 따르면 50년 전 즉 1745년(건륭 10)쯤의 면포가격은 丈當 30전~40전이었다.[79] 이 같은 면포가는 지금[80]은 이전보다 10배 즉 300전~400전으로 상승하였다.

한편 絲가격은 어떠했는지 아래 표를 통해 알아보자.

<표 84> 강희~건륭시기 소주부의 사 가격

時期	地域	品質	價格(銀=分/兩=絲)	出處
康熙 中	蘇州府 震澤鎭		3.0~4.0	①
1746	蘇州府 震澤鎭		6.0~8.0	①
1755	蘇州府 平望鎭		10.0	②

출처 : ① 乾隆『震澤縣志』권25,「生業」; ② 道光『平望志』권13,「災變」.

---

76) 이러한 예는 1830년(道光 10) 水災로 "紗布無息"이라는 鄭光祖의 지적에서 확인할 수 있다(鄭光祖,『一斑錄雜述』권2,「歲收屢歉」, 34쪽).
77) 洪亮吉의 字는 稚存이며, 常州府 陽湖人이다. 그는 어려서부터 孤貧하였으나 힘써 공부하였을 뿐 아니라, 홀어머니를 효성스럽게 모셨다. 그는 처음 安徽 學政 朱筠을 도와 校文하였으며, 이어 陝西 巡撫 畢沅의 幕友가 되어 古書를 校刊하였다. 그는 詞章考據에 뛰어났으며, 輿地에도 精孼하였다. 1790년(乾隆 55) 進士가 되어 翰林院 編修가 되었다(『淸史稿』, 北京 : 中華書局,「列傳」, 143, 11307).
78) 洪亮吉,『卷施閣集』권1,「生計篇」, 7~8쪽.
79) 이 당시 미가는 升當 6~7錢에 불과했다. 그런데 한 사람이 일 년동안 추위를 피하는 데 필요한 布는 5丈이었으며, 굶주림을 면하는 데 필요한 米는 4석이었다.
80) 洪亮吉이 언급하고 있는 지금이 언제인지는 정확하지 않다.「洪北江先生年譜」(『卷施閣集』, 18쪽)에「意言」20편이 1793년(건륭 58)에 쓰여졌다는 기록으로 보아 1793년이거나 1792년쯤으로 생각된다.

<표 85> 강희 말 강남의 新絲 가격

時期(報告年月日)	線經絲(分/兩)	單經絲(分/兩)	緯絲(分/兩)
1712. 5. 16	8.4	—	7.5
1713. 윤5. 23	8.9	8.2	7.8
1714. 6. 9	8.5	8.1	7.7
1715. 6. 6	8.0	7.0	6.6
1716. 5. 12	8.3	7.2	6.9
1717. 6. 3	8.1	7.0	6.7
1718. 6. 16	8.2	7.6	7.2
1719. 6. 24	8.0	7.4	7.0
1720. 6. 13	7.9	7.0	6.5
1721. 6. 6	7.2	6.2	5.8
1722. 6. 7	7.9	6.7	6.3

출처 : 『李煦奏摺』.

강희 중엽에서 건륭 초까지의 絲가격은 상당한 폭으로 상승하고 있다. 강희 중엽에서 1746년까지 약 60여 년간의 사가는 2배, 1746년에서 1755년까지 약 10여 년간은 이전 시기보다 증가폭이 좁다. 한편 강희 말 강남의 신사가격은 품질간 얼마간의 차이가 존재하고 있다. 위의 표에 나타난 사는 크게 좋은 질의 繭으로 만든 經絲(縱絲)는 上繭과 中繭을 만든 緯絲(橫絲)로 나눌 수 있고, 경사는 다시 撚絲(빔실)공정에 따른 선경사와 단경사로 나눌 수 있다. 강희 말년의 신사가격은 품질이 좋은 경사가격이 위사가격보다 높다. 그리고 경사가격도 선경사가 단경사보다 높다. 그런데 10년간의 신사가 중 선경사는 최고 8.9~7.2, 단경사는 8.2~6.2, 위사는 7.8~5.8로 가격 폭은 선경사가 가장 넓다. 이 같은 강희 말년의 신사가격은 강희 중엽의 시기에 비해 배 정도 상승하였으며, 1746년의 시가와 비슷하다.

요컨대 순치~건륭시기의 면·상 제품 가격은 시기와 품목에 따라 다르지만 상승추세였다. 면·상 제품가격의 상승은 대체로 낮았던 강희~옹정시기의 곡물가격과 비교할 경우 농가 소득에 큰 도움을 주었을 것이다. 이 같은 사실은 송강부와 소주부의 면·상 소득이 차지하는 높은 비중을 통해서 알 수 있다.

5장 농가 소득과 강남 농업의 성격

 지금까지 강남의 농업이 어떤 상황에 있었는지를 농업기술, 곡물 농업생산・수확량, 면・상 재배 상황, 곡물 가・사・면・사・포 등을 통해 검토하였다. 그러면 곡물 소득과 면상 소득의 비중을 통해 강남 농업의 성격을 검토해 보자.
 우선 1735년과 1820년 강남의 인구와 벼 소득을 검토해 보자.

<표 86> 1735년・1820년 강남의 인구

地 域	1735년	1820년
蘇 州	488,862	5,914,810
松 江	249,190	2,855,775
常 州	650,798	4,449,558
鎭 江	138,715	2,372,512
太 倉	186,078	1,950,872
江 寧	169,979	2,072,536

출처 : 乾隆 『江南通志』 권74 ; 嘉慶 『重修一統志』 권72~103.

<표 87> 1735년・1820년 강남의 전지(무)

地 域	1735년	1820년
蘇 州	6,266,500	6,222,500
松 江	4,087,500	4,010,400
常 州	6,235,000	5,579,200
鎭 江	5,075,000	5,026,300
太 倉	3,501,600	3,919,700
江 寧	5,261,400	5,233,900

출처 : 乾隆 『江南通志』 권69 ; 嘉慶 『重修一統志』 권72~103.

<표 88> 1735년 강남의 벼 생산량과 소득

府	총생산량 (米/石)	총생산액 (냥)	세금액 (냥)	전체소득 (냥)	1인 소득 (냥)
蘇 州	18,799,500	22,559,400	668,392	21,891,008	44.7
松 江	12,262,500	14,717,000	525,246	14,191,754	56.9
常 州	18,705,000	22,446,000	580,072	21,865,928	33.5
鎭 江	15,225,000	18,270,000	313,120	17,956,880	129.4
太 倉	10,504,800	12,605,760	329,165	12,276,595	65.9
江 寧	15,784,200	18,941,040	255,144	18,685,896	109.6

* 총생산량은 畝當 수확량을 米 3石으로 계산. 총 생산액은 雍正시기 石當 米價를 1.2냥으로 계산.

<표 89> 1820년 강남의 벼 생산량과 소득

府	총생산량 (米/石)	총생산액 (냥)	세금액 (냥)	전체소득 (냥)	1인 소득 (냥)
蘇 州	18,768,508	56,305,674	564,408	55,741,266	9.4
松 江	12,146,613	36,439,839	447,148	35,992,691	12.6
常 州	16,737,792	50,213,376	571,962	49,641,414	11.0
鎭 江	15,600,069	46,800,207	309,478	46,490,729	19.6
太 倉	11,888,013	35,664,039	275,027	35,389,012	18.1
江 寧	15,771,847	47,105,541	253,728	46,851,813	22.6

* 총생산량은 畝當 수확량을 米 3石으로 계산. 총 생산액은 嘉慶시기 石當 米價를 3.0냥으로 계산.

1735년 강남의 전체 소득은 소주→상주→강녕→진강→송강→태창 순이다. 반면 1인 소득은 진강→강녕→태창→송강→소주→상주 순이다. 전체 소득과 1인 소득간의 순위 차이는 인구 수(상주→소주→송강→태창→강녕→진강)와 거의 반비례한다. 요컨대 1735년 강남의 소득은 인구 압력에 따라 결정되고 있다. 1735년 강남의 1인당 평균 소득은 73.3냥이다.

1820년 강남의 전체 소득은 양주→소주→상주→통주→강녕→진강→

송강→태창 순이다. 반면에 1인 소득은 강녕→진강→태창→송강→상주→소주 순이다. 이처럼 각 부의 전체 소득과 1인 소득 순위가 달라지고 있는 이유는 인구와 세금액의 차이 때문이다. 특히 강남의 소주, 상주는 전체 소득은 상위지만 1인 소득은 최하위이다. 이는 소주, 상주의 경우 소득에 인구 압력이 상당한 영향을 미치고 있음을 보여주는 것이다. 그런데 송강의 경우는 소주와 상주와는 달리 전체 소득과 1인 소득 순위 모두 하위이다. 이는 경지면적(7위)과 인구(5위)에 비해 세금(3위)이 상대적으로 많았기 때문이다.[1] 요컨대 1820년 강남의 소득도 1735년과 마찬가지로 인구 압력이 주요 변수로 작용하고 있다. 1820년 강남의 1인 평균 소득은 15.5냥이다.

이처럼 1735년과 1820년 사이 즉 85년간 강남의 소득은 73.3냥에서 15.5냥으로 57.8냥 줄었다. 1인 소득도 양 시기 동안 순위 변동이 있다. 그런데 특기할 만한 것은 송강, 상주, 소주 등 3부는 소주, 상주간의 순위 변동은 있지만, 강남 중에서 하위에 속하고 있다는 공통점을 지니고 있다.

위에서 검토한 강남에 대한 소득은 농작물 분포를 고려하지 않았기 때문에 각 府의 소득을 정확히 이해하는 데는 한계가 있다. 강남 중에서도 농작물 분포가 달랐던 송강부(태창주)와 소주부를 대상으로 강남의 농업 사정을 좀더 구체적으로 검토해 보자.

송강부는 강남 중에서도 면업이 가장 발달한 곳이었다. 그러면 통계 가능한 도광시기 송강부의 곡물 비중과 면업 비중을 살펴보자. 송강부의 경지 면적은 대략 400만 무이다.[2] 이 중에서 벼와 면 재배 비율은 자료에 따라 약간의 차이가 있지만, 4 : 6 정도이다.[3] 이 같은 비율을 적용할 경우 송강부의 벼 재배 면적은 160만 무, 면 재배 면적은 240만

---

1) 1820년 송강부의 세금액과 인구 등에 대해서는 嘉慶『重修一統志』권83.
2) 梁方仲, 앞의 책, 402쪽.
3) 松江府의 작물 재배 비율에 대해서는 姜判權, 앞의 논문, 1995 참조.

무이다. 이 면적에 벼와 면을 모두 재배했을 경우 생산량과 생산액을 검토해 보자.

1834년에 간행된『포묘농자』에 따르면, 1823년(도광 3) 이전 송강부의 벼 무당 생산량은 미 3석이었으나, 1823년 수재로 인한 지력 감소로 무당 생산량은 2석 전후로 감소하였다. 이러한 수확량은 송강부의 경우 도광 이후 시기까지 계속되었다. 따라서 2석 기준으로 송강부의 벼 생산량을 계산하면 3,200,000석이다. 320만 석을 1832년(도광 12) 송강부의 中米 평균가격인 석당 2.57냥[4]을 적용하면 8,800,000냥이다.[5] 한편 같은 시기 맥 생산량은 벼 재배 지역에 모두 맥을 재배했을 경우, 맥 무당 생산량 최고 무당 1석을 적용하면 1,600,000석이다. 1,600,000석을 1832년 송강부의 소맥 평균가격인 석당 1.6냥[6]에 적용하면 2,560,000냥이며, 따라서 송강부의 춘추계 곡물 총생산액은 11,360,000냥이다. 여기에 1820년의 인구와 세금을 기준으로 할 경우 송강부의 1인 소득은 3.8냥이다.[7]

한편 도광시기 송강부의 농가 지출을 살펴보자.『포묘농자』에 따르면, 경작 과정 중 파종에서 수확까지 걸리는 기간은 대개 120일 정도이다. 이 기간 동안 일손이 많이 필요한 작업은 起耕, 이앙, 제초, 물 관리, 도정 등이다.[8] 작업 과정에 필요한 노동자 수는 김매고 初耕하는

---

4) 林則徐, 앞의 책.
5) 方行은 송강부 벼 생산량을 畝當 수확량 2.5石, 石當 미가를 1.5냥으로 계산하여 송강부의 양식 생산액을 600만 냥으로 산출하고 있다(方行, 淸代江南農村經濟發展釋例,『中國農史』18-1, 1999, 30쪽). 그런데 方行의 통계는 송강부의 무당 생산량은 자료에 따라 약간의 차이가 있기 때문에 달리 적용할 수 있지만, 도광시기의 무당 생산량을 기준으로 삼으면서 乾隆 중엽의 미가를 기준으로 삼은 것은 적절하지 못하다.
6) 林則徐, 앞의 책.
7) 1820년의 인구와 세금을 1834년에 적용한 것은 道咸年間의 인구 자료가 훼손되어 정확한 통계가 없기 때문이다. 1864년(同治 3)의 인구통계에 따르면 송강부의 인구는 2,629,786명으로 1820년의 인구 2,855,775명보다 225,989명 줄었다(光緒『松江府續志』권14,「田賦志·戶口」).

데 한 사람, 우경 때 매무 한 사람, 이앙 때 1무에 한 사람, 三耘·三攤에 매무 두 사람, 시비에 한 사람, 물 관리에 한 사람, 벼 베는데 한 사람, 벼 옮기는 데 두 사람이 필요하였다. 또한 도정은 한 사람이 하루에 1석 정도밖에 할 수 없기 때문에 많은 인력이 필요하였다. 도정 과정에 필요한 사람은 10여 명이었다.9) 농서의 지적대로라면 10무를 경작하는 농가에서는 적어도 100명의 工人이 필요한 셈이다. 그러나 농서의 지적은 벼 경작 과정에 필요한 전체 노동력을 의미한다고 볼 수 있다. 따라서 실제 경영 과정에서 이 같은 임금노동자를 고용할 가능성은 희박하다. 그러나 벼 경작 과정에서 최소한의 임금노동자 고용은 피할 수 없다. 이앙·벼 베기·도정 등은 대개 임금노동자를 고용해야 가능한 작업이다. 따라서 일반 농가에서 농번기에 실제 필요한 노동자는 10명 정도였을 것이다.

벼 경작 과정에 필요한 임금노동자 수와 함께 임금을 파악하는 일도 쉽지 않다. 일반 농가에서 농번기에 고용하는 노동자는 대부분 半工 혹은 忙工이었다.10) 『浦泖農咨』에 따르면 망공의 임금은 하루 50문,

---

8) 姜皋, 『浦泖農咨』, 「日 32」.
9) 姜皋, 위의 책.
10) 청대 농업 노동자는 長工·短工·忙工·年工·季工·月工·日工 등으로 표현되고 있다. 種田하지 않고 남에게 고용된 자를 長工, 1년 고용된 자를 長年, 반년 혹은 4개월 고용된 자를 忙月, 種田이 적어 여력있는 부부가 다른 사람을 대신해서 경작하는 것을 散工이라 불렀다(民國 『南匯縣志』 권18, 「風俗志」 2쪽). 지방지의 長工, 長年 등의 표현은 『浦泖農咨』, 「日 32」에서도 발견할 수 있다. 雇工名案만 하더라도 1746년(乾隆 11)에서 1755년(건륭 20)사이에 41건, 1767년(乾隆 32)에서 1775년(乾隆 40) 사이에 133건에 이르고 있다(吳量愷, 「淸代乾隆時期農業經濟關係的演變和發展」, 『復印報刊資料經濟史』 1980-1, 30쪽. 淸代의 農業雇工에 대한 보다 자세한 내용은 黃冕堂, 「略論淸代農業雇工的性質與資本主義萌芽」, 『淸史論叢』 第五輯, 北京 : 中華書局, 1984, 10~32쪽). 문제는 淸代 농업 노동자의 존재 여부가 아니라 존재의 성격이다. 이에 대해서는 농업 노동자가 노동력을 상품화하고 있다는 주장(吳量愷, 위의 논문, 31~44쪽. 그는 乾隆시기 雇工의 특징을 1)비교적 자유로운 雇工 관계 2)농민의 소생산자 경제의 심한 파괴 3)노동력의

하루 식미 2승, 고기 半觔·소채·담배·술 등 30문을 포함해서 모두 200문이 필요하였다.11) 따라서 10명에 대한 임금은 1,000=1냥으로 계산하면 2냥이 소요된다.

요컨대 도광시기 송강부의 米麥 소득은 19냥(3.8냥×5)에 임금 2냥을 제외한 17냥 정도였다. 17냥은 1832년 중미 평균가로 계산하면 6석이다. 미 6석은 망공의 하루 식량 소비량 2승으로 계산하면 1년 쌀 소비량 7.2석에도 미치지 못하는 양이다. 송강부 일반 가정의 1년 쌀 소비량은 부부와 3명의 자식을 계산하면 최대 36석이다. 단지 3명의 자식이 소비하는 쌀을 어른의 반으로 계산할 경우 5인 가족이 1년간 소비하는 쌀은 25.2석이다. 이는 1사람이 한 달에 2석 정도 소비하는 양이다. 따라서 송강부의 곡물 소득은 6석은 5인 가족 3개월 분에 해당한다.12)

송강부의 곡물 소득 비중이 어느 정도였는지는 면업 소득과 비교해보면 보다 분명해진다. 도광시기 송강부의 면화·면포 소득은 면화와 면포에 대한 가격 통계가 없기 때문에 정확한 통계는 어렵다. 단지 건륭 중엽을 대상으로 한 연구13)에 따르면 면화와 면포의 상품가치는

상품화 등을 지적하고있다)과 단지 일반 農戶에 고용된 자로써 가정 노동력의 부족을 보충하는 데 지나지 않는다는 주장(Philip C.C.Huang, 앞의 논문, 311쪽)으로 나누어져 있다. 이 두 주장의 근저에는 중국의 역사를 어떻게 성격 지울 것인가와 밀접히 관련되어 있다. 그런데 청대 농업 노동자의 성격과 관련해서 우선 염두에 두어야 할 문제는 농업 노동자의 양이 아니라 주요 노동자를 확인하는 것이다. 위에서 언급한 것처럼 청대에 다양한 종류의 농업 노동자가 존재했지만, 대부분 단기 노동자였다. 이는 농번기에 농업 노동자가 필요했다는 사실을 의미한다. 물론 강소성 지역은 아니지만 山東 濟寧의 業煙 재배 지역에서 매년 매매액이 白金으로 200만 냥이며, 工人이 4천여 명이라는 지적(包世臣,『安吳四種』,「中衢一勺」권6,「閘河日記」, 14쪽)이 없는 것은 아니다.

11) 姜皐,『浦泖農咨』,「曰 33」.
12) 方行은 임금비와 쌀 소비량 등에 대한 구체적인 수치 제시 없이 송강부의 식량생산량이 2개월 분에 해당한다고 분석하고 있다(方行, 앞의 논문, 31쪽).

10,690,065냥이다. 이는 도광시기 곡물 소득 11,360,000냥과 거의 같은 액수이다.

면업의 소득 문제는 이미 생산양식의 문제로까지 확대될 만큼 중국사에서 중요한 주제였다. 西嶋定生은 일찍이 봉건제에서 자본주의로 이행하는 두 번째 단계 즉, 상인이 생산을 직접 장악하는 이른바 先貸制 생산을 강남 농촌의 면방직업에서 찾은 바 있었다. 그는 중국의 경우 토지제도의 중압과 전기적 상인자본의 수탈로 선대제 생산이 존재하지 않았다고 주장하였다.14) 즉 西嶋定生은 면포생산 농가의 경영이 독립적이지 못하기 때문에 선대제 생산이 불가능하였다는 결론을 내렸다. 西嶋定生의 이 같은 주장은 상당 기간 동안 중국사 이해에 중심 역할을 담당하였다. 그러나 西嶋定生의 주장은 얼마 되지 않아 면포생산농가의 경영이 독립적이라는 반대론15)에 직면했다. 양측의 주장은 강남 농촌경제를 이해하는 데 기여했다. 그러나 양측의 연구는 선대제 생산의 전제 조건 중의 하나인 경영 상태마저 검증하지 않았다. 이 부분이 해명된다면 선대제 생산 문제는 보다 구체적인 이해에 가깝게 도달할 수 있을 것이다.

청 전기 소주부의 농가 소득을 분석한 최근의 한 연구16)는 이 분야의 새로운 시도로 보인다. 이 연구에 따르면 강남 농촌에서 1년 동안 면포업으로 얻는 수익은 15냥이다.17) 그러나 이 계산은 광서시기의 자

---

13) 方行, 앞의 논문, 30~31쪽.
14) 西嶋定生, 앞의 책, 738쪽.
15) 橫山英, 『中國近代化の經濟構造』, 東京 : 亞紀書房, 1972 ; 森正夫, 「日本の明清時代史硏究における鄕紳論について」 Ⅲ, 『歷史評論』 314, 1976 ; 田中正俊, 「明·淸時代問屋制前貸制生産について-衣料生産を中心としてる硏究史的覺え書」, 『西嶋定生博士還曆記念論叢-東アジア史における國家と農民』, 東京 : 山川出版社, 1984.
16) 洪成和, 「淸代前期 江南地域 農村 綿紡織業의 先貸制 生産에 대하여」, 『明淸史硏究』 9, 1998.
17) 洪成和, 위의 논문, 155쪽.

료에 근거하고 있을 뿐 아니라, 銀錢換率을 고려하지 않았기 때문에 청 전기의 농가 수익으로 연결시키기에는 무리가 있다. 더욱이 이 연구에서는 청 전기 농가의 수도작 수입에 대해서도 10냥에서 15냥을 순수 수입으로 파악하고 있다. 그러나 앞에서도 살펴본 바대로 농가의 지출에는 세금은 물론 비료비·임금·농기구값 등 지출 비용이 상당히 많다. 홍성화의 수익 통계에는 이 같은 항목이 전혀 반영되어 있지 않다. 홍성화의 연구가 안고 있는 또 하나의 문제는 수확량의 경우도 도광시기의 부농만이 가능한 최고 수준을 적용하고 있다. 1830년대 송강부 부농의 땅에서 풍년일지라도 광서시기 오현과 마찬가지로 수확량은 2석에 지나지 않았다.[18]

따라서 청대 전기 소작농의 연간 실질소득을 30냥 이상으로 파악한 홍성화의 통계는 상당한 무리가 아닐 수 없다. 소농의 수도작 순수 수익은 평년작 기준으로 10냥을 결코 넘을 수 없다. 홍성화의 면포 수익 통계가 안고 있는 더 큰 문제는 환율 문제는 그냥 두더라도 부부가 1년 동안 하루도 쉬지 않고 그 작업에 종사한다는 가정 하에 이루어지고 있다는 사실이다. 그러나 일반 농가에서 곡물농사를 포기한 채 이 업을 專業으로 삼는 경우도 쉽지 않을 뿐 아니라, 설령 전업일지라도 1년 내내 종사할 수는 없는 일이다. 따라서 소작농의 1년 수입을 최소 30냥 이상으로 계산한 홍성화의 통계는 신뢰할 수 없다. 더욱이 이 같은 통계를 근거로 면포 생산농가의 독립을 주장하고, 나아가 西嶋定生의 주장을 반박한 것은 설득력이 없다.

요컨대 송강부는 곡물 소득으로는 가계 유지가 어려웠으며, 면 제품의 가격이 일정하게 유지되는 한 면업 소득이 가계의 중심이 될 수밖에 없었다. 이처럼 송강부의 곡물농업 비중이 낮은 것은 곡물 수확량이 이전 시기에 비해 낮았기 때문이다. 따라서 송강부의 곡물농업의 비중은 곡물 수확량이 증가하지 않는 한 높아질 수 없는 상황이었다.

---

18) 姜判權, 앞의 논문, 1995, 17~19쪽.

이는 역으로 곡물 농업 이외 작물의 비중이 높아질 수밖에 없다는 것을 의미한다. 도광시기 송강부는 물론 다른 지역에서도 면・잠상업에 종사하지 않을 수 없었던 이유도 곡물 생산의 한계 때문이었다. "이러한 이익(蠶桑)이 아니면 비록 면・도 모두 풍년일지라도 구제할 수 없다"[19]는 지적은 물론, 아래 기사는 곡물 생산이 어느 정도였는지를 보다 분명히 보여주고 있다.[20]

이 당시 비옥한 토지 100무를 가진 농가일지라도 매년 錢漕雜費를 제외하면 남는 것이 거의 없었다. 따라서 잠상의 이익으로 보충하지 않으면, 풍년에는 지탱할 수 있지만 흉년에는 견디기가 어려웠다.[21]

다음에는 송강부와 함께 곡물농업보다는 잠상업이 발달했던 소주부의 농작물 비중을 검토해 보자. 소주부는 앞에서도 언급한 바대로 남

---

19) 鄭光祖, 앞의 책.
20) 常州府의 靖江縣의 경우 토양이 높은 곳에서는 콩을 3/10, 낮은 곳에서는 벼를 7/10 정도 재배하였다(光緒『江陰縣志』권3,「水利」, 17쪽). 그리고 벼의 특성상 秈稻 계통을 가장 일찍 수확하였다. 물론 秈稻는 다른 지역의 粳을 강남에서는 부르는 粳의 다른 이름이다. 宜興・荊溪縣의 경우 淸津鄕 長壽河 以北에서 선도 재배가 용이했을 뿐 아니라 米 시장에서도 귀하게 취급되었다. 특히 이곳에서 생산된 선도는 '乾河米'으로 불렸다(光緒『宜興荊谿縣新志』권1,「疆土・物産記, 34쪽). 그런데 19세기 江陰縣의 농가 10중 8・9가 無田상태였다. 따라서 無田농민들은 佃戶로 전락할 수밖에 없었다. 또한 농가 10중 5・6 농가만이 자신의 힘으로 먹는 문제를 해결할 수 있었다. 이런 상황에서는 한 해의 凶豊이 일가의 성쇠를 결정하였다. 농가에서 하루종일 부지런하게 일하지 않으면 생계조차 유지할 수 없었다. 결국 이 지역 농민들이 게으름을 피우거나 노는 사람이 적었던 것도 이들의 어려운 생활조건 때문이었다. 또한 이러한 조건하에서 농민들이 세금을 못 낼 경우 흔히 立稻先賣 당해야 했다. 더욱이 빈농의 처지는 심각할 정도로 어려웠다(光緒『江陰縣志』권9,「風俗・四民」, 2~3쪽). 특히 강음현은 1860년의 병변 후 인구가 증가하지 않았을 뿐 아니라 토지도 황무지가 많아졌다(光緒『江陰縣志』권4,「民賦」, 1쪽).
21) 沈練・仲學輅,『廣蠶桑說輯補』권下, 49쪽.

쪽은 상, 북쪽은 면이 광범위하게 재배되었다. 청대 소주부의 재상 규모에 대해서는 건륭시기 오강현의 경우 수십만 주였다는 기록이 있다.22) 그러면 건륭시기 오강현의 예를 통해 소주부 남쪽의 잠상 규모와 소득을 산출해 보자.

오강현의 40만 주 栽桑 규모는 대략 1무당 40~50주의 묘목을 심을 경우23) 10,000~8,000무에 해당한다. 10,000무는 1735년 오강현의 경지면적24) 640,500무의 1/64에 해당한다. 그리고 1무당 飼蠶해서 얻을 수 있는 絲는 8~9근이다. 따라서 10,000무에서 얻을 수 있는 사는 최대 90,000근이다. 이는 1擔을 140斤으로 계산할 경우25) 대략 642담에 해당한다. 642담은 건륭시기 生絲의 편차가 심하기 때문에 가격 산출이 쉽지 않다. 여기서는 영국 동인도회사가 중국에서 매입한 생사가격을 통해 생산액을 검토해 보자. 642담의 가격은 1담 최저가격 155~320냥의 평균 237냥을 적용하면26) 152,154냥이다.27) 물론 이 가격은 상인들이 동인도회사에 판매한 가격이기 때문에 농가에서 판매한 가격보다 높다. 그러면 생사가격 152,154냥은 건륭시기 오강현의 벼 생산과 비교하면 어느 정도 비중일까. 오강현의 벼 재배 면적은 경지면적 640,500

---

22) 乾隆『吳江縣志』권5,「物産」, 32쪽. 건륭시기의 재상 규모 수십만 주가 구체적으로 어느 정도인지는 알 수 없지만, 통상 수십만 주의 규모를 최대 10의 4배로 계산하면 40만 주에 해당한다. 이는 1432년 吳江縣의 재상 규모 44,746주의 10배이다. 그리고 1432년 오강현의 재상 규모 44,746주는 1,118무~894무에 해당한다.

23) 沈秉成,『蠶桑輯要』,「告示條規」, 2쪽.

24) 同治『蘇州府志』권12,「田賦(一)」, 35쪽.

25) 陳鏗,「淸代南平建甌地區田價硏究」,『中國經濟史硏究』1990-3, 64쪽.

26) 岸本美緖, 앞의 책, 147쪽.

27) 飼蠶의 소득에 대해서는 楊山山의『豳風廣義』에서도 기록하고 있다. 이 농서에 따르면 栽桑한 지 3년만에 每畝當 絲 9斛 즉 10여 냥의 수익을 얻을 수 있으며, 40畝~50畝의 토지 중 10餘畝 정도 栽桑한다면, 麥穀에 비해 수배 정도의 수익을 얻을 수 있었다(楊山山,『豳風廣義』권1, 21쪽).『豳風廣義』의 기록대로 가격을 산출하면 吳江縣의 생사 소득은 100,000냥이다.

무에 재상 면적 10,000무를 제외한 630,500무이다. 생산량은 1무에 미 3석을 적용하면 1,891,500석이고, 생산액은 1석 가격을 3냥으로 적용하면 5,674,500냥이다. 따라서 오강현의 생사 소득은 1/36 수준이다.

한편 재상만으로도 일정한 소득이 가능했다. 100그루(『蠶桑輯要』에 따르면, 2무에 해당함)에 뽕잎 20석~30석을 얻어 석당 500문 내지 600문(평시가격), 즉 10,000~12,000문에서 15,000~18,000문의 소득을 얻을 수 있었다.[28] 1,000문을 1냥으로 환산하면, 2무에서 20석의 뽕잎을 생산할 경우 최소 소득은 10냥이고, 최대 소득은 12냥이다. 2무에서 30석의 뽕잎을 생산할 경우 최소 소득은 15냥이고, 최대 소득은 18냥이다. 이 가격을 오강현의 재상 규모 10,000무에 적용하면 재상의 소득은 최소 50,000냥 최대 60,000냥이다. 또한 상의 껍질은 종이를 만들고, 가지는 땔감으로 사용되었기 때문에[29] 상 재배로 농가의 소득은 이보다 많았다. 그러나 1년에 상 재배에 사용되는 비용도 2냥 혹은 3냥 정도였기 때문에 재상으로 얻을 수 있는 소득은 늘어나기 어렵다.

이처럼 건륭시기 소주부 오강현에서는 곡물 벼 소득의 약 1/35에 해당하는 소득을 잠상에서 얻고 있었다. 오강현의 잠상 소득은 잠상업이 발달했던 진택현에 대해서도 같이 적용할 수 있을 것이다. 따라서 소주부 남쪽의 재상 재배 면적을 오강현 수준으로 계산할 경우 잠상 소득이 차지하는 비중은 상당히 높았다. 그러나 잠상 소득과 관련해서 몇 가지 고려해야 할 부분도 있다.

우선 고려해야 할 것은 일반 농가의 잠상 규모이다. 잠상 농서에 따

---

28) 沈練·仲學輅, 『廣蠶桑說輯補』卷下, 「雜說8條」, 47쪽.
29) 同治『湖州府志』권30, 「輿地略蠶桑上」, 18쪽. 桑皮는 杭州府 富陽縣의 것이 견고하여 벌레가 먹지 않아 가장 좋았다. 따라서 항주부 부양현에서는 주로 잎 판매로 이익을 올렸다. 그런데 이런 이유로 부양현에서는 묘목을 다른 지역으로 판매하지 않았으며, 다른 지역에서는 부양현 산 묘목으로 바꿀 수 없었다(同治『湖州府志』권30, 「輿地略·蠶桑上」, 9쪽). 嘉興府 石門縣과 桐鄕縣도 항주부 부양현과 함께 뽕잎의 주요 생산지였다(同治『湖州府志』권30, 『蠶桑上』).

르면 한 사람 힘으로 상을 심을 수 있는 규모는 3무이며, 두 사람 힘으로는 1連30)을 留蠶種할 수 있었다.31) 따라서 일반 농가에서는 잠상 규모를 무조건 확대할 수는 없었다. 또한 잠상이 농가 소득으로 자리잡기 위해서는 최소한 3년을 기다려야 했다.32) 이 같은 재상의 생장기간은 농가에서 상 재배를 꺼린 중요한 배경이었다.33) 결국 재상은 농가의 중요한 소득원으로서는 충분한 가치가 있었으나, 심은 지 5~7년을 기다린 이후에야 소득을 기대할 수 있었기 때문에 일반 농가에서는 쉽게 결정할 수 없었다. 농서의 저자들이 한결같이 먼 장래를 생각하고

---

30) 吳俗에서 1連은 1方이며, 1방은 1尺 7·8寸이다.
31) 농서의 잠상 규모에 대한 지적은 곡물생산 피해를 우려한 지주의 입장에서 서술되었을 가능성도 없지 않지만, 농가 노동력의 합리적인 이용을 고려하면 당시의 농가 사정을 반영하고 있다고 볼 수 있다. 예컨대 상 묘목간의 폭과 관리 등은 수확량과 밀접히 관련되어 있다. 농서의 저자가 잠상을 적당히 경영할 것을 요구한 것도 재배 기술상의 문제와 무관하지 않다고 본다. 이런 점에서는 면 재배도 예외일 수 없다. 면 재배에 적합했던 嘉定縣의 경우 지속적으로 면을 재배할 수 있었던 것은 결코 아니다. 대부분의 작물은 連作을 피해야 한다. 연작이 가능하기 위해서는 연작으로 인한 피해를 방지할 수 있는 조건들을 갖추어야 한다. 그러나 일반 농가에서는 연작을 가능케 할 수 있는 충분한 시비나 병충해 방지법과 같은 조건들을 쉽게 갖출 수가 없었다. 이런 상황에서 선택할 수 있는 방법은 연작을 피하는 일이다. 다음과 같은 지적은 연작의 피해를 잘 지적하고 있다. "벼와 棉은 반드시 相間種植 즉, 一年種稻, 3년 種棉해야 한다. 만약 계속 棉만 재배하면 花가 草竊되고, 오랫동안 비가 오면 또한 淹腐한다"(雍正『古今圖書集成』,「職方典」권676,「蘇州府·風俗考」).
32)『蠶桑輯要』에 따르면, 쌍을 심은 후 곤궁함을 구하는 데는 3년이 지나야 조금의 이익을 얻을 수 있으며, 큰 이익은 10년이 되어야 가능하였다(『蠶桑輯要』,「蠶桑雜記」, 17~18쪽). 농서에 소개된 農諺 "十歲之兒不能養老, 有十數畝之桑, 十年後可以養老"도 桑利의 기간을 잘 보여주고 있다.
33) 이러한 현상은 18세기 중엽 陝西에서도 나타나고 있다(楊山山,『豳風廣義』권1, 40쪽). 이 같은 현상은 19세기 중엽까지도 재상 보급에 중요한 문제로 지적되고 있었다(張行孚,『蠶事要略』,「興蠶桑條議」, 3쪽). 특히 張行孚는 긴 생육기간 때문에 중도에서 포기하는 농가가 없도록 신사들이 적극 나서줄 것을 요청하고 있다.

상을 재배할 것을 권유한 것도 바로 이 때문이었다.

일반 농가에서는 상을 재배할 땅도 부족했지만, 설령 재배할 경우라도 蠶時에는 富戶에게 돈을 빌려야 했다. 당시 전국에서 잠상이 가장 발달한 호주부에서도 "湖絲가 전국에 판매되었지만 湖民들은 一縷도 없다"[34]고 할 정도였다. 일반 농가의 상 재배와 관련해서 간과할 수 없는 또 하나의 사실은 상 재배에 필요한 비용이다. 상은 桑地가 반드시 높아야 병에 잘 걸리지 않았다. 상은 습한 곳을 싫어하고 마른 곳을 좋아하며, 척박한 곳을 싫어하고 비옥한 곳을 좋아했다. 그리고 상은 蔭蔽한 곳을 싫어하고 軒廠한 곳을 좋아한다. 그러므로 상은 광야에 심어야만 했다.[35] 이는 곧 비옥한 곳이라야 충분한 소득을 얻을 수 있다는 사실을 의미한다. 더욱이 상이 비옥한 땅을 좋아하기 때문에 충분한 시비가 이루어져야 했다. 대체로 재상 시비는 겨울과 봄에 이루어졌다. 비료는 人糞, 畜糞, 稻草灰, 罱河泥, 上田中稻稈泥, 菜餠, 豆餠, 頭蠶沙㶉(二蠶은 불가능), 猪糞 등이었다. 그런데 이 같은 비료는 매년 한 차례 해야 하고, 적으면 큰 효과가 없었다. 따라서 시비는 1년에 2~3차례 필요했다.[36] 또한 상의 정상적인 성장을 위해서는 근처에 대맥은 물론 버들도 심을 수 없었다.[37]

재배기술과 가격 문제도 고려해야 할 사항이다. 상 재배는 지리에 적합해야 할 뿐 아니라 점진적으로 추진해야 했다. 그 이유는 단기간에 잠상의 이익을 기대할 수 없었기 때문이다. 따라서 다른 지역의 실상을 보고 익힌 뒤에 결정해야 했다. 농서의 저자들이 반드시 전문가의 試演을 보고 난 뒤에 상 재배 결정을 강조한 것도 바로 이 때문이

---

34) 同治『湖州府志』권30,「輿地略・蠶桑上」, 22~23쪽. 東林山의 경우는 지형적인 이유로 상 재배로 인한 수익이 거의 없었다(同治『湖州府志』권30,「輿地略・蠶桑上」, 17쪽).
35) 同治『湖州府志』권30,「輿地略・蠶桑上」, 17쪽.
36) 同治『湖州府志』권30,「輿地略・蠶桑上」, 16쪽.
37) 同治『湖州府志』권30,「輿地略・蠶桑上」, 17쪽.

었다. 만약 鄕人이 직접 보지 않고 다른 지역의 소문만으로 재배할 경우에는 실패할 가능성이 높았다.38) 가격 안정은 잠상 농가에게는 그 무엇보다도 중요했다. 뽕잎의 판매(稍葉) 예약제도 있었지만 대체로 가격 변동이 심했다. 특히 가격은 언제 파느냐에 크게 좌우되었다. 예컨대 귀할 때는 10개(1개는 20斤)당 전 4~5緡이었으나, 천할 때는 一飽에도 이르지 못했다. 특히 葉船이 지나간 뒤에는 백근이라도 錢百에 지나지 않았다.39) 이처럼 상엽가격은 湖俗에 "仙人도 엽가를 가늠하기 어렵다"40)고 할 만큼 변동이 잦았다.

마지막으로 강남의 농업이 인구를 부양할 수 있었는지에 대해 검토해 보자. 이 문제는 강남 나아가 청대 중국 농업의 성격을 이해하는 데 중요한 부분이다.41) 농업 생산과 인구간의 관계를 이해하기 위해서는 우선 곡물 소비량을 검토해야 한다. 『補農書』에 의하면 長工이 소비한 쌀은 5석 5두였다.42) 장공이 1년 임금노동자라면 그가 하루에 소비한 쌀은 대략 1.2승이다. 한편 상주부 출신 홍량길은 한 사람이 1년 동안 굶주림을 면하는 데 필요한 쌀을 4석으로,43) 강고는 망공의 하루 쌀 소비량을 2승으로 보고 있다.44) 이는 1년에 7.2석 소비하는 양이다. 이처럼 17세기 중엽과 19세기 중엽에는 1인당 쌀 소비량에 대한 인식이 다르다. 이 같은 인식의 차이는 시대와 지역간의 차이로 볼 수 있다. 그러나 이상의 세 기록은 가장 기본적인 소비량으로 볼 수 있기 때문

---

38) 張行孚, 『蠶事要略』, 「興蠶桑條議」, 2~3쪽.
39) 또 다른 기록에는 貴할 때는 每擔當 錢 2,000~3,000이었으나, 賤할 때는 錢 200~300이었다(張行孚, 『蠶事要略』, 「采桑」, 7쪽).
40) 張行孚, 『蠶事要略』, 「采桑」, 8쪽.
41) 오금성 교수는 명・청대에 '농업혁명'의 시기로 불리는 송대 못지 않은 생산성과 생산량의 증가가 있었으며, 급격한 인구 증가에도 불구하고 농업의 발달이 인구를 부양할 수 있었던 것으로 평가하고 있다(吳金成, 앞의 논문, 122쪽).
42) 張履祥, 『補農書(上卷)』, 「耘田之法」, 76쪽.
43) 洪亮吉, 『卷施閣集』 권1, 「生計篇」, 7~8쪽.
44) 姜皋, 『浦泖農咨』, 「日 38」.

에 이 기준으로 쌀 소비를 산출하는 데는 큰 무리가 없을 것이다. 우선 1735년과 1820년 강남의 쌀 소비량을 계산해 보자.

<표 90> 1735년 강남의 쌀 생산량과 소비량

府	인구(丁)	생산량(石)	소비량(石)	계(石)
蘇 州	488,862	18,799,500	2,688,741	16,110,759
松 江	249,190	12,262,500	1,370,545	10,891,955
常 州	650,798	18,705,000	3,579,389	15,125,611
鎭 江	138,715	15,225,000	762,932	14,462,067
太 倉	186,078	10,504,800	1,023,429	9,481,371
江 寧	169,979	15,784,200	934,884	14,849,315

* 人口와 田地는 乾隆『江南通志』권69, 74. 전체 소비량은 1인 1년 5.5석 소비로 계산.

<표 91> 1820년 강남의 쌀 생산량과 소비량

府	인구(丁)	생산량(石)	소비량(石)	징세액(石)	계(石)
蘇 州	5,914,810	18,768,508	23,659,240	883,318	-5,771,050
松 江	2,855,775	12,146,613	11,423,100	428,148	295,365
常 州	4,449,558	16,737,792	17,798,232	355,170	-1,415,610
鎭 江	2,372,512	15,600,069	9,490,048	213,251	5,896,770
太 倉	1,950,872	11,888,013	7,803,488	158,132	3,926,393
江 寧	2,072,536	15,771,847	8,290,144	104,999	7,376,704

* 人口와 田地는 嘉慶『重修一統志』권72~103. 전체 소비량은 1인 1년 7.2석 소비로 계산.

1735년 강남의 쌀 총생산량은 91,281,000석, 총소비량은 10,359,920석이다. 따라서 1735년 강남의 쌀 잉여량은 80,921,080석이다. 이는 1인당 42.9석에 해당한다. 이 같은 통계는 1735년 시기에는 강남의 벼 생산량이 인구를 충분히 부양할 수 있는 수준이었음을 보여주는 것이다. 이 시기에는 모든 지역이 생산이 소비보다 많다. 한편 1820년 강남의 쌀 총생산량은 90,912,842석이며, 총소비량은 78,464,252석이다. 따라서 1820년 강남의 쌀 잉여량은 12,448,590석이다. 이는 1인당 1.6석에 해당한다. 1.6석은 1인 1년 소비량 7.2석의 1/4.5 수준이다. 그런데 여기에 세금(2,143,018석)을 제외하면 10,305,572석이 남는다. 이는 강남의 인구(19,616,063정) 1인당 0.5석에 해당한다. 0.5석은 1인이 1년 동안 소비하는 식량소비량 4석의 1/14.4 수준이다. 따라서 강남에서 식량용으로 수입해야 할 쌀은 131,427,622석이다.

    요컨대 1820년의 쌀 생산과 소비는 소주부와 상주부의 예에서 보듯이 소비가 생산을 초과하고 있다. 더욱이 앞에서도 분석한 바대로 소주부와 송강부의 경우는 벼 재배 면적이 다른 지역에 비해 작았기 때문에 쌀 생산과 소비간의 불균형은 더욱 심했다. 이러한 현상은 인구 증가 때문이었다. 특히 소주부, 상주부, 송강부의 인구 압력은 다른 지역에 비해 심했다. 이들 지역의 1인당 평균소득은 현저히 낮았다. 인구 압력이 강했던 이들 지역 중 송강부와 소주부는 면상 재배를 통해 인구 압력을 해결하려 했다. 송강부에서는 곡물 재배 면적보다 면 재배 면적이 많았으며, 소주부 오강현에서는 상 재배 면적이 곡물 재배 면적보다는 적었지만 소득 비중은 재배면적에 비해 상당히 높았다. 따라서 두 지역의 농업은 곡물 중심이라기보다는 면상업 중심이었다고 볼 수 있다. 단지 송강부와 소주부를 제외한 다른 지역의 경우에는 곡물의 비중이 높았다. 또한 1735년과 1820년 강남의 쌀 생산량은 전체 인구를 부양할 수 있었으나, 1820년에는 인구가 많은 소주부, 상주부, 송강부 등지에서는 인구를 부양할 수 없었다.

6장 결론

 강남은 唐 중기 이후 경제 선진지역이었다. 이 지역에 대한 평가는 중국사회 성격에 대한 이해와 밀접히 관련되어 있었다. 청대 전기 강남의 농업경제에 대한 분석도 중국의 사회 성격에 대한 평가와 무관할 수 없다. 청대 중국사회의 성격을 파악하는 데는 여러 가지 방법이 있지만 생산력에 대한 이해는 중요한 부분이다. 생산력을 중심으로 청대 강남의 전기 농업을 검토한 결과 획기적인 변화는 없었다. 그런데 농업 분야에서 획기적인 변화는 동력 기계와 화학비료, 농약 등 근대적인 기술 도입이 전제되어야 가능하다. 그러나 19세기 중반까지 중국사회에 근대적인 기술 도입은 이루어지지 않았다. 따라서 이 시기 강남의 농업 분야에서 획기적인 변화를 기대하는 것은 무리이다. 그러나 이 시기 강남의 농업에도 적지 않은 변화가 있었다.
 농업생산에서 큰 비중을 차지하는 농업기술 분야의 경우 중요한 변화는 농서의 발달이었다. 그러나 기존의 연구에서는 농서 발달에 대해서는 거의 주목하지 않았다. 농서 목록에 따라 농서의 편수도 다르지만 아직 편찬 농서를 정확하게 알 수 없다. 왜냐하면 아직 미발견 혹은 미간행 농서가 아주 많기 때문이다. 최근의 농서 목록에 따르면, 명·청대의 농서는 1,388종이다. 이 중 청대의 농서만 정리하면 1,014종이다. 이처럼 청대에는 명대에 비해 농서 수가 엄청나게 늘어났다. 청대의 농서 중 강남지역 출신이 차지하는 비율은 각 농서 편찬자의 출신자를 정확하게 알 수 없기 때문에 그 비중을 가늠하기 어렵지만, 한 가지 분명한 사실은 다른 어떤 지역보다 강남지역 출신이 많다는 점이다. 더욱이 강남 출신의 농서 편찬은 청 전기보다 청 중기에 양적 증가를 보이고 있다. 특히 청 중기의 농서 편찬은 경제작물류를 중심으로 이루어졌다. 경제작물류의 농서는 소주부와 진강부 출신이 많이 편찬하였으나, 잠상류의 경우에는 호주부 출신이 가장 많다. 이러한 강남의 농서 편찬의 양적 추이와 특징은 이 지역의 농작물 분포와 밀접히 관련되어 있었다.

청대 강남의 농구 수준은 전대와 거의 같았다. 이 같은 강남의 농구 수준은 이 지역만의 특징은 아니었다. 청대 농서 중 농기류는 겨우 6편에 불과할 뿐이다. 동력 기계가 등장하지 않는 한 농업 분야의 농구는 개선의 여지가 많지 않다. 이런 점에서 이 시기 강남의 농구 수준이 전대와 비슷한 것은 놀랄만한 일은 아니다. 단지 제초 기구인 중경 농구와 개선된 관개기구의 도입은 농구의 발전은 아니더라도 농업 분야에서는 하나의 변화였다. 그러나 새로운 농구의 도입이 곧 농업 생산으로 연결되는 것은 아니었다. 농구의 사용은 농구의 비용과 구입 농가의 경영 방식, 그리고 농구에 대한 인식 여하에 달려있기 때문이다.

강남의 일반 농가에서는 개선된 관개기구의 도입에 소극적이었으며, 가경시기에 이르러서야 적극적으로 이용하였다. 따라서 청 중기 이전까지 강남의 일반 농가의 농구 사용은 거의 전대의 것을 사용하였다. 한편 벼 경작 기술에 관한 『강남최경과도편』과 『다가집』 등의 농서는 올벼 재배법과 「種田新法」 등 새로운 기술을 담고 있지만, 이 농서들은 도광 말경에서야 편찬되었다.

벼 품종의 양적 증가도 청대 강남의 농업 발달에 기여하였다. 아직 청대 벼 품종에 대한 정확한 통계는 물론 구체적인 품종 명에 대한 연구는 거의 없다. 청대 강소성의 경우 품종 수는 대략 1,500여 종이며, 그 중 메벼는 1,000여 종, 찰벼는 500여 종이다. 이 같은 강소성의 벼 품종 수는 명대의 200여 종에 비하면 엄청난 증가이다. 그러나 품종 수와 관련해서 간과하지 말아야 할 것은 기존의 통계에서 밝히고 있는 벼 품종 수가 대부분 중복 품종 수라는 점이다. 강소성의 실제 품종 수는 대략 전체 품종 수의 절반이었다.

벼 품종 수의 양적 증가는 강남의 벼농업 특성과 밀접히 관련되어 있었다. 이 지역의 벼 재배는 많은 벼 품종 수와 비례해서 다양한 품종이 재배되었다. 이에 따라 강남에서는 기후와 토양에 따라 벼 품종이 선별·재배되었다. 특히 찰벼 품종의 양적 증가는 두드러졌다. 이는 벼 상품화의 일환이었다. 찰벼의 상품화는 술 소비 증가에 따른 것이었다. 술 소비는 소비 공간과 수요자를 전제로 한다. 강남은 그 어떤 지역보다 인구가 많고 도시가 발달한 곳이었다. 이러한 강남의 사회 환경은 이 지역의 벼농업에 적지 않은 영향을 주었다. 강남에서 벼 재배가 올벼보다는 미질이 우수한 늦벼 중심으로 이루어진 것도 바로 이 때문이었다. 우수 품종 재배는 다른 품종에 비해 높은 가격에 판매되었다.

강남의 벼 품종과 관련해서 특기할 만한 것은 1715년경 선 계통인 어도의 개발과 재배이다. 어도의 개발은 강남의 단위 면적당 벼 수확량을 증가시키는 데 기여하였다는 점에서 중요한 의미를 갖는다. 어도의 개발로 강남에서도 이기작이 가능하였다. 어도의 수확량은 재배기술에 따라 다르지만 1차 재배 때는 무당 3석 전후, 2차 재배 때는 1.5석에서 2석 정도였다. 어도의 재배는 민간의 식량난을 해결했다는 평가를 받고 있다. 그러나 어도 재배는 수확량 자체만을 생각하면 재배 가치가 높지만, 몇 가지 문제도 안고 있었다. 우선 어도가 확대·보급되기 위해서는 재배법이 충분히 보급되어야 한다. 당시 강남에서는 이모작 관행이 자리잡고 있었던 시기이다. 따라서 올벼 계통의 어도 재배는 재배기술이 필요했다. 어도의 시험 재배 과정에서의 불규칙한 수확량은 어도 수확량에 재배기술이 얼마나 중요한지를 잘 보여주고 있다. 도광 말 이언장과 임칙서 등이 식량 문제를 해결하기 위해 올벼 재배법을 담은 농서를 간행한 것도 도광 이전까지 강남의 올벼 재배기술이 제대로 보급되지 않았음을 잘 보여준다.

　강희시기의 저온 현상도 어도 재배의 확대를 저해한 중요한 요인이었다. 벼 재배는 일정한 온도가 유지되지 않으면 정상적인 수확이 불가능하다. 그런데 이 시기는 이른바 「小氷期」였기에 올벼의 확대 재배는 결코 쉽지 않았다. 어도가 세금납부에 사용되지 못했던 것도 농가에서 적극적으로 어도를 재배하지 않은 이유였다. 일반 농가에서 어도를 재배하지 않은 보다 근본적인 이유는 어도 재배가 농가 소득에 큰 도움이 되지 않았기 때문이었다. 농작물 재배는 결국 농민들의 선택에 좌우된다. 그런데 농민들의 작물 선택 기준은 소득일 수밖에 없다. 따라서 일반 농가의 어도 재배는 기존의 농작물 재배 방식인 이모작보다 높은 수익을 보장할 때만이 가능했다. 그러나 일반 농가에서는 재배기술 문제로 실패 가능성이 높은 어도 재배보다는 수익이 일정하게 보장되었던 이모작을 선호했다.

　이맥과 두 등 이른바 춘화작물에 대한 연구는 드물다. 그러나 춘화작물의 비중은 결코 낮지 않았다. 강남에서 춘화작물이 본격적으로 재배된 시기는 18세기였다. 춘화작물 재배는 벼 재배 주기와 밀접히 관련되어 있다. 즉 이맥과 벼의 이모작 형태는 벼 재배가 중·늦벼 중심이어야 가능하다. 강남의 벼 품종 중 중·늦벼가 많은 것도, 올벼 재배가 확대되지 않았던 것도 바로 이 때문이었다. 한편 본격적인 춘화 재배는 이기작보다 높은 수익을 보장할 때만이 가능하다. 우선 춘화 재배는 벼 재배보다 투자비와 노동력이 적게 든다는 장점을 가지고 있다. 더욱이 춘화 작물의 가격도 투자비와 노동력에 비하면 상당히 높았다. 특히 강희시기 춘화가격은 미가와 큰 차이가 없었다. 그러나 소작인이 춘화를 재배할 경우에는 사정이 달랐다. 왜냐하면 춘화 재배가 곧 벼 수확에 영향을 주었기 때문이다. 다시 말하면 소작인이 춘화를 심은 후 벼를 심을 경우 지력의 감소로 벼 수확량에 지장을 초래했던 것이다.

따라서 지주의 입장에서는 소작인의 춘화 재배를 꺼렸다. 결국 농작물의 재배가 수익성에 따라 결정된다면, 지주와 소작인간의 갈등은 피할 수 없다. 이러한 양자간의 갈등 관계는 어느 한쪽이 자신의 이익을 포기하지 않는 한 해결될 수 없다. 춘화작물에 대한 소작료 부과와 소작인의 저항은 보다 많은 소득을 확보하기 위한 양측의 작물 선택을 둘러싼 갈등의 산물이었다.『포묘농자』와『경심농화』등 일부 농서에서 춘화 재배의 부정적인 측면을 강조하고, 이기작을 주장하고 있는 것도 작물 재배 선택에 대한 농서 편찬자의 이해 관계를 반영한 것이다.

한 시대의 물가도 작물 재배와 밀접히 관련되어 있다. 청 중기 이전 강남의 곡물가격에 대해서는 다른 분야에 비해 많은 연구가 이루어졌다. 이 시기 강남의 곡물가격은 순치시기에는 고물가, 강희·옹정시기에는 저물가시대였다. 그리고 건륭 이후에는 물가가 전반적으로 상승하였다. 그러나 가경시기부터는 물가 동향을 이해할 만한 통계자료가 없는 실정이다. 단지 도광시기(1832년 8월) 강남의 곡물가격은 기존의 연구에서 언급하지 않았다는 점에서 자료상의 가치가 있다. 특히 1832년의 곡물가격은 동일시기 강남의 지역간 물가 차이를 이해하는 데 큰 도움을 주고 있다. 그런데 청 전기의 곡물가격은 공급과 수요에 따라 가격이 결정된 게 아니라 청 정부의 가격 정책에 좌우되었다. 반면에 건륭시기 이후의 곡물가격은 대체로 생산과 소비에 따라 결정되었다. 따라서 강희시기와는 달리 건륭시기 이후에는 자연재해로 수확량이 감소할 경우 곡물가격은 상승하였다. 그리고 도광시기의 곡물가격은 전반적으로 높았으나, 인구밀도가 높고 곡물 재배 면적이 적었던 소주부와 송강부의 곡물가격은 낮았다. 이는 일반적인 물가 패턴과는 다른 양상이다. 이들 지역의 상대적인 저물가 현상은 유통 발달 때문이었다. 특히 소주부는 강남에서도 유통이 가장 발달한 곳이었다. 소주부는 외부에서 들어온 이른바 客米의 집산지였다.

청 전기 곡물 생산은 인구 증가와 가경시기부터 빈번해진 자연재해 등으로 점차 둔화되었다. 그 중 자연재해는 곡물 수확량의 감소에 큰 영향을 주었다. 자연재해 문제는 이 시기 강남의 농업과 관련해서 간과할 수 없는 부분이다. 그러나 그간의 연구에서는 이 부분에 큰 관심을 기울이지 않았다. 강남의 자연재해 원인은 자연적인 현상이라기보다는 홍수를 조절하는 수리시설의 미비 때문이었다. 그리고 수리시설 미비는 대부분 재정 부족 때문이었다. 또한 경작지 중 많은 부분을 차지한 우전도 수재의 한 요인이었다. 가경 이후 빈번한 자연재해와 복구 지연은 선진 경제지역인 강남의 곡물 수확량에 큰 영향을 주었다. 자연재해 중 수재의 특징은 복구가 쉽지 않을 뿐 아니라 지력을 급속하게 감소시킨다는 점이다. 가경 이후 강남의 곡물 수확량이 줄어든 것은 바로 지력 감소 때문이었다. 이런 상황은 강남의 경제 기반을 위협하는 것이었다. 강남의 경제 기반 회복은 곡물 농업만으로는 어려웠다. 그만큼 농가경제는 어려운 상황에 놓여 있었다. 도광시기 강남의 경제작물 재배는 이 같은 곡물 생산량의 저하에 따른 농가의 불가피한 선택이었다. 지방관들이 경제작물 재배를 위해 적극적으로 나선 것도 이 지역의 경제 회복이 절실했기 때문이었다.

경제작물을 대표한 면·상업은 중국 강남의 경제 수준을 가늠하는 하나의 잣대였다. 그러나 그간 이 분야의 연구자들은 강남 전역의 면·상 재배 상황에 대해서는 구체적으로 분석하지 않았다. 따라서 강남의 면·상 재배 상황에 대한 분석은 이 지역의 경제작물의 비중을 이해하는 데 중요하다. 강남 중에서 상주부와 소주부 북부와 송강부, 그리고 태창주는 면업이 발달하였다. 특히 송강부는 송대이래 중국에서 면업이 가장 발달한 곳이었다. 송강부의 면업 발달은 면 재배에 적합한 이 지역의 지리적 특징과 함께 황도파의 면업기술 보급, 그리고 유통발달 때문이었다. 청 중기 이전 강남 농서 중 유일한 면 관련 농서인 『목면보』도 송강부를 대상으로 한 작품이다.

소주부와 호주부는 강남 중에서 잠상업이 발달한 곳이었다. 소주부 남부에서 일찍부터 잠상업이 발달한 이유는 이 지역이 태호 연안에 위치해 있을 뿐 아니라, 당시 중국에서 잠상업이 가장 발달한 절강성 호주부와 인접해 있었기 때문이었다. 그리고 이 지역은 당시 유통이 가장 발달한 곳이기도 했다. 특히 호주부 출신들은 잠상 관련 농서를 가장 많이 간행하였다. 강남의 이 같은 작물 분포는 각 지역의 인구 분포와 밀접히 관련되어 있다. 즉 인구가 많은 지역에서 경제작물이 재배되었다.

청 중기 이전 강남의 농가 소득에 대해서는 그간 거의 관심을 기울이지 않았다. 본고에서는 통계의 신뢰도를 높이기 위해 인구와 田地통계가 정확한 1735년과 1820년을 분석 시기로 설정하였으며, 구체적인 소득 분석은 소주부와 송강부를 분석대상으로 삼았다. 청 전기에 해당하는 1735년 강남의 벼 소득은 인구를 부양할 수 있었다. 그러나 청 중기에 해당하는 1820년 강남의 벼 소득은 인구를 부양할 수 없었다. 특히 1820년의 쌀 생산과 소비는 소주부와 상주부 경우 소비가 생산을 초과하였다. 이러한 현상은 이 지역의 많은 인구 때문이었다. 이는 인구가 청 중기 강남의 농작물 분포는 물론 농가 소득에도 큰 변수로 작용하고 있음을 보여주는 것이다.

한편 송강부에서는 곡물 재배 면적보다 면 재배 면적이 많았으며, 소주부 오강현에서는 상 재배 면적이 곡물 재배 면적보다는 많지는 않았지만, 소득 비중은 재배 면적에 비해 높았다. 이처럼 인구가 많은 지역을 중심으로 이루어진 면·상업은 곡물농업에 비해 노동시간은 많았으나, 곡가에 비해 면상제품 가격은 높았기 때문에 농가 소득도 많았다. 이는 면·상 재배를 확대시킨 중요한 요인이었다. 도광시기를 기점으로 강남의 재배 작물이 점차 상으로 대체되어 간 것도 경제작물의 소득과 밀접하게 관련되어 있었다.

개항 후 강남의 농업경제에 대한 이해는 개항 전 강남의 농작물 분포 추이를 이해한 뒤에야 가능하다. 그런데 강남의 상 재배와 관련해서 간과하지 말아야 할 것은 상이 일반 농가의 수익으로 자리잡기 위해서는 적어도 세 가지 사실이 전제되어야 한다는 점이다. 하나는 농가에서 상 재배로 수익을 얻기까지는 최소 3년에서 최대 10년이 소요된다는 사실이다. 이 같은 상의 긴 생장기간은 일반 농가에서 상 재배를 쉽게 결정할 수 없도록 만든 중요한 요인이었다. 곡물 농업에 익숙한 농가에서 투기 성격을 지닌 상 재배를 선택하기에는 상 재배기간이 너무 길었던 것이다. 상 재배의 투기성은 잠상 농서의 저자들이 상 재배를 권장하면서도 농민들에게 반드시 상 재배의 성공 사례를 직접 확인할 것을 강조한 데서도 알 수 있다. 이처럼 일반 농가의 상 재배는 이 작물의 높은 수익만으로 가능한 것은 아니었다.

다음으로 고려해야 할 것은 상의 재배기술이다. 도광시기 이후 본격적으로 재배되고 있는 강남의 상은 대부분 절강성 호주부에서 생산된 湖桑이었다. 따라서 이 지역의 잠상업 발달은 호상의 도입 여부와 밀접하게 관련되어 있었다. 그러나 호상은 생산지인 호주부에서 상품의 가치 때문에 다른 지역인들에게 쉽게 판매하지도 않았지만, 재배법 보급도 쉽지 않았다. 따라서 호주부 이외 지역으로 상을 재배하기 위해서는 잠상 농서의 보급과 보급 기술의 전파가 중요한 역할을 하였다.

마지막으로 상 재배와 관련해서 농서의 저자들도 지적하고 있는 것처럼 곡물농업과의 관계를 고려해야만 한다. 잠상업에 대한 적극적인 종사는 노동력을 감안할 경우 곧 곡물농업에 대한 소홀을 의미한다. 물론 유휴 노동력의 이용을 고려할 수 있지만, 일반 농가에서 임금노동자를 이용하기란 쉽지 않았다. 따라서 일반 농가의 잠상업은 곡물농업간의 수익은 물론 농민들의 곡물에 대한 인식도 함께 고려해야 한다. 일부 지역에서는 오히려 경제작물 재배에서 곡물작물 재배로 전환하고 있는 경우도 발견되기 때문이다. 요컨대 개항 이후 강남의 잠상업, 나아가 농업경제를 이해하기 위해서는 이러한 상 재배상의 몇 가지 특징들을 충분히 고려할 필요가 있을 것이다.

附錄 1. 청대 강소성의 벼 품종 표

<표 1> 19세기 海州의 벼 품종

州	縣	메 벼	찰 벼
海州		秈稻芒稻	糯稻
計	3	2	1

자료 : 嘉慶 『海州直隷州志』 권10, 「物産」.

<표 2> 18세기 淮安府의 벼 품종

府	縣	메 벼	찰 벼
淮安府	清河縣	小芒稻, 香稻, 旱稻	
計	3	3	

자료 : 乾隆 『授時通考』 권20, 「穀種・稻二」.

<표 3> 18세기 揚州府의 벼 품종(1)

府	縣	메 벼	찰 벼
揚州府		黃稑, 烏節, 大香秈, 小香秈, 斑秈, 小赤秈, 小白秈, 龍爪秈, 六月秈, 齊梅秈, 蘆桿秈, 葉裏秈, 麻舠秈, 大鵝秈	
計	14	14	

자료 : 雍正 『古今圖書集成』, 「職方典」 권763.

<표 4> 18세기 揚州府의 벼 품종(1)

府	縣	메 벼	찰 벼
揚州府		黃稑, 烏節, 大香, 小香, 斑秈, 小赤秈, 小白秈, 龍爪秈, 六月秈, 齊梅秈, 蘆桿秈, 葉裏秈, 麻舠秈, 大鵝秈, 白殼, 白芒, 早白, 晚白, 晚黃, 赤鬚, 黑支, 焦黃, 烏口, 大紅芒, 小紅芒, 下馬看, 六月白, 鷺鷥白, 丫田青, 救公饑(早紅稻), 綆子, 籠下歡, 潮水白, 拖犁歸, 深水紅, 梅裏黃, 弔殺鷄, 張公赤, 磊塊	趕陳羊, 脂燕口, 羊鬚, 秋紅, 橘皮, 烏飪, 麻舠, 虎皮, 豬鬃, 粉皮, 秋風, 雀不覺, 燕口, 紅芒, 麻筋, 穗前黃, 江南白, 駝兒磕, 深水紅, 長芒白

揚州府		赤, 山骨崙, 鶴殼鳥, 馬尾赤, 泰州紅(海陵紅), 紫紅芒, 雀不知, 觀音白, 瓜熟(救公饑), 龍爪, 鯽魚, 葉裏藏, 鷄殼鳥, 豬林, 五十日, 六十日, 秈稻, 斑秈, 六月秈, 齊梅秈, 蘆趕秈, 龍爪秈, 鯽魚秈, 葉裏秈, 苞裏齊, 拖犁歸, 小赤秈, 小白秈, 麻觔秈, 大鵝秈, 大香秈, 小香秈	
計	91	70	21

자료 : 乾隆『授時通考』권20,「穀種・稻二」.

<표 5> 18세기 揚州府의 벼 품종(2)

府	縣	메벼	찰벼
揚州府	寶應縣	白稻, 早白稻, 軟頸白, 羊鬚白, 駝兒白, 靑稭白, 靑芒兒白, 頂霜白, 黃花稻, 小黃稻, 深水紅, 鶴脚烏, 下馬看, 弔殺鶴, 母豬鱗, 白秈, 一水秈, 玉斑秈, 齊頭秈, 六月白, 香稻, 紅秈, 早紅蓮, 觀音柳, 古上褸, 五十日, 蘆管秈, 小黃稻, 晩稻(上白米), 大晩稻	秋風糯, 麻觔糯, 烏絲糯, 趕上陳, 雀不覺, 羊鬚糯, 胭脂糯, 烏金糯, 虎皮糯魚鱗糯, 拖犁歸, 趕上陳雀不知
計	43	30	13

자료 : 乾隆『授時通考』권20,「穀種・稻二」.

<표 6> 18세기 揚州府의 벼 품종(3)

府	縣	메벼	찰벼
揚州府	泰州	海陵紅(泰州紅), 馬尾赤, 鶴脚鳥, 雀不知, 隨犁歸, 救公饑, 六十日白, 觀音秈, 駝兒白, 小香早, 香黑早, 白早, 早秈, 斑秈, 焦芒, 靑芒, 赤芒, 黃芒, 紫紅芒, 烏殼, 深水紅, 丫田靑, 下馬看, 鯽魚秈, 香粢, 鱔魚黃	趕陣糯, 羊脂糯, 燕口糯, 羊鬚糯, 虎皮糯, 秋紅糯, 紅糯
計	33	26	7

附錄 1. 청대 강소성의 벼 품종 표 219

자료 : 乾隆 『授時通考』 권20, 「穀種・稻二」.

<표 7> 19세기 揚州府 벼 품종(1)

府	縣	메 벼	찰 벼
揚州府		黃稑, 烏節, 小香斑秈, 大香斑秈, 水赤秈, 小白秈, 龍爪秈, 六月秈, 齊梅秈, 蘆桿秈, 葉裏秈, 麻觔秈, 大鵝秈, 白穀, 白芒, 早白, 晚白, 晚黃, 赤鬚, 黑支, 焦黃, 烏口, 大紅芒, 小紅芒, 下馬看, 六月白, 鷺鶯白, 了田靑, 救饑公, 綀子, 籠下歡, 潮水白, 拖犁歸, 深水紅, 梅裏黃, 弔殺鷄, 張公赤, 磊塊赤, 山骨崙, 鶴脚烏, 馬尾赤, 泰州紅, 紫紅芒, 雀不知, 觀音白, 烏絲, 蜀秫, 七里香粳, 晚稻, 江南白, 駝兒白, 長芒白, 秈瓜熟, 鯽魚, 黑稻, 鴨脚烏, 猪鱗, 秈苞裏齊, 白稻, 軟頸白, 靑稭白, 靑芒兒, 頂霜白, 晚稻, 黃花稻, 小黃稻, 四十日, 晏五日, 望江南, 秋前五, 江西早, 過山龍, 鷄脚黃, 吳江早, 江芒子, 大紅旗, 黃羅傘, 博十分, 烏衫子, 銀條秈, 一水秈, 大頭秈, 頂芒秈, 牛口秈, 黃瓜秈, 搶場白, 香白稻, 海裏秀, 齊頭白, 頂頭子, 金穀黃	赶上陳, 羊脂, 燕口, 羊鬚, 秋紅, 橘皮, 烏恁, 麻觔, 虎皮, 猪鬃, 粉皮, 秋風, 雀不覺, 五十日, 六十日, 小赤秈, 糯稻, 紅糯, 女兒紅, 虯芒糯, 胭脂糯, 留親家母, 玉斑秈, 早紅蓮, 觀音柳, 古上樓, 烏金糯, 魚鱗糯, 烏殼, 香粢, 鱓魚黃, 香子糯
計	123	91	32

자료 : 嘉慶 『重修揚州府志』 권61, 「物産」.

<표 8> 19세기 揚州府의 벼 품종(2)

府	縣	메벼	찰벼
揚州府	東臺縣	黃稑, 烏節, 隨犁歸, 海陵紅, 雀不知, 六十日白, 早香, 救公饑, 觀音秈, 深水紅, 駝兒白, 黑早, 白早, 早秈, 焦芒, 靑芒, 赤芒, 黃芒, 烏殼, 金秈, 御秈稻, 斑秈, 晏十日, 飛來秈, 香粢, 鱔魚黃, 早紅蓮, 下馬看	秤陳糯, 槐花糯, 燕脂糯, 羊脂糯, 麻鬃糯, 香子糯, 順水紅, 了田靑, 黃花稻, 鯽魚秈, 西天白, 羊鬃糯, 虎皮糯, 鶴殼烏
計	42	28	14

자료: 嘉慶『東臺縣志』권19, 「物産」.

<표 9> 19세기 揚州府의 벼 품종(3)

府·州	縣	메벼	찰벼
揚州府	高郵州	四十日, 五十日, 六十日, 拖犁歸, 晏五日, 望江南, 秋前五, 江西早, 赶上城, 斑秈, 六月秈, 過山龍, 鷄脚黃, 吳江早, 拖犁撒, 江芒子, 靑芒子, 潮水白, 黃羅傘, 瓜兒熟, 大紅旗, 博十分, 鳥衫子, 齊眉秈, 龍爪秈, 銀條秈, 鯽魚秈, 葉裏秈, 苞裏齊, 小赤秈, 小白秈, 麻舠秈, 大鵝秈, 大香秈, 小香秈, 一水秈, 大頭秈, 頂芒秈, 觀音秈, 牛口秈, 黃瓜秈, 蘆捍秈, 早白稻, 晩白稻, 搶場白, 軟頸白, 羊鬃白, 它兒白, 靑楷白, 靑芒兒, 頂霜白, 香白稻, 海裏秀, 齊頭白, 大晩稻, 小晩稻, 黃花稻, 小黃稻, 深水紅, 鶴脚烏, 下馬看, 弔殺鷄, 了田靑, 牡猪苓	秋風糯, 麻舠糯, 鳥絲糯, 雀不覺, 羊鬃糯, 頂頭子, 金殼黃, 粉皮糯, 馬鬃糯, 紅糯, 女兒紅, 蚓芒糯, 胭脂糯, 留親家母
計	78	64	14

자료: 嘉慶『高郵州志』권4, 「物産」.

附錄 1. 청대 강소성의 벼 품종 표 221

<표 10> 19세기 揚州府의 벼 품종(4)

府·州	縣	메 벼	찰 벼
揚州府 泰州		泰州紅, 馬尾赤, 鶴脚烏, 雀不知, 隨犁歸, 救公饑, 六十日白, 觀音秈, 駝兒白, 小香, 早香, 黑早, 白早, 早秈, 斑秈, 焦芒, 靑芒, 赤芒, 黃芒, 紫紅芒, 烏穀, 深水紅, 了田靑, 下馬看, 鯽魚秈, 香粢, 鱔魚	趕陣糯, 羊脂糯, 燕口糯, 羊鬚糯, 虎皮糯, 秋紅糯, 紅糯, 香子糯
計	35	27	8

자료 : 道光『泰州志』권5,「物産」.

<표 11> 19세기 揚州府의 벼 품종(5)

府	縣	메 벼	찰 벼
揚州府	興化縣	秋前五, 拖犁歸, 早紅蓮, 瓜熟子, 兆金秈, 搶場白, 江芒, 中秋糯, 香白子, 御仙稻, 鶴脚烏, 了田靑, 黃花稻	
計	13	13	

자료 : 咸豊『重修興化縣志』권3,「物産」.

<표 12> 18세기 松江府의 벼 품종(1)

府	縣	메 벼	찰 벼
松江府		香粳米, 香子, 早白稻(小白), 早中秋(閃西風), 中秋稻, 晚白稻(大白), 簡子稻, 紅蓮稻, 杷稔稻(勝紅蓮), 早烏稻(晚烏), 紫芒稻, 深水紅, 鳥口稻(冷水稻), 六十日稻(帶犁回), 百日赤(挈犁望), 小秈(早秈), 大秈(晚秈), 金城稻(赤米), 白花珠	秋風糯, 金釵糯, 趕陣糯, 小娘糯, 矮兒糯, 蘆黃糯, 羊鬚糯, 羊脂糯, 鵝脂糯, 虎皮糯
計	29	19	10

자료 : 雍正『古今圖書集成』,「方輿彙編職方典」권699,「松江府 物産考」.

<표 13> 18세기 松江府의 벼 품종(2)

府	縣	메 벼	찰 벼
松江府	上海縣	香粳米, 香子, 早白稻(小白), 早中秋(閃西風), 中秋稻, 晩白稻(大白), 箭子稻, 紅蓮稻, 秕稏稻(勝紅蓮), 早烏稻(晩烏), 紫芒稻, 深水紅, 烏口稻(冷水稻), 六十日稻(帶犁回, 百日赤(挈犁望), 小籼(早籼), 大籼(晩籼), 金城稻(赤米), 白花珠, 粳稻, 紅芒, 白芒, 秈稻	秋風糯, 金釵糯, 趕陣糯, 小娘糯, 矮兒糯, 蘆黃糯, 羊鬚糯, 羊脂糯, 鵝脂糯, 虎皮糯
計	33	23	10

자료: 乾隆『授時通考』권21,「穀種·稻二」.

<표 14> 18세기 松江府의 벼 품종(3)

府	縣	메 벼	찰 벼
松江府	靑浦縣	六十日稻, 百日赤, 小籼, 大籼, 早白稻, 中秋稻, 晩白稻, 香粳, 早烏稻(晩烏), 紅蓮稻, 紫芒稻, 深水紅, 金城稻(赤穀)	秋風糯, 金釵糯, 趕陣糯, 矮兒糯, 蘆花糯, 羊鬚糯, 羊脂糯
計	20	13	7

자료: 乾隆『授時通考』권21,「穀種·稻二」.

<표 15> 19세기초 松江府의 벼 품종

府	縣	메 벼	찰 벼
松江府		香粳, 箭子稻, 紅蓮稻, 紫芒稻, 瓜熟稻, 白花珠, 早白稻(小白), 晩香白稻, 中秋稻, 早烏稻(晩烏), 烏口稻, 六十日稻, 百日赤, 麥爭場, 三朝齊, 松江赤, 嘉興黃, 黃粳秈, 小籼, 大籼(晩籼), 荔枝紅(早·中·晩), 一丈紅	秋風稬, 金釵稬.趕陣稬, 小孃稬, 矮兒稬, 蘆黃稬, 羊鬚稬, 羊脂稬, 鵝脂稬, 豬鬃稬, 虎皮稬, 不道稬, 烏鬚稬, 觀音稬, 西洋稬
計	37	22	15

자료: 嘉慶『松江府志』권6,「疆域志」6,「物産」.

附錄 1. 청대 강소성의 벼 품종 표 223

<표 16> 19세기 말 松江府의 벼 품종

府	縣	메 벼	찰 벼
松江府		雪裏揀, 八十日稻, 徐家稻, 金八穗, 晚八哥, 陳家稻, 寧黃稻, 早黃稻, 師姑粳, 鐵梗靑, 黃皮稻, 旱稻	糉子稷, 鰻鯉稍, 堆硃稷, 百日糯, 飛來鳳, 胭脂糯, 靑稈糯, 烏香糯, 鐵梗糯, 棗子糯, 麻皮糯, 沙糯
計	24	12	12

자료: 光緖『松江府志』, 권5,「疆域志」.

<표 17> 18세기 通州의 벼 품종

府	縣	메 벼	찰 벼
通州		早黃, 晚黃, 早白, 晚白, 早紅, 晚靑, 靑芒, 白芒, 靑鬚, 黑皮, 黃稑, 白穀, 烏節, 焦黃, 鷺鷥白, 串珠白, 潮水白, 深水紅, 丫田靑, 紅白秈, 稚子斑, 救公饑, 拖犂歸, 下馬看, 粃六升, 籠下歡, 薄十分, 箭子稻, 閃西風, 六十日, 撤殺天, 早黃, 晚黃, 早白, 晚白, 早紅, 晚靑, 靑芒, 白芒, 靑鬚, 黑皮, 黃稑, 白穀, 烏口, 烏節, 焦黃, 鷺鷥白, 串珠白, 潮水白, 深水紅, 了田靑, 箭子秈, 金城, 雉子斑, 救公饑, 拖犂歸, 三朝齊, 下馬看, 海陵紅, 閃西風, 粃六升, 博十分, 籠下歡, 臙脂赤, 撒殺天, 香滋米	香子糯, 川米, 晚白, 虎皮, 粉皮(羊脂), 猪鬃, 薑黃, 稈陳, 靑枝, 麻筋, 香秔, 早白, 晚白, 虎皮, 羊脂, 猪鬃, 姜黃, 稈陳, 靑枝稈, 麻觔
計	86	66	20

자료: 乾隆『授時通考』 권 21,「穀種門・稻二」.

<표 18> 17세기 常州府의 벼 품종

府	縣	메 벼	찰 벼
常州府		白桃, 秈稻, 晚稻, 早稻, 粳稻, 香珠稻, 紅蓮稻	糯稻
計	9	8	1

자료: 康熙『常州府志』권10,「物産」.

<표 19> 18세기 常州府의 벼 品種(1)

府	縣	메 벼	찰 벼
常州府		秈米, 香米, 晩米	糯米
計	4	3	1

자료: 雍正『古今圖書集成』,「職方典」권719.

<표 20> 18세기 常州府의 벼 品種(2)

府	縣	메 벼	찰 벼
常州府	江陰縣	黃粳稻, 紅蓮稻, 白稻(早白, 晩白), 烏鬚稻, 紫芒稻, 香子稻(香珠), 金城稻, 辮櫚稻, 靠塘靑稻, 瓜熟稻, 六十日, 救公饑	鐵粳糯稻, 水晶糯稻, 虎皮糯稻, 趕陣糯稻, 短萁糯稻, 長水紅
計	18	12	6

자료: 乾隆『授時通考』권21,「穀種・稻二」.

<표 21> 18세기 常州府의 벼 品種(3)

府	縣	메 벼	찰 벼
常州府	靖江縣	早黃天(早白稻), 晩黃川, 晩靑川, 紅白秈, 早紅蓮, 救公饑, 金升稻, 拖犁歸, 粃六升, 箭子稻, 閃西風, 六十日, 烏口稻, 香子米, 觀音秈, 茨姑秈, 深水紅, 蠶子白, 三穗千, 下馬羹, 烏芒, 香珠	早白糯, 晩白糯, 虎皮糯, 羊脂糯, 鐵粳糯, 薑黃糯, 趕陣糯, 靑枝糯, 麻舠糯, 香糯, 撒殺天, 秋分糯, 勻暖糯, 焦子糯, 野鷄糯
計	36	21	15

자료: 乾隆『授時通考』권21,「穀種・稻二」.

<표 22> 19세기 常州府의 벼 品種(1)

府	縣	메 벼	찰 벼
常州府	宜興荊谿	六十日秈, 五十日秈, 香珠, 世子秈, 紅礦秈, 銀條秈, 大黃秈, 晩靑秈, 天落秈, 黃老秈, 來烏秈	金釵糯, 白果糯, 朱砂糯, 槐華糯, 芝蔬糯, 牛筋糯, 羊脂糯, 虎皮糯, 烏香糯, 赤糯, 馬鬚糯
計	22	11	11

자료: 光緖『宜興荊谿縣新志』권1,「疆土・物産記」.

附錄 1. 청대 강소성의 벼 품종 표   225

<표 23> 19세기 常州府의 벼 품종(2)

府	縣	메 벼	찰 벼
常州府	江陰縣	大柴黃, 細柴黃, 牛毛黃, 短株盈, 塘靑, 瓜熟稻, 香珠稻, 紅蓮稻, 烏頭稻, 早白稻, 辮櫚稻, 紫芒稻, 中秋稻, 金城稻, 白蘆秈稻, 紅蒙稻	松江糯, 猪肝糯, 虎皮糯, 鐵梗糯, 光頭糯, 趕陳糯, 麻筋糯, 碧綠身
計	24	16	8

자료 : 光緖『江陰縣志』권10,「物産・穀」.

<표 24> 19세기 常州府의 벼 품종(3)

府	縣	메 벼	찰 벼
常州府	武進陽湖	香秔, 秈米, 晩米	茶米
計	4	3	1

자료 : 光緖『武進陽湖縣志』권2,「賦役・土産」.

<표 25> 19세기 常州府의 벼 품종(4)

府	縣	메 벼	찰 벼
常州府	靖江縣	早黃天(早白稻), 晩黃川, 晩靑川, 紅白秈, 早紅蓮, 救公饑, 拖犁歸, 秕六升, 箭子稻, 閃西風, 六十日, 烏口稻, 香子米	早白糯, 晩白糯, 虎皮糯, 羊脂糯, 鐵梗糯, 薑黃糯, 趕陣糯, 靑枝糯, 麻舠糯, 香糯, 撇殺天
計	24	13	11

자료 : 光緖『靖江縣志』권5,「食貨志・土産」.

<표 26> 18세기 通州의 벼 품종

府	縣	메 벼	찰 벼
通州		早黃, 晩黃, 早白, 晩白, 早紅, 晩靑, 靑芒, 白芒, 靑鬢, 黑皮, 黃稑, 白殼, 烏箭, 焦黃, 鷺鶿白, 串珠白, 潮水白, 深水紅, 丫田靑, 紅白秈, 稚子斑, 救公饑, 拖犁歸, 下馬看, 秕六升, 籠下歡, 薄十分, 箭子稻, 閃西風, 六十日, 撇殺天, 早黃, 晩黃, 早	香子糯, 川米, 晩皮, 虎皮, 粉皮(羊脂), 猪鬃, 薑黃, 稈陳, 靑枝, 麻筋, 香秔, 早白, 晩白, 虎皮, 羊脂, 猪鬃, 姜黃, 稈陳, 靑枝稈, 麻舠

府	縣	메 벼	찰 벼
通州		白, 晚白, 早紅, 晚靑, 靑芒, 白芒, 靑鬚, 黑皮, 黃稌, 白穀, 烏口, 烏節, 焦黃, 鷺鷥白, 串珠白, 潮水白, 深水紅, 了田靑, 箭子秈, 金城, 雉子斑, 救公饑, 拖犁歸, 三朝齊, 下馬看, 海陵紅, 閃西風, 秕六升, 博十分, 籠下歡, 臙脂赤, 撒殺天, 香滋米	
計	86	66	20

자료 : 乾隆『授時通考』권21,「穀種門・稻二」.

\<표 27\> 17세기 太倉州의 벼 품종

府	縣	메 벼	찰 벼
太倉州	崇明縣	赤穀, 白赤穀, 家稗, 江稗, 斯草, 菅草	
計	6	6	

자료 : 康熙『崇明縣志』권6,「風物・物産」.

\<표 28\> 18세기 太倉州의 벼 품종

府	縣	메 벼	찰 벼
太倉州		早白, 早烏, 早紅蓮, 八月白, 晚烏, 晚紅蓮, 嘉興黃, 梗稌蟛蜞天落黃, 香黃蓮, 鴨嘴黃, 蘆花白, 銀杏白, 木瀆香, 靠山靑	秖陳糯, 蘆黃糯, 羊鬚糯, 靠山糯, 老來糯, 虎皮糯, 猪䑋糯, 觀音糯, 梗鮮糯, 小娘糯, 蘆花糯, 瞞官糯
計	27	15	12

자료 : 乾隆『授時通考』권21,「穀種・稻二」.

\<표 29\> 19세기 太倉州의 벼 품종

府	縣	메 벼	찰 벼
太倉州	嘉定縣	烏稻, 雁來紅, 紅蓮, 細子秈, 香杭, 鵝管白, 陳家稻, 周家稻, 荔枝紅, 銀杏白	葡萄稯, 趕犁稯, 羊脂糯, 茄稯, 香子糯, 菊花黃, 果子稯
計	17	10	7

자료 : 光緒『嘉定縣志』권8,「土産」.

附錄 1. 청대 강소성의 벼 품종 표 227

<표 30> 18세기 鎭江府의 벼 품종

府	縣	메 벼	찰 벼
鎭江府	丹陽縣	香子, 鯽魚, 灰鶴, 時裏, 八月白, 蘆花白, 浪裏白, 白蓮子, 紅蓮子, 早紅芒, 晚紅芒, 靑天黃, 稈川黃, 馬尾鳥, 老丫鳥, 下馬看, 塊紅芒, 靠山黃, 白芒, 紅芒, 撒殺天, 白尖, 紅尖, 晚秈, 六十日, 八十日, 一百日, 觀音秈, 銀條秈	芒, 香, 晚(老黃糯)抄社, 羊脂牛䖝, 虎斑, 柏枝, 長稈, 黃皮, 矮萁, 早白, 中廣, 麻鬃, 雀嘴, 稱釣紅, 芒麻筋, 早秋風, 堆子紅, 殼芒, 六升
計	50	29	21

자료: 乾隆『授時通考』권20,「穀種·稻二 」; 乾隆『鎭江府志』권42,「物産」.

<표 31> 17세기 蘇州府의 벼 품종

府	縣	메 벼	찰 벼
蘇州府	常熟縣	紅蓮稻, 箭子稻, 早白稻, 晚白稻, 紫芒稻, 雪裏揀, 師姑秔, 救公饑, 香子稻, 閃西風, 麥爭場, 百日赤, 占城稻, 金城稻, 烏口, 下馬看, 枇杷紅, 時裏白, 烏兒稻, 軟黃粳, 秕稏稻	金釵糯, 棗子糯, 靑稈糯, 羊鬚糯, 趕陳糯, 鵝脂糯, 川梗糯, 虎皮糯, 臙脂糯, 矮兒糯, 瞞官糯, 鐵梗糯, 細葉糯
計	34	21	13

자료: 康熙『常熟縣志』권9,「物産」.

<표 32> 17~18세기 蘇州府의 벼 품종

府	縣	메 벼	찰 벼
蘇州府	吳江縣	箭子稻, 香粳稻, 大秈, 小秈, 早白稻, 晚白稻, 赤望, 白望, 早稻, 大烏望, 烏稻, 烏須, 小烏望, 烏兒, 灰稻, 慳五石, 靠山靑, 六稀稻, 上稈靑, 百日赤, 光頭白, 三朝齊, 麻子烏, 八月白, 赤秈, 中秋稻, 雷稻, 大黃稻, 靑光頭, 花光頭, 金成稻, 雲南稻, 烏口稻, 紫芒稻, 泥裏變, 雪裏變, 再熟稻, 晚賴芒, 靠離望, 山白稻, 雪裏揀, 救公饑, 六十日稻, 下馬	金釵糯, 珠子糯, 朱砂糯, 胭脂糯, 佛手糯, 土王糯, 師姑糯, 矮兒糯, 虎皮糯, 虎斑糯, 鵝脂糯, 羊脂糯, 羊鬚糯, 烏須糯, 牛口烏, 靑稈糯, 赤穀糯, 栗賣糯, 蟹亮糯, 芝麻糯, 槐子糯, 蘆黃糯, 瓜熟糯, 早紅糯, 早黃糯, 長鬃糯, 烏香糯, 川梗糯, 鐵梗糯, 瞞官糯, 趕陳糯, 中秋糯, 秋風糯, 早中糯, 香糯, 冷糯, 棗子糯, 晚糯, 雷州糯

府	縣		메벼	찰벼
蘇州府	吳江縣		看, 麥爭場馬鬃烏, 鵝脚黃, 晚陳望, 小白稻, 黃櫃, 稻公揀, 紅皮稻, 紅蓮稻, 紅蓬稻, 紅蒙子, 枇杷紅, 赤穀稻, 矯赤稻, 紅桎晚稻, 紫染頭黃梗秈, 杷稃稻, 師姑秔, 鴨嘴稻, 弔殺鷄, 無名稻, 揚名稻, 閃西風, 野稻	
計	108		69	39

자료: 康熙『吳江縣志』권7,「物産」.

<표 33> 18세기 蘇州府의 벼 품종(1)

府	縣	메벼	찰벼
蘇州府		箭子稻, 紅蓮稻, 杷稃稻, 雪裏揀, 師姑秔, 早白稻, 麥爭場, 六十日赤, 百日赤, 金成稻, 烏口稻, 再熟稻, 早稻, 中秋稻, 紫芒稻, 枇杷紅, 下馬看, 天落黃, 香黃蓮, 黃梗秈, 嘉興黃, 梗殺蟛蜞, 鴨嘴黃, 銀杏白, 靠山青, 瓜熟稻, 一粒珠, 香子米, 麻皮秔, 薄十分, 八月白, 丈水紅, 老來紅, 吳石稻, 包十石, 累泥烏, 土塘靑	金釵糯, 閃西風, 羊脂糯, 靑稈糯, 秋風糯, 赶陳糯, 矮糯, 鵝脂糯, 川梗糯, 虎皮糯, 羊鬢糯, 臙脂糯, 蘆黃糯, 猪豭糯, 觀音糯, 小孃糯, 靠山糯, 香子糯, 野人糯, 榧子糯, 佛手糯, 蟹殼糯, 喜珠糯, 珠子糯, 鴨嘴糯, 水晶糯, 恍雄鷄, 梗鮮糯
計	65	37	28

자료:『古今圖書集成』,「職方典」권681.

<표 34> 18세기 蘇州府의 벼 품종(2)

府	縣	메벼	찰벼
蘇州府	吳縣	箭子稻, 紅蓮稻, 杷稃稻, 雪裏揀, 師姑秔, 早白稻, 金成稻, 烏口稻, 早稻, 中秋稻, 紫芒稻, 枇杷紅, 下馬看, 大頭花, 瓜熟稻, 晚白稻, 黃梗秈, 一粒珠, 麻皮粳, 薄十分, 香滋米, 八月白, 牛尾白, 長水紅, 老來紅, 五石稻, 救公饑, 包十石, 累泥烏, 土塘靑, 天落黃	金釵糯, 閃西風(早中秋), 羊脂糯, 靑稈糯, 秋風糯, 赶陳糯, 矮糯, 鵝脂糯(圓頭糯), 川梗糯, 虎皮糯, 羊鬢糯, 胭脂糯, 野人糯, 榧子糯, 恍雄鷄, 鳥鬢糯, 觀音糯, 梗秈糯, 佛手糯, 小娘糯, 蟹殼糯, 喜蛛糯, 鴨嘴糯, 香梗糯, 珠子糯
計	56	31	25

附錄 1. 청대 강소성의 벼 품종 표 229

자료 : 乾隆『授時通考』권21,「穀種・稻二」.

<표 35> 18세기 蘇州府의 벼 품종(3)

府	縣	메 벼	찰 벼
蘇州府	長洲縣	六十日稻, 紫芒稻	金釵糯, 鵝脂糯
計	4	2	2

자료 :『授時通考』권21,「穀種・稻二」.

<표 36> 18세기 蘇州府의 벼 품종(4)

府	縣	메 벼	찰 벼
蘇州府	昆山縣	晩白稻, 紅綠稻, 早粳稻, 金城稻, 六十日稻, 中秋稻, 雪裏揀, 紫芒稻, 救公饑, 下馬看, 紅蓮稻, 麥爭場, 香粳稻, 薄十分, 黃粳秈, 麻子鳥, 烏口稻, 百日赤稻, 烏兒稻	趕陳糯, 胭脂糯, 鐵梗糯, 虎皮糯, 羊鬚糯, 再熟稻, 榧子糯, 水晶糯, 小娘糯, 香子糯, 閃西風糯, 竈王糯, 矮兒糯, 秋風糯, 羊脂糯, 金釵糯, 蘆黃糯
計	36	19	17

자료 :『授時通考』권21,「穀種・稻二」.

<표 37> 18세기 蘇州府의 벼 품종(5)

府	縣	메 벼	찰 벼
蘇州府	常熟縣	紅蓮稻, 箭子稻, 早白稻, 晩白稻, 杷稊稻, 紫芒稻, 雪裏揀, 救公饑, 香子稻, 麥爭場, 百日赤, 占城稻, 金城稻, 烏口稻, 下馬看, 時裏白, 鳥兒稻, 軟黃粳, 師姑粳, 閃西風, 枇杷紅	羊鬚糯, 趕陳糯, 鵝脂糯, 矮兒糯, 秋風糯, 鐵粳糯, 細葉糯, 青稈糯, 棗子糯, 川粳糯, 金釵糯
計	33	22	11

자료 :『授時通考』권21,「穀種・稻二」.

<표 38> 18세기 蘇州府의 벼 품종(6)

府	縣	메벼	찰벼
蘇州府	元和縣	百日種, 早紅蓮, 師姑秔, 金成稻, 早白稻, 黃秔秈, 紫芒稻, 天落黃, 芋乃黃, 金裏黃, 鴨嘴黃, 箭子稻, 下馬看, 麻皮秔, 薄十分, 老來紅, 包十石, 累泥烏, 土塘靑	金釵糯, 閃西風, 赶陳糯, 羊鬚糯, 香珠糯, 黃瓜糯, 鵝脂糯, 秋風糯, 扁蒲糯, 虎皮糯, 川梗糯, 臙脂糯, 小娘糯, 觀音糯, 茄糯
計	33	18	15

자료: 乾隆『元和縣志』권16,「物産」.

<표 39> 18세기 蘇州府의 벼 품종(7)

府	縣	메벼	찰벼
蘇州府	吳江縣	箭子稻, 紅蓮稻, 杷稏稻, 雪裏揀, 師姑秔, 早白稻, 金成稻, 烏口稻, 中秋稻, 紫芒稻, 枇杷紅, 下馬看, 大實花, 瓜熟稻, 靠山靑, 黃秔秈, 一粒珠, 麻皮秔, 薄十分, 梗殺蟛蜞, 香子米, 八月白, 牛毛白, 麥爭場, 六十日稻, 百日赤, 再熟稻, 鴨嘴稻, 天落黃, 銀杏白, 又水紅, 老來紅, 吳石稻, 救公饑, 包十石, 累泥烏, 土塘靑	金釵糯, 閃西風, 羊脂糯, 靑稈糯, 秋風糯, 赶陳糯, 矮糯, 鵝脂糯, 川梗糯, 虎皮糯, 羊鬚糯, 胭脂糯, 野人糯, 榧子糯, 怳雄糯, 烏須糯, 觀音糯, 梗鮮糯, 佛手糯, 小娘糯, 蟹賣糯, 喜珠糯, 鴨嘴糯, 香粳糯, 珠子糯, 猪粽糯
計	63	37	26

자료: 乾隆『吳江縣志』권23,「物産」.

<표 40> 18세기 蘇州府의 벼 품종(8)

府	縣	메벼	찰벼
蘇州府	長洲縣	箭子稻, 六十日稻, 師姑秔, 金成稻, 早白稻, 黃秔秈, 紫芒稻, 天落黃, 芋芳黃, 金裏黃, 鴨嘴黃, 下馬看, 麻皮秔, 薄十分, 老來紅, 包十石, 累泥烏, 土塘靑	金釵糯, 鵝脂糯, 赶陳糯, 閃風, 羊鬚糯, 香珠糯, 黃瓜糯, 秋風糯, 扁蒲糯, 虎皮糯, 川梗糯, 臙脂糯, 小娘糯, 觀音糯
計	32	18	14

자료: 乾隆『長洲縣志』권17,「物産」.

附錄 1. 청대 강소성의 벼 품종 표 231

<표 41> 19세기 蘇州府의 벼 품종(1)

府	縣	메 벼	찰 벼
蘇州府		箭子稻, 麥爭場, 早中秋, 再熟稻, 稻翁揀, 天落黃, 香子稻, 軟黃粳, 紅蓮稻, 烏野稻, 芋芳黃, 百日種, 六十日稻, 蒔裏白, 金成稻, 小秈禾, 三朝齊, 早白稻, 紫芒稻, 烏兒稻, 恍雄鷄, 烏口稻, 舜耕稻, 烏粒稻, 枇杷紅, 蘆花白	稈陳糯, 杜交糯, 香珠糯, 鐵粳糯, 靑稈糯, 川粳糯, 羊鬚糯, 矮兒糯, 虎皮糯, 秋風糯, 金釵糯, 蘆黃糯, 臙脂糯, 羊脂糯, 細葉糯, 鵝脂糯
計	42	26	16

자료 : 同治『蘇州府志』권20,「物産」.

<표 42> 19세기 蘇州府의 벼 품종(2)

府	縣	메 벼	찰 벼
蘇州府	元和縣 周庄鎭	香粳稻, 早白稻, 晩白稻, 荔子紅, 荔子黃, 泞黃稻, 矮脚八哥, 飛來風, 金裏黃, 早蘆秈, 晩蘆秈, 銀條秈, 鰻鱺樵	羊毛糯, 香粳糯, 虎皮糯, 牛筋糯, 百日糯, 木樨球, 矮脚糯, 馬鬃糯, 馬筋糯, 香珠糯
計	23	13	10

자료 : 光緒『周庄鎭志』권1,「物産」.

<표 43> 19세기 蘇州府의 벼 품종(3)

府	縣	메 벼	찰 벼
蘇州府	崑山 新陽	紅蓮稻, 香粳稻, 烏野稻, 雪裏揀, 白野稻, 稻翁揀, 再熟稻, 閃西風, 稈麥長, 軟稈靑, 時裏白, 六十日稻, 百日稻, 半夏稻, 金城稻, 烏口稻, 舜耕稻, 烏粒稻, 陸州紅, 杷秕稻, 彷徨稻, 山烏稻, 瓣白稻, 稻裏揀, 紅蒙子, 下馬看	赶陳糯, 杜交糯, 烏絲糯, 歸女糯, 金州糯, 定陳糯, 宜州糯, 佛手糯, 師姑糯, 上稈靑, 小秈米, 大秈米, 麥爭場, 禾草稻, 早烏稻, 烏鬚稻, 中秋稻, 紫芒稻, 早白稻, 師姑秔稻, 箭子稻, 烏兒稻, 金釵糯, 鐵稈早, 黃糯, 矮兒糯, 川粳糯, 虎皮糯, 羊脂糯, 羊鬚糯, 臙脂糯, 靑稈糯, 瞞官糯, 蘆黃糯, 靑芒, 紅芒, 晩白, 小白, 紅綠糯, 金裏銀, 救公饑, 薄十分, 靠山黃, 麻子烏, 黃粳秈,

蘇州府	崑山 新陽		珠糯, 梗子糯, 水晶糯, 小娘糯, 牛腿糯, 香子糯, 竈王糯, 楊梅香, 雀不知, 三朝齊, 天落黃, 張家白, 長水紅, 早十日, 荔枝紅鴨嘴黃, 瓜熟稻, 細子秈, 觀音糯, 飛來糯, 細葉糯, 蟹殼糯, 秋風糯, 蔴筋糯, 鰻鱺糯, 早粳稻
計	97	26	71

자료: 道光『崑新兩縣志』권8, 「物産」.

<표 44> 淸代 江蘇省의 非重複 벼 品種

地域	메 벼
江蘇省	嘉興黃, 殼芒, 稈麥長, 赶上城, 堅五石, 簡子稻, 稈川黃, 江南白, 江芒, 江西早, 粳稻, 粳殺蟛蜞, 綆子, 雞脚黃, 靠塘靑稻, 靠離望, 靠山靑, 靠山黃, 靠翔累, 過山龍, 瓜熟稻, 瓜熟子, 瓜熟, 觀音類, 觀音白, 觀音秈, 串珠白, 光頭白, 塊紅芒, 矯赤稻, 救公饑, 金穀黃, 金裏黃, 金秈, 金成稻, 金升稻, 金八穧, 落望秈, 浪裏白, 來烏秈, 蘆桿秈, 蘆官秈, 老來紅, 鷺鷥白, 老丫鳥, 鷺鷥白, 鷺鷥白, 蘆捍秈, 蘆花白, 籠下歡, 磊塊赤, 雷稻, 累泥鳥, 短株盈, 塘靑, 大頭秈, 大頭花, 大晩稻, 大秈, 大柴黃, 大實花, 大鵝秈, 大烏望, 大香斑秈, 大香秈, 大紅旗, 大紅芒, 大黃稻, 大黃秈, 稻公揀, 稻裏揀, 稻翁揀, 蔴舠秈, 馬尾赤, 馬尾烏, 蔴子烏, 蔴鬃, 晩秈, 馬鬃烏, 蔴皮梗, 晩蘆秈, 晩稻, 鰻鱺樵, 晩賴芒, 晩米, 晩白稻, 晩烏, 晩陳望, 晩靑, 晩靑秈, 晩靑川, 晩八哥, 晩香白稻, 晩紅蓮, 晩紅芒, 晩黃, 晩靑川, 芒, 望江南, 芒蔴筋, 梅裏黃, 麥爭場, 牡猪苓, 木瀆香, 無名稻, 博十分, 斑秈, 半夏稻, 彷徨稻, 白殼, 白蘆秈稻, 白稻, 白蓮子, 白芒, 白望, 白秈, 白野稻, 百日稻, 百日赤, 百日種, 白早, 柏枝, 白尖, 白花珠, 辮榴稻, 撒殺天, 飛來秈, 飛來風, 枇六升, 枇杷紅, 師姑粳, 師姑秔, 四十日, 山骨崙, 山白稻, 山烏稻, 三穗千, 三朝齊, 上稈靑, 徐家稻, 秈瓜熟, 秈瓜, 蟬鳴稻, 秈米, 鱔魚黃, 秈苞裏齊, 雪裏揀, 閃西風, 細柴黃, 世子稻, 細子秈, 洗耙早, 小晩稻, 小白稻, 小秈, 小秈禾, 小烏望, 小赤秈, 小香, 小香斑秈, 小香秈, 小香鳥, 小紅芒, 小黃稻, 松江赤, 隨犁歸, 隨犁歸, 水赤秈, 舜耕稻, 時裏, 時裏白, 深水紅, 鵝脚黃, 鵝管白, 丫田靑, 雁來紅, 晏十日, 晏五日, 鵪鶉秈, 鴨脚烏, 鴨嘴稻, 鴨嘴黃, 野稻, 揚名稻, 羊鬚白, 羊脂, 御秈稻, 荔子紅, 荔子黃, 荔枝紅, 軟稈靑, 軟頸白, 臙脂赤, 軟黃粳, 葉裏秈, 葉裡藏, 寧黃稻, 烏殼, 吳江早, 烏穀, 烏口, 烏口稻, 烏稻, 烏粒稻, 烏芒, 烏絲, 烏衫子, 五石稻, 烏須, 五十日, 五十日秈, 五十日熟, 烏兒, 烏兒稻, 烏野稻, 烏節, 玉鈑秈, 矮脚八哥, 矮萁, 了田靑, 龍爪, 龍爪, 烏頭稻, 秈, 牛口秈, 芋乃黃, 牛毛白, 牛毛

附錄 1. 청대 강소성의 벼 품종 표 233

地域	
江蘇省	黃, 牛尾白, 又水紅, 牛蝨, 雲南稻, 六升, 六十日, 六十日稻, 六十日白, 六十日秈, 六月白, 六月秈, 陸州紅, 六稀稻, 銀條秈, 銀杏白, 泥裏變, 一粒珠, 一百日, 一水秈, 一丈紅, 茨姑秈, 紫芒稻, 紫染頭, 紫紅芒, 雀不知, 雀嘴, 蠶子白, 長稈, 張公赤, 長芒白, 長水紅, 再熟稻, 猪鱗, 汀黃稻, 赤穀稻, 赤芒, 赤望, 赤秈, 赤鬚, 箭子稻, 箭子秈, 占城稻, 頂頭子, 頂秈, 頂霜白, 齊頭白, 齊頭秈, 齊梅秈, 齊眉秈, 鳥殼, 早粳稻, 鳥口稻, 兆金秈, 早蘆秈, 早稻, 早白, 早白稻, 弔殺鷄, 弔殺鶴, 鳥衫子, 早秈, 鳥鬚稻, 潮水白, 鳥兒稻, 鳥野稻, 早鳥, 早鳥稻, 鳥節, 早中秋, 早秋風, 早香, 早紅, 早紅蓮, 早紅芒, 早黃, 早黃稻, 早黃天, 周家稻, 中廣, 中秋稻, 鯽魚, 鯽魚秈, 陳家稻, 搶場白, 天落秈, 天落黃, 穿珠稻, 鐵梗靑, 靑稭白, 靑光頭, 靑芒, 靑芒兒, 靑芒丫白, 靑芒子, 靑鬚, 靑天黃, 焦芒, 抄社, 焦黃, 蜀秫, 秋前五, 雉子斑, 七里香粳, 稱釣紅, 拖犁歸, 它兒白, 泰州紅, 土塘靑, 堆子紅, 秅稑稻, 瓣白稻, 八十日, 八十日稻, 八月白苞裏齊, 包十石, 下馬看, 下馬羨, 鶴脚鳥, 早稻, 海陵紅, 海裏秀, 香, 香秔, 香粳稻, 香稻, 香米, 香白稻, 香白子, 香子, 香粢, 香子稻, 香子米, 香滋米, 香珠, 香黃蓮, 香黑鳥, 虎斑, 紅橛秈, 紅蓮, 紅蓮稻, 紅蓮子, 紅蔆稻, 紅稑晩, 稻, 紅芒, 紅蒙子, 紅白稻, 紅蓬稻, 紅秈, 紅尖, 紅皮稻, 花光頭, 花裏黃, 黃粳稻, 黃秔秈, 黃瓜秈, 黃老稻, 黃羅傘, 黃楤, 黃稑, 黃芒, 恍雄鷄, 黃皮, 黃皮稻, 黃花稻, 灰稻, 灰鶴, 黑稻, 黑早, 黑支黑皮 (399)

<표 45> 淸代 江蘇省의 非重複 벼 品種

地域	찰 벼
江蘇省	茄秧, 趕犁秧, 赶上陳, 稈陳糯, 趕陣羊, 江南白, 薑黃糯, 粳鮮糯, 靠山糯, 古上樓, 瓜熟糯, 果子秧, 觀音糯, 觀音柳, 光頭糯, 槐花糯, 菊花黃, 歸女糯, 蚍芒糯, 匂暖糯, 橘皮, 金殼黃, 金州糯, 金釵糯, 糯稻, 糯米, 冷糯, 老來糯, 蘆花糯, 蘆黃糯, 雷州糯, 短萁糯稻, 待西風, 杜交糯, 麻舢糯, 馬鬃糯, 馬鬃糯, 麻皮糯, 瞞官糯, 晩糯, 鰻鱺糯, 鰻鯉稍, 晩白糯, 木樨球, 白殼糯, 白果糯, 百日糯, 碧綠身, 撒殺天, 不道秧, 粉皮糯, 佛手糯, 飛來糯, 飛來鳳, 榧子糯, 師姑糯, 沙糯, 西洋秧, 西天白, 鱔魚黃, 閃西風, 細葉糯, 小娘糯, 小孃秧, 小赤秈, 松江糯, 隨秈糯, 水田麰, 水晶糯, 順水紅, 繩兒糯, 深水紅, 鵝脂糯, 鴨嘴糯, 野鷄糯, 野人糯, 羊毛糯, 羊鬚糯, 羊脂糯, 魚鱗糯, 女兒紅, 軟稈糯, 燕口糯, 燕脂糯, 烏殼, 烏金糯, 烏絲糯, 烏鬚稧, 烏須糯, 五十日, 烏佉, 烏香糯, 玉斑秈, 矮脚糯, 矮糯, 矮兒秧, 了田靑, 牛口糯, 牛筋糯, 牛腿糯, 留親家母, 六十日, 粟賣糯, 宜州糯, 胭脂糯, 雀不覺, 雀不知, 長芒白, 長水紅, 長鬃糯, 猪肝糯, 猪獠糯, 赤穀糯, 赤糯, 頂頭子, 定陳糯, 早白, 早白糯, 鳥絲糯, 鳥鬚糯, 竈王糯, 竈鳶, 棗子糯, 早中糯, 鳥香糯, 早紅糯, 早黃糯, 珠糯, 朱砂糯, 珠子糯, 中秋糯, 鯽魚秈, 芝蔴糯, 脂燕糯, 川粳糯, 川米, 鐵稈早, 鐵粳糯, 靑稈糯, 靑枝稈, 靑枝糯, 焦子糯, 秋分糯, 秋風糯, 秋

| 江蘇省 | 紅糯, 拖犁歸, 拖兒鵲, 土王糯, 堆粒糯, 堆硃稬, 扁蒲糯, 葡萄稬, 鶴殼鳥, 蟹殼糯, 蟹亮糯, 蟹賣糯, 香秔, 香粳糯, 香糯, 香粢, 香子糯, 香珠糯, 虎斑糯, 虎皮稬, 紅糯, 紅綠糯, 紅芒, 朱糯, 黃瓜糯, 黃糯, 恍雄鷄, 恍雄糯, 黃花稻, 喜蛛糯 (174) |

<표 46> 18세기 通州의 非重複 벼 品種

州	메 벼	찰 벼
通州	串珠白, 救公饑, 金城, 鷺鷥白, 籠下歡, 晚白, 晚靑, 晚黃, 薄十分, 白殼, 白芒, 撒ός天, 秕六升, 三朝齊, 閃西風, 深水紅, 丫田靑, 臙脂赤, 烏口, 烏節, 了田靑, 六十日, 箭子稻, 箭子秈, 早白, 潮水白, 早紅, 早黃, 靑芒, 靑鬚, 焦黃, 雉子斑, 拖犁歸, 下馬看, 海陵紅, 香滋米, 紅白秈, 黃稑, 黑皮	稈陳, 薑黃, 麻筋, 晚白, 粉皮, 羊脂, 猪鬃, 早白, 川米, 靑枝, 靑枝稈, 香秔, 香子糯, 虎皮
計	39	14

<표 47> 18세기 松江府의 非重複 벼 品種

府	메 벼	찰 벼
松江府	箭子稻, 粳稻, 金城稻, 大秈, 晚白稻, 白芒, 百日赤, 白花珠, 秈稻, 小秈, 深水紅, 六十日稻, 紫芒稻, 烏口稻, 早白稻, 早烏稻, 早中秋, 中秋稻, 秕秅稻, 香粳, 香子, 紅蓮稻, 紅芒	趕陣糯, 金釵糯, 蘆花糯, 蘆黃糯, 小娘糯, 鵝脂糯, 羊鬚糯, 羊脂糯, 矮兒糯, 秋風糯, 虎皮糯
計	23	11

<표 48> 19세기 松江府의 非重複 벼 品種

府	메 벼	찰 벼
松江府	嘉興黃, 瓜熟稻, 金八穄, 大秈, 晚八哥, 晚香白稻, 麥爭場, 百日赤, 白花珠, 師姑粳, 三朝齊, 徐家稻, 雪裏揀, 小秈, 松江赤, 荔枝紅, 寧黃稻, 烏口稻, 六十日稻, 一丈紅, 紫芒稻, 箭子稻, 早白稻, 早烏稻, 早黃稻, 中秋稻, 陳家稻, 鐵梗靑, 八十日稻, 早稻, 香粳, 紅蓮稻, 黃粳秈, 黃皮稻	趕陣糯, 觀音稬, 金釵糯, 蘆黃稬, 麻皮糯, 鰻鯉稍, 百日糯, 不道稬, 飛來鳳, 樾子稬, 沙糯, 西洋稬, 小孃稬, 鵝鬚稬, 羊鬚稬, 羊脂稬, 烏鬚稬, 烏香糯, 矮兒稬, 胭脂糯, 猪鬃稬, 棗子糯, 鐵梗糯, 靑秆糯, 秋風糯, 堆硃稬, 虎皮稬
計	34	27

附錄 1. 청대 강소성의 벼 품종 표 235

<표 49> 18세기 江寧府 非重複 벼 품종

府	메 벼	찰 벼
江寧府	靠籬望, 瓜熟稻, 觀音秈, 救公饑, 落望秈, 晩白稻, 百日赤, 三朝齊, 蟬鳴稻, 閃西風, 洗耙早, 深水紅, 鵪鶉秈, 軟稈青, 五十日熟, 了田青, 六十日稻, 銀條秈, 紫芒稻, 箭子稻, 早白稻, 穿珠稻, 下馬看, 香粳稻, 紅蓮稻, 花裏黃	秤陳糯, 光頭糯, 槐花糯, 金釵糯, 待西風, 白殼糯, 佛手糯, 隨秈糯, 繩兒糯, 魚鱗糯, 軟稈糯, 燕口糯, 矮脚糯, 猪鬃糯, 鳥絲糯, 鐵粳糯, 堆粒糯, 香糯, 虎皮糯, 火朱糯
計	26	20

<표 50> 18세기 常州府의 非重複 벼 품종

府	메 벼	찰 벼
常州府	靠塘青稻, 瓜熟稻, 觀音秈, 救公饑, 金城稻, 金升稻, 晩米, 晩青川, 晩黃川, 白稻, 辮欏稻, 秕六升, 三穗千秈米, 閃西風, 深水紅, 烏口稻, 烏芒, 六十日, 茨菇秈, 紫芒稻, 蠶子白, 箭子稻, 鳥鬢稻, 早紅蓮, 早黃天, 拖犁歸, 下馬羨, 香米, 香子稻, 香子米, 香珠, 紅蓮稻, 紅白秈, 黃粳稻	赶陣糯, 薑黃糯, 勻暖糯, 糯米, 短萁糯稻, 麻舢糯, 晩白糯, 撒殺天, 水晶糯稻, 野鷄糯, 羊脂糯, 長水紅, 早白糯, 鐵粳糯, 靑枝糯, 焦子糯, 秋分糯, 香糯, 虎皮糯
計	35	19

<표 51> 19세기 常州府의 非重複 벼 품종

府	메 벼	찰 벼
常州府	瓜熟稻, 救公饑, 金城稻, 來烏秈, 短株盈, 塘青, 大柴黃, 大黃秈, 晩米, 晩青秈, 晩青川, 晩黃川, 白蘆秈稻, 辮欏稻, 秕六升, 秈米, 閃西風, 細柴黃, 世子秈, 烏口稻, 烏頭稻, 五十日秈, 牛毛黃, 六十日, 六十日稻, 銀條秈, 紫芒稻, 箭子稻, 早白稻, 早紅蓮, 早黃天, 中秋稻, 天落秈, 拖犁歸, 香秔, 香子米, 香珠, 紅穮稻, 紅蓮稻, 紅蔆稻, 紅白秈, 黃老秈	赶陳糯, 薑黃糯, 光頭糯, 槐華糯, 金釵糯, 麻舢糯, 馬鬃糯, 晩白糯, 白果糯, 碧綠身, 撒殺天, 松江糯, 羊脂糯, 烏香糯, 牛筋糯, 猪肝糯, 赤糯, 早白糯, 朱砂糯, 芝蔴糯, 鐵粳糯, 靑枝糯, 香糯, 虎皮糯
計	42	24

<표 52> 18세기 鎭江府의 非重複 벼 品種

府	메벼	찰벼
鎭江府	殼芒, 秆川黃, 靠山黃, 觀音秈, 塊紅芒, 浪裏白, 老丫鳥, 蘆花白, 馬尾鳥, 麻繄, 晩秈, 晩紅芒, 芒, 芒麻筋, 白蓮子, 白芒, 柏枝, 白尖, 撤殺天, 時裏, 羊脂, 矮萁, 牛蝨, 六升, 六十日, 銀條秈, 一百日, 雀嘴, 長秆, 早白, 早秋風, 早紅芒, 中廣, 鯽魚, 靑天黃, 抄祉, 稱釣紅, 堆子紅, 八十日, 八月白, 下馬看, 香, 香子, 虎斑, 紅蓮子, 紅芒, 紅尖, 黃皮, 灰鶴	
計	49	

<표 53> 18세기 太倉州의 非重複 벼 品種

州	메벼	찰벼
太倉州	嘉興黃, 梗殺蜢蚚, 靠山靑, 蘆花白, 晩烏, 晩紅蓮, 木漬香, 鴨嘴黃, 銀杏白, 早白, 早烏, 早紅蓮, 天落黃, 八月白, 香黃蓮	秆陳糯, 梗鮮糯, 靠山糯, 觀音糯, 老來糯, 蘆花糯, 蘆黃糯, 瞞官糯, 小娘糯, 羊鬚糯, 猪椶糯, 虎皮糯
計	15	12

<표 54> 19세기 太倉州의 非重複 벼 品種

州	메벼	찰벼
太倉州	細子秈, 鵝管白, 雁來紅, 荔枝紅, 烏稻, 銀杏白, 陳家稻, 周家稻, 香秔, 紅蓮	茄稑, 趕犁稑, 果子稑, 菊花黃, 羊脂糯, 葡萄稑, 香子糯
計	10	7

<표 55> 18세기 揚州府의 非重複 벼 品種

府	메벼	찰벼
揚州府	粳子, 鷄脚鳥, 古上樓, 瓜熟, 觀音柳, 觀音白, 觀音秈, 救公饑, 蘆秆秈, 蘆貫秈, 鷺鷥白, 籠下歡, 雷檜禎, 大晩稻, 大鵝秈, 大香, 大紅芒, 麻舢秈, 馬尾赤, 晩稻, 晩白, 晩黃, 梅裏黃,	赶上陳, 趕陣糯, 趕陣羊, 江南白, 橘皮, 粉皮, 水田黅, 深水紅, 羊鬚糯, 羊脂糯, 魚鱗糯, 燕口, 烏金糯, 烏絲糯, 胭脂糯, 雀不覺, 雀不知, 長芒白, 猪鬃, 竈駑, 脂燕口, 秋風糯, 槌紅,

附錄 1. 청대 강소성의 벼 품종 표 237

揚州府	毛猪磷, 斑秈, 白穀, 白稻, 白芒, 白秈, 白鳥, 山骨崙, 秈稻, 鱔魚黃, 小白秈, 小赤秈, 小香, 小香早, 小紅芒, 小黃稻, 隨犁歸, 深水紅, 丫田靑, 羊鬚白, 軟頸白, 葉裏秈, 葉裡藏, 烏穀, 烏口, 五十日, 烏節, 玉斑秈, 龍爪, 六十日白, 六月白, 六月秈, 一水秈, 紫紅芒, 紫紅芒, 雀不知, 雀不知, 張公赤, 蟮林, 赤芒, 赤鬚, 頂霜白, 齊頭秈, 齊梅秈, 早白, 弔殺雞, 弔殺鶴, 早秈, 潮水白, 鳥節, 早紅蓮, 鯽魚, 菁秕白, 青芒, 青芒丫白, 焦芒, 焦黃, 拖犁歸, 駝兒白, 泰州紅, 苞裏齊, 下馬看, 鶴脚鳥, 海陵紅, 香稻, 香粢, 香黑爪, 紅秈, 黃桎, 黃芒, 黃花稻, 黑支	拖犁歸, 拖兒鷗, 虎皮糯, 紅糯, 紅芒
計	95	28

<표 56> 19세기 揚州府 非重複 벼 품종

府	메 벼	찰 벼
揚州府	赶上城, 江南白, 江芒, 江西早, 粳子, 雞脚黃, 過山龍, 瓜熟子, 瓜兒熟, 觀音白, 觀音秈, 救公饑, 金穀黃, 金秈, 蘆桿秈, 鷺鷥白, 蘆捍秈, 籠下歡, 磊塊赤, 大頭秈, 大晚稻, 大鵝秈, 大香斑秈, 大香秈, 大紅旗, 大紅秈, 麻肪秈, 馬尾赤, 晚稻, 晚白稻, 晚黃, 望江南, 梅裏黃, 牡猪苓, 博十分, 斑秈, 白穀, 白稻, 白芒, 白早, 飛來白, 四十日, 山骨崙, 秈瓜熟, 鱔魚黃, 秈苞裏齊, 小晚稻, 小白秈, 小赤秈, 小香斑秈, 小香秈, 小紅芒, 小黃稻, 隨犁歸, 水赤秈, 深水紅, 晏十日, 晏五日, 鴨脚鳥, 羊鬚白, 御秈稻, 軟頸白, 葉裏秈, 吳江早, 烏穀, 烏口, 烏絲, 烏衫子, 五十日, 烏節, 了田靑, 龍爪秈, 牛口秈, 六十日, 六十日白, 六月白, 六月秈, 銀條秈, 一水秈, 紫紅芒, 雀	赶上陳, 秤陳糯, 古上樓, 觀音柳, 槐花糯, 蚪芒糯, 橘皮, 金穀黃, 糯稻, 麻肪, 馬鬃糯, 粉皮糯, 西天白, 鱔魚黃, 小赤秈, 順水紅, 羊脂糯, 魚鱗糯, 女兒紅, 燕口糯, 燕脂糯, 烏穀, 烏金糯, 五十日, 烏恁, 玉斑秈, 了田靑, 留親家母, 六十日, 胭脂糯, 雀不覺, 猪鬃, 頂頭子, 鳥絲糯, 早紅蓮, 鯽魚秈, 秋風糯, 秋紅糯, 鶴穀鳥, 香粢, 香子糯, 虎皮糯, 紅糯, 黃花稻

府	메 벼	찰 벼
揚州府	不知, 張公赤, 長芒白, 猪鱗, 赤芒, 赤鬚, 頂頭子, 頂芒秈, 頂霜白, 齊頭白, 齊梅秈, 齊眉秈, 烏殼, 兆金秈, 早白, 早白稻, 弔殺鷄, 烏衫子, 早秈, 潮水白, 烏節, 早香, 早紅蓮, 中秋糯, 鯽魚, 鯽魚秈, 搶場白, 靑稭白, 靑芒, 靑芒兒, 靑芒子, 焦芒, 焦黃, 蜀秫, 秋前五, 七里香粳, 拖犁歸, 它兒白, 泰州紅, 苞裏齊, 下馬看, 鶴脚烏, 海陵紅, 海裏秀, 香白稻, 香白子, 香秈, 黃瓜秈, 黃羅傘, 黃稑, 黃芒, 黃花稻, 黑稻, 黑早, 黑支	
計	135	45

<표 57> 17세기 蘇州府의 非重複 벼 品種

府	메 벼	찰 벼
蘇州府	救公饑, 金城稻, 晚白稻, 麥爭場, 百日赤, 枇杷紅, 師姑秔, 雪裏揀, 閃西風, 時裏白, 軟黃粳, 烏口, 烏兒稻, 紫芒稻, 箭子稻, 占城稻, 早白稻, 杷秔稻, 下馬看, 香子稻, 紅蓮稻	赶陳糯, 金釵糯, 瞞官糯, 細葉糯, 鵝脂糯, 羊鬚糯, 臙脂糯, 矮兒糯, 棗子糯, 川梗糯, 鐵梗糯, 靑稈糯, 虎皮糯
計	21	13

<표 58> 18세기 蘇州府의 非重複 벼 品種

府	메 벼	찰 벼
蘇州府	嘉興黃, 慳五石, 簡子稻, 粳殺蜢蜞, 靠離望, 靠山靑, 瓜熟稻, 光頭白, 矯赤稻, 救公饑, 金裏黃, 金成稻, 老來紅, 雷稻, 累泥烏, 大頭花, 大秈, 大實花, 大烏望, 大黃稻, 稻公揀, 麻子烏, 馬鬃烏, 麻皮秔, 麻皮粳, 麻皮秔, 晚賴芒, 晚白稻, 晚陳望, 麥爭場, 無名稻, 薄十分, 白望, 百日赤, 百日種, 枇杷紅, 師姑秔, 山白稻, 三朝齊, 上稈靑, 雪裏揀, 雪裏變, 閃西風, 小白稻, 小秈, 小秈禾, 小烏望, 時裏白,	茄糯, 赶陳糯, 粳鮮糯, 粳秈糯, 靠山糯, 瓜熟糯, 觀音糯, 金釵糯, 冷糯, 蘆黃糯, 雷州糯, 瞞官糯, 晚佛手糯, 榧子糯, 師姑糯, 閃西風, 細葉糯, 小娘糯, 小孃糯, 水晶糯, 鵝脂糯, 鴨嘴糯, 野人糯, 羊鬚糯, 羊脂糯, 臙脂糯, 烏須糯, 矮糯, 矮兒糯, 牛口烏, 栗賣糯, 胭脂糯, 長鬃糯, 猪獤糯, 赤穀糯, 鳥鬚糯, 竈王糯, 棗子糯, 早中糯, 烏香糯, 早紅糯, 早黃糯, 朱砂糯, 珠子糯, 中秋糯, 芝麻糯, 川梗糯, 鐵

附錄 1. 청대 강소성의 벼 품종 표 239

蘇州府	鵝脚黃, 鴨嘴稻, 鴨嘴黃, 野稻, 揚名稻, 軟黃粳, 烏口稻, 烏稻, 五石稻, 烏須, 烏兒, 芋乃黃, 牛毛白, 牛尾白, 又水紅, 雲南稻, 六十日稻, 六稀稻, 銀杏白, 泥裏變, 一粒珠, 紫芒稻, 紫染頭, 長水紅, 再熟稻, 赤穀稻, 赤望, 赤秈, 箭子稻, 占城稻, 早粳稻, 鳥口稻, 早稻, 早白稻, 弔殺鷄, 鳥兒稻, 早紅蓮, 中秋稻, 天落黃, 靑光頭, 土塘靑, 杷稻稻, 八月白, 包十石, 下馬看, 香粳稻, 香子稻, 香子米, 香黃蓮, 紅蓮稻, 紅綠稻, 紅稉晚稻, 紅蒙子, 紅蓬稻, 紅皮稻, 花光頭, 黃秔秈, 黃櫸, 灰稻	粳糯, 靑稈糯, 秋風糯, 土王糯, 扁蒲糯, 蟹殼糯, 蟹亮糯, 蟹賣糯, 香粳糯, 香糯, 香子糯, 香珠糯, 虎斑糯, 虎皮糯, 黃瓜糯, 恍雄鷄, 恍雄糯, 喜蛛糯
計	107	66

<표 59> 19세기 蘇州府의 非重複 벼 품종

府	메 벼	찰 벼
蘇州府	稈麥長, 金裏黃, 金成稻, 蘆花白, 稻裏揀, 稻翁揀, 晚蘆秈, 鱣鱺樵, 晚白稻, 麥爭場, 半夏稻, 彷徨稻, 白野稻, 百日稻, 百日種, 飛來風, 枇杷紅, 山烏稻, 三朝齊, 雪裏揀, 閃西風, 小秈禾, 舜耕稻, 時彔白, 茘子紅, 茘子黃, 軟稈靑, 軟黃粳, 烏口稻, 烏粒稻, 烏兒稻, 烏野稻, 矮脚八哥, 芋내黃, 六十日稻, 陸州紅, 銀條秈, 紫芒稻, 再熟稻, 泞黃稻, 箭子稻, 烏口稻, 早蘆秈, 早白稻, 烏野稻, 早中秋, 天落黃, 杷稻稻, 瓣白稻, 下馬看, 香粳稻, 香子稻, 紅蓮稻, 紅蒙子, 恍雄鷄	稈陳糯, 觀音糯, 歸女糯, 金州糯, 金釵糯, 蘆黃糯, 杜交糯, 麻筋糯, 馬鬃糯, 瞞官糯, 鱣鱺糯, 木樨球, 百日糯, 佛手糯, 飛來糯, 榧子糯, 師姑糯, 細葉糯, 小娘糯, 水晶糯, 鵝脂糯, 羊毛糯, 羊鬚糯, 羊脂糯, 臙脂糯, 烏絲糯, 矮脚糯, 矮兒糯, 牛筋糯, 牛腿糯, 宜州糯, 定陳糯, 竈王糯, 珠糯, 川粳糯, 鐵稈早, 鐵粳糯, 靑稈糯, 秋風糯, 蟹殼糯, 香粳糯, 香子糯, 香珠糯, 虎皮糯, 紅綠糯, 黃糯
計	55	46

附錄 2. 청대 강소성의 이맥·두 품종 표

<표 1> 18세기 淮安府의 麥 품종(1)

府	縣	麥	豆
淮安府	淸河縣	麰, 麥, 玉麥, 火麥	
計	4	4	

자료 : 乾隆『授時通考』권26,「穀種·麥」.

<표 2> 18세기 淮安府의 麥·豆 품종(2)

府	縣	麥	豆
淮安府		麰麥, 小麥 (種類頗多)	大豆, 小豆, 黃豆, 豌豆, 藸豆, 扁豆, 羊眼豆, 刀豆, 蠶豆, 茶豆, 赤豆, 靑豆, 紫豆, 紅豆, 黑豆, 梅豆, 자제豆, 玉豆
計	20	2	18

자료 : 雍正『古今圖書集成』,「職方典」권750.

<표 3> 18세기 淮安府의 麥·豆 품종(3)

府	縣	麥	豆
淮安府	桃源縣	大麥, 小麥, 穬麥	茶豆, 刀豆, 豇豆, 扁豆, 赤豆, 藸豆, 晩豆, 排豆, 黑豆(馬料豆)
計	12	3	9

자료 : 乾隆『桃源縣志』권4,「田賦下·物産」.

<표 4> 19세기 海州의 麥 품종

州	縣	麥	豆
海州		大麥, 小麥, 穬麥, 蕎麥	黃豆,黑豆,赤豆,藸豆, 豇豆, 豌豆, 蠶豆, 扁豆, 刀豆
計	13	4	9

자료 : 嘉慶『海州直隷州志』권10,「物産」.

附錄 2. 청대 강소성의 이맥·두 품종 표 241

<표 5> 18세기 揚州府의 麥·豆 품종(1)

府	縣	麥	豆
揚州府		穬麥(대맥), 晩麥(대맥), 淮麥(대맥), 短桿(대맥), 春麥(소맥), 短管(소맥), 赤鬚(소맥), 蘆麥(소맥), 北麥(소맥)	
計	9	9	

자료 : 雍正『古今圖書集成』,「職方典」권 763.

<표 6> 18세기 揚州府의 麥·豆 품종(2)

府·州	縣	麥	豆
揚州府 高郵州		穬麥(大麥), 晩麥(대맥), 淮麥(대맥), 短桿(대맥), 春麥(小麥), 蘆麥(소맥), 北麥(소맥), 短管(소맥), 赤穀(소맥), 白穀(소맥), 白穀(소맥), 苦麥(소맥), 蕎麥(소맥)	
計	13	13	

자료 : 乾隆『授時通考』권26,「穀種門·麥」.

<표 7> 18세기 揚州府의 麥·豆 품종(3)

府	縣	麥	豆
揚州府	江都縣	穬麥(大麥), 晩麥(大麥), 淮麥(大麥), 短桿(大麥), 春麥(小麥), 短管(小麥), 赤鬚(小麥), 蘆麥(小麥), 北麥(小麥), 蕎麥	大黃, 大靑, 大紫, 大黑, 大褐, 鴨卵靑, 白扁, 黑扁, 白小赤, 小小赤, 菉豆, 樓子菉, 摘角菉, 鵪鶉斑, 赤江白, 江摘角, 江靑, 豌白, 豌白眼, 紫眼, 羊眼, 雁來枯, 杪社黃, 半夏黃, 佛指
計	35	10	25

자료 : 乾隆『江都縣志』권11,「物産」.

<표 8> 18세기 揚州府의 豆 품종(4)

府	縣	麥	豆
揚州府	鹽城縣		茶豆, 芋薺豆, 靑豆, 黃豆, 紫豆, 赤豆, 黑豆, 白豆, 綠豆, 紅豆, 雁來枯, 大黃, 大靑, 大紫, 大黑, 大褐, 鴨卵, 靑白, 扁黑, 扁白, 小赤, 小小紅, 藗豆, 樓子綠, 摘角綠, 鸚鵡斑, 赤江白, 江摘角, 江靑, 豌白, 豌白眼, 紫眼, 羊眼, 雁來枯, 抄社黃, 半夏黃, 佛指
計	37		37

자료: 乾隆『授時通考』권29, 「穀種·豆三」.

<표 9> 18세기 江寧府의 麥·豆 품종(1)

府	縣	麥	豆
江寧府		大麥, 管麥, 蕎麥	黑大豆, 靑大豆, 黃大豆, 赤小豆, 黑小豆, 綠豆, 白豆, 豌豆, 香珠豆, 刀豆, 白果豆, 豌豆, 豇豆, 扁豆
計	17	3	14

資料: 『古今圖書集成』, 「方輿彙編職方典」권663, 「江寧府 物産考」; 乾隆『授時通考』권26, 「穀種·麥」; 乾隆『授時通考』권29, 「穀種門·豆三」.

<표 10> 18세기 江寧府의 豆 품종(2)

府	縣	麥	豆
江寧府	六合縣		黑大豆, 靑大豆, 黃大豆, 赤小豆, 黑小豆, 綠豆, 白豆, 豌豆, 香珠豆, 佛手豆, 白果豆, 羊眼豆, 蠶豆, 豇豆, 扁豆, 刀豆
計	16		16

자료: 乾隆『授時通考』권29, 「穀種·豆三」.

附錄 2. 청대 강소성의 이맥·두 품종 표

<표 11> 19세기 揚州府의 麥·豆 품종(1)

府	縣	麥	豆
揚州府		藕麥(대맥), 晚麥(대맥), 赤殼(대맥), 白殼(대맥), 六楞子(대맥), 三月黃(대맥), 老來光(대맥), 四楞子(대맥), 淮麥(대맥), 一色光(淮麥), 一色靑(회맥), 春麥(소맥), 短管(소맥), 赤鬚(소맥), 蘆麥(소맥), 北麥(소맥), 大黃皮(소맥), 紫桿子(소맥), 靑芒子(소맥), 竃鷄頭(소맥), 火燒頭(소맥), 梅前黃(소맥), 蕎麥(甘苦二種), 大麥四稜, 六稜, 小麥舜哥, 舜麥	大黃, 大靑, 大紫, 大黑, 大褐, 鴨卵靑, 白扁, 黑扁, 白小赤, 小小赤, 菉豆, 樓子菉, 摘角菉, 鷯鶉斑, 赤江白, 江摘角, 江靑, 豌白, 豌白眼, 紫眼, 羊眼, 雁來枯, 抄社黃, 半夏黃, 佛指, 豇豆, 蠶豆, 瞽野豆, 茶豆, 豌豆, 刀豆, 虎爪豆, 等西風(황두), 烏嘴黃(황두), 淮靑(황두), 牛踣扁(황두), 牛肯椿(황두), 六月白(황두), 麻熟子(황두) 天鵝蛋(청두), 夷陵靑(청두) 灰泊(녹두), 全靑(녹두), 秋梢子(녹두), 虎黎皮(飯豆), 荷苞豆(반두), 鐵殼子(완두), 茄豌子(완두), 蝦蟆靑(蠶豆), 堅天紅(豇豆), 羊角扁(扁豆), 雁來紅(扁豆), 膠州靑(靑豆), 骨裏靑(청두), 鸚哥綠(청두), 烏眼黃(황두), 鷄子黃(황두), 獐皮黃(황두), 자제두(紫豆), 牛眼烏(黑豆), 馬料豆(흑두), 扁子白(白豆), 免兒圓(백두), 帶豆
計	94	27	67

자료: 嘉慶『重修揚州府志』권61,「物産」.

<표 12> 19세기 揚州府의 麥·豆 품종(2)

府	縣	麥	豆
揚州府	東臺縣	四稜(大麥), 六稜(大麥), 烏麥(黑大麥), 小麥穬麥(元麥), 舜麥, 蕎麥	大黃, 烏眼黃, 鷄子黃, 獐皮黃, 膠州靑, 大靑, 骨裏靑, 大紫, 자薺豆, 大黑, 牛眼烏, 鴨卵靑, 小靑, 小赤, 扇子白, 帶豆, 免兒圓, 赤豆, 鷯鶉斑, 鸚哥綠, 豌豆(靑白二種), 豇豆(紅紫白斑), 刀豆, 蠶豆, 扁豆, 等西風, 天鵝卵
計	34	7	27

자료: 嘉慶『東臺縣志』권19,「物産」.

<표 13> 19세기 揚州府의 麥·豆 품종(3)

府·州	縣	麥	豆
揚州府 高郵州		穬麥(대맥), 晩麥(대맥), 短桿子(대맥), 六楞子, (대맥), 三月黃(대맥), 老來光(대맥), 四楞子(대맥), 春麥(소맥), 蘆麥(소맥), 北麥(소맥), 短管(소맥), 赤穀(소맥), 白穀(소맥), 大黃皮(소맥), 紫桿子(소맥), 靑芒子(소맥), 江芒子(소맥), 竈鷄頭(소맥), 火燒頭(소맥), 梅前黃(소맥), 一色光(淮麥), 一色靑(淮麥), 蕎麥(甛苦 2종)	等西風(황두), 烏嘴黃(황두), 淮黃(황두), 牛蹄扁(황두), 牛肯樁(황두), 六月白(황두), 麻熟子(황두), 茶褐豆(황두), 大靑豆(청두), 鴨蛋靑(청두), 天鵝蛋(청두), 夷陵靑(청두), 灰泊(녹두), 全靑(녹두), 秋梢子(녹두), 樓子菉(녹두), 摘角菉(녹두), 虎黎皮(飯豆), 荷苞豆(반두), 鵪鶉斑(반두), 玉豌豆(완두), 靑豌豆(완두), 鐵殼子(완두), 茄豌子(완두), 蝦䗫靑(蠶豆), 白蠶豆(잠두), 堅天紅(扁豆), 紅豇(편두), 白豇(편두), 羊角扁(雜色豆), 雁來紅(잡색두), 白扁豆(잡색두),大黑豆(잡색두), 大紫豆(잡색두), 赤小豆(잡색두), 刀豆(잡색두), 虎爪豆(잡색두)
計	60	23	37

자료：嘉慶『高郵州志』권4,「物産」.

<표 14> 19세기 揚州府의 麥·豆 품종(4)

府·州	縣	麥	豆
揚州府 泰州		大麥, 小麥, 淮麥, 蕎麥	紫豆, 豇豆(紅白紫斑色), 蠶豆, 刀豆, 龍爪豆, 扁豆(黑白)
計	10	4	6

資料：道光『泰州志』권5,「物産」.

<표 15> 18세기 通州의 麥·豆 품종(1)

州	縣	麥	豆
通州		大麥, 小麥, 元麥, 舜麥	靑, 黃, 紫, 黑, 白, 茶, 扁莆, 麻皮, 鷄趾, 牛莊, 僧衣, 香珠, 蓮心, 烏眼, 沈香, 白果
計	20	4	16

附錄 2. 청대 강소성의 이맥·두 품종 표 245

資料 : 乾隆『授時通考』권26,「穀種·麥」; 乾隆『授時通考』권29,「穀種門·豆三」.

<표 16> 19세기 通州의 麥·豆 품종(2)

州	縣	麥	豆
通州		燕麥(소맥), 簫麥(소맥), 雀麥(소맥), 靑裸麥(대맥), 赤麥(대맥), 舜麥(대맥), 蕎麥, 元麥	蠶豆, 豌豆, 黃豆, 赤豆, 綠豆, 豇豆, 扁豆, 刀豆
計	16	8	8

자료 : 光緖『通州直隸州志』권4,「物産」.

<표 17> 17세기 常州府의 麥·豆 품종

府	縣	麥	豆
常州府		大麥, 小麥, 穬麥, 蕎麥	黃豆, 靑豆, 赤豆, 黑豆, 菉豆, 紫羅豆, 香珠豆, 僧衣豆, 豇豆, 豌豆, 扁豆, 飯豆, 白果豆, 蠶豆
計	18	4	14

자료 : 康熙『常州府志』권10,「物産」.

<표 18> 18세기 초 常州府의 麥·豆 품종(1)

府	縣	麥	豆
常州府		大麥, 小麥, 蕎麥	菉豆, 黑豆, 黃豆, 靑豆, 茶豆, 六月白豆, 小豆, 香豆, 豌豆, 扁豆, 刀豆
計	14	3	11

자료 : 雍正『古今圖書集成』,「職方典」권719.

<표 19> 18세기 중엽 常州府의 麥·豆 품종(2)

府	縣	麥	豆
常州府	靖江縣 江陰縣	四稜(大麥), 六稜(大麥), 舜哥(小麥), 紫稈(小麥), 梅前黃(小麥), 盧눝豆(小麥), 小燒豆(小麥), 圓麥(小麥), 舜麥(小麥)	扁莆(靑豆), 膠州靑(靑豆), 骨裏靑(靑豆), 豹腰靑(靑豆), 圓珠翠碧(靑豆), 茶靑白果, 烏眼黃, 水面白, 麻皮黃(黃豆), 牛墾莊(黃豆), 免子圓(黃豆), 雞趾黃(黃豆), 獐皮黃(黃豆), 六月白(白豆), 搶場白(白豆), 白果豆(白豆), 僧衣(紫豆), 香珠(紫豆), 蓮心(紫豆), 烏香珠(黑豆), 大黑子(黑豆), 赤豆, 蟹眼, 麻熟, 黃豆(珍珠黃), 靑豆(白果靑)
計	34	9	25(2)

資料: 乾隆『授時通考』권26,「穀種·麥」; 乾隆『授時通考』권29,「穀種門·豆三」.

<표 20> 19세기 常州府의 麥·豆 품종(1)

府	縣	麥	豆
常州府	靖江縣	四稜(大麥), 六稜(大麥), 舜哥(小麥), 紫稈(小麥), 蕎麥(小麥), 舜麥(小麥)	扁莆(靑豆), 蠶豆, 豌豆, 安豆, 圓珠翠碧(靑豆), 茶靑, 白果, 烏眼黃, 水面白, 麻皮黃(黃豆), 牛墾莊(黃豆), 免子圓(黃豆), 雞趾黃(黃豆), 獐皮黃(黃豆), 豇豆, 帶豆, 刀豆, 僧衣(紫豆), 香珠(紫豆), 蓮心(紫豆), 烏香珠(黑豆), 大黑子(黑豆), 赤豆, 蟹眼, 麻熟, 扁豆
計	32	6	26

자료: 光緒『靖江縣志』권5,「食貨志·土産」.

附錄 2. 청대 강소성의 이맥·두 품종 표

<표 21> 19세기 常州府의 麥·豆 품종(2)

府	縣	麥	豆
常州府	宜興荊谿	大麥(紅白二種), 小麥(紅白二種), 元麥, 穬麥, 紫麥, 黃麥	黃豆(靑·黑·紫), 菉豆(小豆), 蠶豆, 豌豆, 扁豆(龍爪·蛾眉·鵲豆), 刀豆, 豇豆
計	18	8	10

자료: 光緒『宜興荊谿縣新志』권1,「疆土·物産記」.

<표 22> 19세기 常州府의 麥·豆 품종(3)

府	縣	麥	豆
常州府	江陰縣	大麥, 小麥, 櫊麥, 蕎麥	蠶豆, 黃豆, 靑豆, 黑豆, 紫羅豆, 僧衣豆, 綠豆, 赤豆, 豇豆, 豌豆, 瑪璃豆, 黎豆, 扁豆
計	17	4	13

자료: 光緒『江陰縣志』권10,「物産·穀」.

<표 23> 19세기 常州府의 豆 품종(4)

府	縣	麥	豆
常州府	武進陽湖		蠶豆, 白果豆
計	2		2

자료: 光緒『武進陽湖縣志』권2,「賦役·土産」.

<표 24> 18세기 松江府의 麥·豆 품종(1)

府	縣	麥	豆
松江府		大麥, 小麥, 赤麥, 園麥, 舜哥麥, 火燒麥, 白麥, 雀麥, 蕎麥	南京黃, 隨稻黃, 六月白, 砂仁豆, 黑豆,赤豆, 靑豆, 白香圓, 茅柴赤, 紫羅豆, 龍爪豆, 江豆, 刀豆, 豌豆, 蠶豆, 白萹豆
計	25	9	16

자료: 雍正『古今圖書集成』,「職方典」권699.

<표 25> 18세기 松江府의 麥·豆 품종(2)

府	縣	麥	豆
松江府	上海縣	大麥, 小麥, 赤麥, 白麥, 圓麥, 蕎麥, 舜哥麥, 雀麥	南京黃, 隨稻黃, 六月豆, 砂仁豆, 黑豆, 赤豆, 綠豆, 水白豆, 青豆, 白香圓, 茅柴赤, 紫羅豆, 青黑花紋, 龍爪豆, 豇豆, 刀豆, 豌豆, 蠶豆, 白藊豆
計	27	8	19

자료: 乾隆 『授時通考』 권26, 「穀種·麥」; 乾隆 『授時通考』 권29, 「穀種門·豆三」.

<표 26> 19세기 초 松江府의 麥·豆 품종

府	縣	麥	豆
松江府		大麥, 小麥, 赤麥, 圓麥, 舜哥麥, 躱梅麥, 青鬚麥, 白麥, 紫稈麥, 雀麥	蠶豆, 豌豆, 刀豆, 豇豆, 龍爪豆, 赤豆, 綠豆, 黃豆, 水白豆, 六月白, 青豆, 白香圓, 茅紫赤, 紫羅豆, 黑豆, 白藊豆, 大青豆, 隨稻黃, 砂仁豆, 米赤豆, 南京黃
計	31	10	21

자료: 嘉慶 『松江府志』 권6, 「疆域志」 6, 「物産」.

<표 27> 18세기 鎭江府의 麥·豆 품종

府	縣	麥	豆
鎭江府	丹徒縣	春, 黃稈(이상 대맥) 赤殼, 白殼, 宣州(이상 소맥)	雁來靑, 雁來枯, 癩黃, 半夏黃, 鐵殼黃, 香朱, 茶褐, 苧薺, 白果, 牛肯莊, 早綿靑, 烏豆, 水白豆, 刀豆, 馬鞍豆, 小豆, 赤豆, 綠豆, 小黑豆, 白豆, 龍爪豆, 飯豆, 紅黑豇豆, 佛指豆, 十六粒豆, 蠶豆, 黑白扁豆
計	32	5	27

자료: 乾隆 『授時通考』 권29, 「穀種·豆三」; 乾隆 『鎭江府志』 권42, 「物産」.

附錄 2. 청대 강소성의 이맥·두 품종 표 249

<표 28> 19세기 말 鎭江府의 麥·豆 품종

府	縣	麥	豆
鎭江府	丹陽縣	大麥, 元麥, 小麥(5종), 蕎麥	早豆(黃靑黑 3種), 晚豆(黃靑 2種), 豌豆(白靑 2種), 赤豆, 綠豆, 飯豇豆, 烏豇豆, 刀豆, 蠶豆, 扁豆
計	22	8	14

자료: 光緒『丹陽縣志』권29,「風土」.

<표 29> 17세기 蘇州府의 麥·豆 품종

府	縣	麥	豆
蘇州府	常熟縣	䵃麥(대맥), 來麥(소맥), 櫏麥, 蕎麥	黃豆, 紫羅豆, 河陽靑, 豇靑, 大豌豆, 小豌豆, 十八豇, 白扁豆
計	11	4	7

자료: 康熙『常熟縣志』권9,「物産」.

<표 30> 17~18세기 蘇州府의 麥·豆 품종

府	縣	麥	豆
蘇州府	吳江縣	大麥, 小麥, 櫏麥蕎麥, 舜哥麥, 紫稈麥, 白麥, 赤麥, 手麥, 橫枝麥, 火燒麥	白扁豆, 羊眼豆, 黑豆, 黃豆, 香珠豆, 赤豆, 豌豆, 江豆, 裙帶豆, 刀豆
計	20	10	10

자료: 康熙『吳江縣志』권7,「物産」.

<표 31> 18세기 蘇州府의 麥·豆 품종(1)

府	縣	麥	豆
蘇州府		大麥, 小麥, 櫏麥, 蕎麥, 舜哥麥, 紫稈麥, 西番麥	黃豆, 黑豆, 水白豆, 大靑豆, 赤豆, 紫羅豆, 僧衣豆, 香珠豆, 扁豆, 豌豆, 江豆, 刀豆, 雲南豆, 佛手豆, 羊眼豆, 菉豆, 蟹服豆
計	24	7	17

자료: 雍正『古今圖書集成』,「職方典」권681.

<표 32> 18세기 蘇州府 麥·豆 품종(2)

府	縣	麥	豆
蘇州府	吳縣	大麥, 小麥, 櫑麥, 蕎麥, 舜哥麥, 紫稈麥, 西番麥	緇豆(僧衣豆), 斑豆, 蟹眼豆, 羊眼豆, 香珠豆, 賊懊惱, 雲南豆
計	14	7	7

자료: 乾隆『授時通考』권26,「穀種門·麥」.

<표 33> 18세기 蘇州府의 麥(3)

府	縣	麥	豆
蘇州府	吳縣	大麥, 小麥, 蕎麥, 舜哥麥, 紫稈麥, 西番麥	
計	6	6	

자료: 乾隆『吳縣志』권23,「物産」.

<표 34> 18세기 蘇州府의 麥·豆 품종(4)

府	縣	麥	豆
蘇州府	長洲縣	大麥, 小麥, 櫑麥, 蕎麥, 西番麥	蠶豆, 靑豆, 豇豆, 黃豆, 黑豆, 白扁豆, 刀豆, 豌豆
計	13	5	8

자료: 乾隆『長洲縣志』권17,「物産」.

<표 35> 18세기 蘇州府의 麥·豆 품종(5)

府	縣	麥	豆
蘇州府	元和縣	大麥, 小麥, 櫑麥, 蕎麥, 西番麥	蠶豆, 靑豆, 豇豆, 黃豆, 黑豆, 白扁豆, 刀豆, 豌豆
計	13	5	8

자료: 乾隆『元和縣志』권16.「物産」.

<표 36> 18세기 蘇州府의 麥·豆 품종(6)

府	縣	麥	豆
蘇州府	常熟縣	紫稈(小麥), 長萁, 舜哥, 火燒頭	紫羅豆, 河陽靑, 豇豆, 十八豇
計	8	4	4

附錄 2. 청대 강소성의 이맥·두 품종 표 251

자료: 乾隆『授時通考』권26,「穀種門·麥」.

<표 37> 18세기 蘇州府의 豆 품종(8)

府	縣	麥	豆
蘇州府	昆山縣		中秋豆, 雁來紅, 佛手豆, 瑪惱豆
計	4		4

자료: 乾隆『授時通考』권29,「穀種門·豆三」.

<표 38> 19세기 蘇州府의 麥·豆 품종(1)

府	縣	麥	豆
蘇州府	崑新兩縣	大麥, 小麥, 穬麥, 蕎麥, 紫稈麥, 舜哥麥, 火燒麥	黃豆, 中秋豆, 鵠卵靑, 隔山抛, 白豆, 靑豆, 紫豆, 瑪瑙豆, 黑豆, 綠豆, 豇豆, 雁來紅, 赤豆, 豌豆, 蠶豆, 黑扁豆, 白扁豆, 刀豆, 毛豆, 佛手豆, 牛腿豆
計	27	7	20

자료: 道光『崑新兩縣志』권8,「物産」.

<표 39> 19세기 蘇州府의 麥·豆 품종(2)

府	縣	麥	豆
蘇州府		大麥, 小麥, 穬麥, 蕎麥, 紫稈麥, 舜哥麥, 火燒麥	黃豆, 黑豆, 綠豆, 白扁豆, 紫羅豆, 豌豆, 蠶豆, 豇豆, 刀豆
計	16	7	9

자료: 同治『蘇州府志』권20,「物産」.

<표 40> 19세기 蘇州府의 麥·豆 품종(3)

府	縣	麥	豆
蘇州府	崑新兩縣	紫稈麥, 舜哥麥, 火燒麥, 大麥, 小麥, 穬麥, 蕎麥	黃豆, 中秋豆, 鵠卵靑, 隔山抛, 白豆, 靑豆, 紫豆, 瑪瑙豆, 黑豆, 綠豆, 豇豆, 雁來紅, 赤豆, 豌豆, 蠶豆, 黑扁豆, 白扁豆, 刀豆, 毛豆, 佛手豆, 牛腿豆
計	28	7	21

자료: 光緖『崑新兩縣續修合志』권8,「物産」.

<표 41> 19세기 蘇州府의 麥·豆 품종(4)

府	縣	麥	豆
蘇州府	元和縣 周庄鎭	大麥, 小麥, 櫚麥	蠶豆, 豌豆, 毛豆, 長豇豆, 沿籬豆, 鷄豆粟
計	9	3	6

자료: 光緒 『周庄鎭志』 권1, 「物産」.

<표 42> 17세기 太倉州의 麥·豆 품종

州	縣	麥	豆
太倉州	崇明縣	元麥, 小麥, 大麥蕎麥, 御麥, 雀麥	黃豆, 蠶豆, 豌豆, 豇豆, 赤豆, 扁豆, 狂荳, 刀豆
計	14	6	8

자료: 康熙 『崇明縣志』 권6, 「風物·物産」.

<표 43> 18세기 太倉州의 豆 품종

州	縣	麥	豆
太倉州	嘉定縣		大黑豆, 蠶豆
計	2		2

자료: 乾隆 『授時通考』 권29, 「穀種門·豆三」.

<표 44> 18세기 太倉州의 豆 품종

州	縣	麥	豆
太倉州			蘇州黃(황두), 員珠黃(〃), 烏眼黃(〃), 水白豆(〃), 扇子黃(〃), 高脚黃(〃), 大靑(청두), 小靑(〃), 次菰靑(〃), 肉裏靑(〃), 大黑(흑두), 小黑(〃), 六月烏(〃), 僧衣豆(잡색두), 香珠豆(〃), 羊眼豆(〃), 蠶豆
計	17		17

자료: 乾隆 『授時通考』 권29, 「穀種門·豆三」.

附錄 2. 청대 강소성의 이맥·두 품종 표 253

<표 45> 19세기 太倉州의 麥·豆 품종

州	縣	麥	豆
太倉州	嘉定縣	大麥, 小麥, 穬麥	骨裏靑(黃豆), 羊眼豆(〃), 香珠豆(〃), 絲瓜香(〃), 八月白(〃), 牛踏扁(〃), 茅柴團(〃), 莢莢三(〃), 矮萁香(〃), 到老香(〃), 黑豆, 蠶豆, 赤豆, 豌豆, 扁豆, 藥豆, 豇豆
計	20	3	17

자료 : 光緒 『嘉定縣志』 권8, 「土産」.

참고문헌

1. 史料

弘治『上海縣志』(天一閣藏明代方志選刊續編), 上海, 上海書店, 1990.
萬曆『江浦縣志』(天一閣藏明代方志選刊續編), 上海, 上海書店, 1990.
嘉靖『通州志』(天一閣藏明代方志選刊續編), 上海, 上海書店, 1990.
嘉定『吳邑志』(天一閣藏明代方志選刊續編), 上海, 上海書店, 1990.
崇禎『吳縣志』(天一閣藏明代方志選刊續編), 上海, 上海書店, 1990.
正德『松江府志(上下)』(天一閣藏明代方志選刊續編), 上海, 上海書店, 1990.
嘉靖『六合縣志』(天一閣藏明代方志選刊續編), 上海, 上海書店, 1990.
正德『常州府志續集』(天一閣藏明代方志選刊續編), 上海, 上海書店, 1990.
嘉靖『太倉州志』(天一閣藏明代方志選刊續編), 上海, 上海書店, 1990.
康熙『嘉定縣續志』康熙 23年, 刻本影印, 清 聞在上 修, 許自俊 等 纂.
康熙『嘉定縣志』康熙 12年, 刻本影印, 清 趙昕 修, 蘇淵 纂.
康熙『常熟縣志』康熙 26年, 刻本影印, 清 高士䕫·楊振藻 修, 錢陸燦 等 纂.
康熙『常州府志』康熙 34年, 刻本影印, 清 于琨 修, 陳玉璂 纂.
康熙『崇明縣志』康熙 20年, 刻本影印, 清 朱衣點 修, 黃國彛 纂.
雍正『昭文縣志』雍正 7年, 刻本影印, 清 勞必大 修, 陳祖範 等 纂.
乾隆『句容縣志』光緖 26年, 刻本影印, 清 曹襲先 纂修.
乾隆『婁縣志』乾隆 53年, 刻本影印, 清 謝庭薰 修, 陸錫熊 纂.
乾隆『小海場新志』乾隆 4年, 刻本影印, 清 林正靑 纂.
乾隆『吳江縣志(一)』民國, 石印本影印, 清 丁元正 修, 倪師孟 纂.
乾隆『吳江縣志(二)』民國, 石印本影印, 清 丁元正 修, 倪師孟 纂.
乾隆『元和縣志』乾隆 26年, 刻本影印, 清 許治 修, 沈德潛·顧詒祿 纂.
乾隆『長洲縣志』乾隆 18年, 刻本影印, 清 李光祚 修, 顧詒祿 等 纂.

乾隆『重修桃源縣志』民國 6年, 鉛印本影印, 清 眭文煥 纂修.
乾隆『鎮江府志』乾隆 15年, 增刻本影印, 清 高得貴 修, 張九徵 等 纂, 朱霖 等 增纂
乾隆『震澤縣志』光緒 19年, 刻本影印, 清 陳和志 修, 倪師孟・沈彤 纂.
乾隆『虎阜志』乾隆 57年, 西溪別墅藏板, 清 陸肇域・任兆麟 編纂, 古昊軒 出版社, 1995.
『嘉慶重修一統志』, 北京, 中華書局, 1986.
嘉慶『高郵州志』道光 22年, 刻本影印, 清 楊宜倫 修, 河之蓉・沈之本 纂.
嘉慶『東臺縣志』嘉慶 22年, 刻本影印, 清 周右 修, 蔡復午 等 纂.
嘉慶『松江府志(一)』嘉慶年間, 松江府學明倫堂刻本影印, 清 宋如林 修, 孫星衍・莫晋 纂.
嘉慶『松江府志(二)』嘉慶年間, 松江府學明倫堂刻本影印, 清 宋如林 修, 孫星衍・莫晋 纂.
嘉慶『新修江寧府志』光緒 6年, 刻本影印, 清 呂燕昭 修, 姚鼐 纂.
嘉慶『黎里志』嘉慶 10年, 吳江徐氏孚遠堂刻本影印, 清 徐達源 纂.
嘉慶『重修揚州府志(一)』嘉慶 5年, 刻本影印, 清 阿克當阿 修, 姚文田・江藩 等 纂.
嘉慶『重修揚州府志(二)』嘉慶 5年, 刻本影印, 清 阿克當阿 修, 姚文田・江藩 等 纂.
嘉慶『海州直隷州志』嘉慶 16年, 刻本影印, 清 唐仲冕 修, 汪梅鼎 等 纂.
道光『崑新兩縣志』道光 6年, 刻本影印, 清 張鴻・來汝緣 修, 王學浩 等 纂.
道光『上元縣志』道光 4年, 刻本影印, 清 武念祖 修, 陳弍 纂.
道光『續增高郵州志』道光 23年, 刻本影印, 清 左輝春 等 修纂.
道光『雲臺新志』道光 16年, 郁州書院刻本, 清 謝元淮 修, 許喬林 纂.
道光『重修儀徵縣志』光緒 16年, 刻本影印, 清 王檢心 修, 劉文淇・張安保 纂.
道光『震澤鎮志』道光 24年, 刻本影印, 清 紀磊・沈眉壽 纂.
道光『泰州新志刊謬』道光 10年, 刻本影印, 清 任鈺・宮錫祚 等 纂輯.
道光『泰州志』光緒 34年, 補刻本影印, 清 王有慶 等修, 陳世鎔 等 纂.
同治『上江兩縣志』同治 13年, 刻本影印, 清 莫祥芝・甘紹盤 修, 汪士鐸 等 纂.
同治『徐州府志』同治 13年, 刻本影印, 清 吳世熊 修, 劉庠・方駿謨 纂.
同治『蘇州府志』光緒 8年, 刻本影印, 清 李銘皖・譚鈞培 修, 馮桂芬 纂.

참고문헌 257

同治『續纂江寧府志』光緒 7年, 刻本影印, 淸 蔣啓勳·趙佑宸 修, 汪士鐸
    等 纂.
同治『續纂揚州府志』同治 13年, 刻本影印, 淸 方濬頤 修, 晏端書·錢振倫
    等 纂.
同治『重修山陽縣志』同治 12年, 刻本影印, 淸 張兆棟·孫雲 修, 河紹基·
    丁晏 等 纂.
同治『湖州府志(1)』同治 13年, 愛山書院刻本影印, 淸 宗源瀚·郭式昌 修,
    周學濬·陸心源 纂.
同治『湖州府志(2)』同治 13年, 愛山書院刻本影印, 淸 宗源瀚·郭式昌 修,
    周學濬·陸心源 纂.
咸豊『古海陵縣志』咸豊 5年, 刻本影印, 淸 王葉衢 纂.
咸豊『邳州志』咸豊 元年, 刻本影印, 淸 董用威·馬軼群 修, 魯一同 纂.
咸豊『重修興化縣志』咸豊 2年, 刻本影印, 淸 梁園棣 修, 鄭之僑·趙彦兪
    纂.
光緖『嘉定縣志』光緖 12年, 刻本影印, 淸 程其珏 修, 楊震福 等 纂.
光緖『江陰縣志』光緖 4年, 刻本影印, 淸 盧思誠·馮壽鏡 修, 李念貽·夏煒
    如 纂.
光緖『江浦埤乘』光緖 17年, 刻本影印, 淸 侯宗海·夏錫寶 纂.
光緖『崑新兩縣續修合志(1)』光緖 7年, 刻本影印, 淸 金吳瀾·李福沂 修, 朱
    成熙 等 纂.
光緖『崑新兩縣續修合志(2)』光緖 7年, 刻本影印, 淸 金吳瀾·李福沂 修, 朱
    成熙 等 纂.
光緖『贛楡縣志』光緖 14年, 刻本影印, 淸 王預熙 修, 張謇 纂.
光緖『金山縣志』光緖 4年, 刻本影印, 淸 龔寶琦·崔廷鏞 修, 黃厚本 等 纂.
光緖『南匯縣志』光緖 5年, 刻本影印, 淸 金福曾·顧思賢 修, 張文虎 纂.
光緖『丹徒縣志(1)』光緖 5年, 刻本影印, 淸 何紹章·馮壽鏡 修, 呂耀斗 等
    纂.
光緖『丹徒縣志(2)』光緖 5年, 刻本影印, 淸 何紹章·馮壽鏡 修, 呂耀斗 等
    纂.
光緖『丹陽縣志』光緖 11年, 刻本影印, 淸 劉誥·凌焯 修, 徐錫麟·姜璘 纂.
光緖『婁縣續志』光緖 5年, 刻本影印, 淸 汪坤厚·程其珏 修, 張雲望 纂.
光緖『無錫金匱縣志』光緖 7年, 刻本影印, 淸 裴大中·倪咸生 修, 秦緗業
    等 纂.

光緒『武進陽湖縣志』光緒 5年, 刻本影印, 清 王其淦・吳康壽修, 湯成烈 等 纂.
光緒『丙子淸河縣志』光緒 5年, 刻本影印, 清 胡裕燕 修, 吳昆田・魯賁 纂.
光緒『寶山縣志』光緒 8年, 學海書院刻本影印, 清 梁蒲貴・吳康壽 修, 朱延射・潘履祥纂.
光緒『常昭合志稿』光緒 30年, 活字本, 清 鄭鍾祥・張瀛 修, 龐鴻文 等 纂.
光緒『續纂句容縣志』光緒 30年, 刻本影印, 清 張紹棠 修, 蕭穆 等 纂.
光緒『松江府續志』光緒 10年, 刻本影印, 清 博潤 修, 姚光發 等 纂.
光緒『安東縣志』光緒 元年, 刻本影印, 清 金元烺 修, 吳崑田・魯賁 纂.
光緒『鹽城縣志』光緒 21年, 刻本影印, 清 劉崇照 修, 陳玉樹 龍繼棟 纂.
光緒『吳江縣續志』光緒 5年, 刻本影印, 清 金福曾 等 修, 熊其英 等 纂.
光緒『六合縣志』光緒 10年, 刻本影印, 清 謝廷庚・呂憲秋 修, 賀廷壽・唐毓和 纂.
光緒『宜興荊溪縣新志』光緒 8年, 刻本影印, 清 施惠・錢志澄 修, 吳景牆 等 纂.
光緒『靖江縣志』光緒 5年, 刻本影印, 清 葉滋森 修, 楮翔 等纂.
光緒『重修奉賢縣志』光緒 4年, 刻本影印, 清 韓佩金 修, 張文虎 等 纂.
光緒『重修華亭縣志』光緒 5年, 刻本影印, 清 楊開第 修, 姚光發 等 纂.
光緒『靑浦縣志』光緒 5年, 尊敬閣 刻本影印, 清 汪祖綬 等 修, 熊其英・邱式金 纂.
光緒『通州直隸州志』光緒 元年, 刻本影印, 清 梁悅馨・莫祥之 修, 季念詒・沈鍠 纂.
光緒『平望續志』光緒 13年, 吳江黃兆樨刻本影印, 清 黃兆樨 纂.
光緒『豊縣志』光緒 20年, 刻本影印, 清 姚鴻傑 等 纂修.
光緒『海門廳圖志』光緒 26年, 刻本影印, 清 劉文徹 等 修, 周家祿 等 纂.
光緒『淮安府志』光緒 10年, 刻本影印, 清 孫雲錦 修, 吳昆田・高延第 纂.
光緒『睢寧縣志稿』光緒 12年, 刻本影印, 清 侯紹瀛 修, 丁顯 纂.
光宣『宜荊續志』民國 10年, 刻本影印, 清 陳善謨・祖福廣 修, 周志靖 纂.
宣統『太倉州鎭洋縣志』民國 8年, 刻本影印, 清 王祖畬 纂修.
民國『南匯縣續志』民國 18年, 刻本影印, 嚴偉・劉芷芬 修, 秦錫田 纂.
民國『丹陽縣續志』民國 16年, 刻本影印, 胡爲和・孫國鈞 等 纂.
民國『丹陽縣志補遺』民國 16年, 刻本影印, 孫國鈞・周柱榮 等 纂.
民國『寶山縣續志』民國 10年, 鉛印本影印, 張充高 等 修, 錢淦・袁希濤 纂.

民國『寶山縣再續志』民國 20年, 鉛印本影印, 吳葭 修, 王鍾琦 纂.
民國『上海縣志』民國 25年, 鉛印本影印, 吳馨·江家楣 修, 姚文木丹 纂.
民國『續丹徒縣志』民國 14年, 刻本影印, 張玉藻·翁有成 修, 高覲昌 等 纂.
民國『崇明縣志』民國 11年, 刻本影印, 曹炳麟 修纂.
民國『曹甸鎮志』民國 33年, 郝樹 纂.
民國『重修華亭縣志拾補校訛』民國 鉛印本影印, 閔萃祥 撰.
民國『鎮洋縣志』民國 7年, 刻本影印, 王祖畬 纂.
民國『青浦縣志』民國 23年, 刻本影印, 淸 于定 等 修, 金詠榴 等 纂.
『淸順治實錄』, 臺北, 華文書局, 1964;同 北京, 中華書局 影印本.
『淸康熙實錄』, 臺北, 華文書局, 1964;同 北京, 中華書局 影印本.
『淸雍正實錄』, 臺北, 華文書局, 1964;同 北京, 中華書局 影印本.
『淸乾隆實錄』, 臺北, 華文書局, 1964;同 北京, 中華書局 影印本.
『淸嘉慶實錄』, 臺北, 華文書局, 1964;同 北京, 中華書局 影印本.
『淸道光實錄』, 臺北, 華文書局, 1964;同 北京, 中華書局 影印本.
『淸光緖實錄』, 臺北, 華文書局, 1964;同 北京, 中華書局 影印本.
『古今圖書集成·職方典』, 臺北, 縮小影印本.
『明淸國際學術討論會論文集』, 天津, 天津人民出版社, 1982.
『御制廣群芳譜』, 四庫全書 子部, 譜錄類.
『雍正朝硃批諭旨』, 文淵閣四庫全書(臺灣 商務印書館, 1983, 影印本).
『中國歷代自然災害及歷代盛世農業政策資料』, 北京, 農業出版社, 1988.
『淸國史』(1-14冊), 北京, 中華書局, 1993.
『淸代碑傳全集』(全二冊), 上海, 上海古籍出版社, 1987.
『淸史』(1-8冊), 臺北, 國防研究院, 1963.
『淸會典事例』, 北京, 中華書局, 1991.
『欽定授衣廣訓』, 『叢書集成續編』, 上海, 上海書店, 1994.
姜 皋, 『浦泖農咨』, 上海, 上海圖書館 影印本.
故宮博物院明淸檔案部 編, 『李煦奏摺』, 北京, 中華書局, 1976.
故宮博物院 編, 『宮中檔乾隆朝奏摺』, 臺北, 故宮博物院, 1979-1980.
故宮博物院 編, 『宮中檔雍正朝奏摺』, 臺北, 故宮博物院, 1979-1980.
顧炎武, 『日知錄(1-6)』, 臺北, 商務印書館, 1956.
顧炎武, 『天下郡國利病書(1-3)』, 臺北, 商務印書館, 四部叢刊續編.
祁懿行, 『寶訓』(中國科學技術典籍通彙, 農學卷), 河南, 河南敎育出版社, 1994.

祁寯藻,『馬首農言』(中國科學技術典籍通彙, 農學卷), 河南, 河南教育出版社, 1994.
勞 潼,『救荒備覽』,『叢書集成初編』, 北京, 中華書局, 1985.
農業出版社編輯部 編,『中國農諺(上・下)』, 北京, 農業出版社, 1980・1987.
譚其驤 主編,『清人文集地理類匯編』第4・5冊, 浙江, 浙江人民出版社, 1988.
唐 甄 撰,『潛書注』, 四川, 四川人民出版社, 1984.
馬一龍,『農說』,『叢書集成初編』, 北京, 中華書局, 1985.
馬宗申 校註,『授時通考(1-4)』, 北京, 農業出版社, 1991-1995.
巫寶三 主編,『中國經濟思想史資料選輯(明清部分)』, 北京, 中國社會科學出版社, 1990.
方觀承,『棉花圖』(中國科學技術典籍通彙, 農學卷), 河南, 河南教育出版社, 1994.
上海大學法學院,『大淸律例』, 天津, 天津古籍出版社, 1995.
上海通社 編,『上海研究資料』, 上海, 上海書店, 1984.
上海通社 編,『上海研究資料續集』, 上海, 上海書店, 1984.
徐珂 編撰,『淸稗類抄』, 北京, 中華書局, 1986.
徐新吾 主編,『江南土布史』, 上海, 上海社會科學院出版社, 1994.
孫文光等,『龔自珍硏究資料集』, 黃山書社, 1984.
宋應星・潘吉星 釋注,『天工開物釋注』, 上海, 上海古籍出版社, 1993.
沈練・仲學輅,『廣蠶桑說輯補』(中國科學技術典籍通彙, 農學卷), 河南, 河南教育出版社, 1994.
沈秉成,『蠶桑輯要』, 北京, 農業出版社, 1960.
楊國楨 編,『林則徐書簡』, 福州, 福建人民出版社, 1981.
梁方仲 編著,『中國歷代戶口・田地・田賦統計』, 上海, 上海人民出版社, 1980.
楊 山山,『豳風廣義』(中國科學技術典籍通彙, 農學卷), 河南, 河南教育出版社, 1994.
楊 山山,『知本提綱修業章』(中國科學技術典籍通彙, 農學卷), 河南, 河南教育出版社, 1994.
楊子慧 主編,『中國歷代人口統計資料硏究』, 北京, 改革出版社, 1996.
梁章鉅,『浪跡續談』, 福州, 福建人民, 1983.
葉夢珠,『閱世編』,『叢書集成續編』, 上海, 上海書店, 1994.
阮 元,『揅經室集(上・下)』, 北京, 中華書局, 1993.

王雷鳴 編注, 『歷代食貨志注釋』(第五冊), 北京, 農業出版社, 1991.
王　禎·王毓瑚校, 『農書』, 北京, 農業出版社, 1981.
魏　源, 『魏源集(上·下)』, 北京, 中華書局, 1976.
劉九庵 編, 『林則徐書札手迹選』, 北京, 紫禁城出版社, 1985.
劉九庵 編選, 『林則徐書札手迹選』, 北京, 紫禁城出版社, 1985.
劉應棠, 『梭山農譜』(中國科學技術典籍通彙, 農學卷), 河南, 河南敎育出版社, 1994.
陸隴其, 『陸稼書先生文集』, 『叢書集成初編』, 北京, 中華書局, 1985.
陸世儀, 『陸桴亭思辨錄輯要(1-3)』, 『叢書集成初編』, 北京, 中華書局, 1985.
陸世儀, 『陸桴亭思辨錄輯要』, 四庫全書 子部 儒家類.
陸　燿, 『甘藷錄』, 『叢書集成續編』, 上海, 上海書店, 1994.
陸　燿, 『煙譜』(中國科學技術典籍通彙, 農學卷), 河南, 河南敎育出版社, 1994.
李彦章, 『江南催耕課稻編』, 北京, 中華書局, 1958.
林則徐, 『林文忠公政書』, 北京, 中國書店, 1991.
張履祥 輯補·陳恒力 校釋, 『補農書校釋』(增訂本), 北京, 農業出版社, 1983.
張伯行, 『居濟一得(1-2)』, 『叢書集成初編』, 北京, 中華書局, 1985.
張伯行, 『正誼堂續集(附續集)(1-4)』, 『叢書集成初編』, 北京, 中華書局, 1985.
張　英, 『聰訓齋語』, 『叢書集成初編』, 北京, 中華書局, 1985.
張　英, 『恒産瑣言』, 『叢書集成初編』, 北京, 中華書局, 1985.
章有義 編, 『中國近代農業史資料(一輯)』, 北京, 三聯書店, 1957.
章有義 編, 『中國近代農業史資料』第 1 輯: 1840-1911, 第 2 輯: 1840-1911, 第 3 輯: 1927-1937, 北京, 三聯書店, 1957.
張傳璽 主編, 『中國歷代契約會編考釋(上·下)』, 北京, 北京大學出版社, 1995.
張宗法·鄒介正 等 校釋, 『三農紀校釋』, 北京, 農業出版社, 1989.
章梫 纂, 楮家傳·鄭天一·劉明華 校注, 『康熙政要』, 中共中央黨校出版社, 1994.
張　標, 『農丹』, 『叢書集成續編』, 上海, 上海書店, 1994.
張行孚, 『蠶事要略』, 『叢書集成初編』, 北京, 中華書局, 1985.
錢　泳, 『履園叢話』, 北京, 中國書店, 1991.
錢儀吉 纂, 『碑傳集(12冊)』, 北京, 中華書局, 1993.
丁宜曾, 『農圃便覽』(中國科學技術典籍通彙, 農學卷), 河南, 河南敎育出版社,

1994.
趙敬如,『蠶桑說』,『叢書集成初編』,北京,中華書局, 1985.
趙爾巽 等 纂,『清史稿』,中華書局 影印本, 1994(4).
趙 靖 易夢虹 主編,『中國近代經濟思想資料選輯(上·中·下)』,北京,中華書局, 1982.
鍾化民,『賑豫紀略』,『叢書集成初編』,北京,中華書局, 1985.
中國人民大學 清史研究所·檔案系中國政治制度史教研室,『康雍乾時期城鄉人民反抗鬪爭資料(上冊)』,北京,中華書局, 1979.
中國第一歷史檔案館 編,『康熙朝漢文硃批奏摺彙編』,北京,檔案出版社, 1985.
中國第一歷史檔案館 編,『雍正朝起居注冊(1-5)』,北京,中華書局, 1993.
中國第一歷史檔案館 編,『雍正朝漢文硃批奏摺彙編』,江蘇古籍出版社, 1989-1991.
中山大歷史系編,『林則徐集公牘』,北京,中華書局, 1985(2).
中山大學校歷史系編,『林則徐集日記』,北京,中華書局, 1984(2).
中山大學校歷史系編,『林則徐集奏稿(上·中·下)』,北京,中華書局, 1985(2).
陳 敷,『農書』,北京,農業出版社, 1959.
陳錫祺,『林則徐奏稿公牘日記補編』,中山大學出版社, 1985.
陳世元 等,『金薯傳習錄』(中國科學技術典籍通彙,農學卷),河南,河南教育出版社, 1994.
陳玉璂,『農具記』,『叢書集成續編』,上海,上海書店, 1994.
陳振漢 等編,『清實錄經濟史資料(農業編)』(4冊),北京大學出版社, 1989.
陳 瑚,『築圍說』(中國科學技術典籍通彙,農學卷),河南,河南教育出版社, 1994.
焦秉貞繪製,『康熙耕織圖』(中國科學技術典籍通彙,農學卷),河南,河南教育出版社, 1994.
焦 循,『憶書』,『叢書集成初編』,北京,中華書局, 1985.
包世臣,『安吳四種』,文海出版社.
包世臣,『包世臣全集』,蕪湖,黃山書社出版社, 1991.
蒲松齡·李長年 校注,『農桑經校注』,北京,農業出版社, 1982.
奚 誠,『甽心農話』,北京,中華書局, 1958.
洪亮吉,『卷施閣集』,北京,中華書局.
洪煥椿 編,『明清蘇州農村經濟資料』,蘇州,江蘇古籍出版社, 1988.

黃輔辰,『營田輯要』(中國科學技術典籍通彙, 農學卷), 河南, 河南敎育出版社, 1994.
黃輔辰 編著·馬宗申 校釋,『營田輯要校釋』, 北京, 農業出版社, 1984.
黃省曾,『理生玉鏡稻品』,『叢書集成初編』, 北京, 中華書局, 1985.
黃葦·夏林根 編,『近代上海地區方志經濟史料選(1840-1949)』, 上海, 上海人民出版社, 1984.

2. 著書

P.E. 빌·정철웅,『18세기 중국의 관료제도와 자연재해』, 민음사, 1995.
谷川道雄 編著·鄭台燮·朴鐘玄 外譯,『日本의 中國史論爭-1945년 이후-』, 신서원, 1996.
金文植,『農業經濟學』, 서울대학교출판부, 1990.
로이드 E·이스트만 지음·이승휘 옮김,『중국사회의 지속과 변화-중국 사회경제사 1550~1949-』, 돌베개, 1999.
서울大學校 東洋史硏究室 編,『講座中國史 Ⅳ』, 서울, 지식산업사, 1989.
宋正洙,『中國近世鄕村社會史硏究-明淸時代 鄕約·保甲制의 形成과 展開-』, 혜안, 1997.
수잔 나퀸 이블린 S. 로스키 지음·정철웅 옮김,『18세기 중국사회』, 신서원, 1998.
양필승 편저,『중국의 농업과 농민운동』, 한나래, 1991.
吳金成 外,『明末·淸初社會의 照明』, 한울아카데미, 1990.
許滌新 외·김세은 외 편역,『중국자본주의 논쟁사』, 고려원, 1993.
葛榮晋·王俊才,『陸世儀評傳』, 南京, 南京大學出版社, 1996.
江蘇省社會科學院歷史硏究所 編,『江蘇史論考』, 上海, 江蘇古籍出版社, 1989.
姜守鵬,『明淸北方市場硏究』, 東北師範大學出版社, 1996.
高王凌,『十八世紀中國的經濟發展和政府政策』, 北京, 中國社會科學出版社, 1995.
郭文韜 編著,『中國農業科學發展史略』, 北京, 中國科學技術出版社, 1988.
郭延礼,『龔自珍年譜』, 齊南, 齊魯書社, 1987.
來新夏,『林則徐年譜』, 上海, 人民出版社, 1985(2).
段本洛·單强,『近代江南農村』, 上海, 江蘇人民出版社, 1994.
譚文熙,『中國物價史』, 湖南, 湖南人民出版社, 1994.

譚棣華,『淸代珠江三角洲的沙田』, 廣東人民出版社, 1993.
杜石然 等 編著,『中國科學技術史稿(上・下)』, 科學出版社, 1982(杜石然 等 編著・川原秀城等 譯,『中國科學技術史(上・下)』, 東京, 東京大學出版會, 1997).
茅海建,『天朝的崩潰』, 北京, 三聯書店, 1994.
繆啓愉 編著,『太湖塘浦圩田史硏究』, 北京, 農業出版社, 1985.
閔宗殿 編,『中國農史系年要錄』, 北京, 農業出版社, 1989.
方憲堂 主編,『上海近代民族卷煙工業』, 上海, 上海社會科學院出版社, 1989.
復旦大學 歷史系,『近代中國資産階級硏究』, 上海, 復旦大學出版社, 1984.
復旦大學 歷史系,『近代中國資産階級硏究(續輯)』, 上海, 復旦大學出版社, 1986.
傅衣凌・楊國楨 主編,『明淸福建社會與鄕村經濟』, 廈門, 廈門大學出版社, 1987.
徐新吾,『鴉片戰爭全中國棉紡織手工業的商品生産与資本主義萌芽問題』, 上海, 江蘇人民出版社, 1981.
孫健 編,『中國經濟史論文集』, 北京, 人民大學出版社, 1987.
孫文光,『龔自珍』, 上海, 上海古籍出版社, 1985.
梁家勉 主編,『中國農業科學技術史稿』, 北京, 農業出版社, 1986.
楊啓樵,『雍正帝及密摺制度研究』, 香香, 三聯書店, 1985(2).
楊國楨,『林則徐論攷』, 福州, 福建人民出版社, 1989.
嚴中平,『中國棉紡織史稿』, 北京, 1955.
嚴中平他 編,『中國近代經濟史統計資料選輯』, 北京, 科學出版社, 1955.
葉顯恩 主編,『淸代區域社會經濟硏究(上・下)』, 北京, 中華書局, 1992.
吳量愷,『淸代經濟史研究』, 武昌, 華中師範大學出版社, 1992.
吳承明,『市場・近代化・經濟史論』, 雲南, 雲南大學出版社, 1996.
吳承明,『中國資本主義与國內市場』, 北京, 中國社會科學出版社, 1985.
王樹槐,『中國現代化的區域硏究(江蘇省, 1860-1916)』, 中央硏究院近代史硏究所專刊(48), 1985(2).
王業鍵,『中國近代貨幣与銀行的演進(1644-1937)』, 中央硏究院經濟硏究所現代濟探討叢書 第2種, 1981.
王 鴻,『揚州散記』, 上海, 江蘇古籍出版社, 1985.
兪家寶・詹玉榮 編,『發展農村商品生產與商品交換』, 北京, 農業出版社, 1986.

游修齡 編著,『中國稻作史』, 北京, 中國農業出版社, 1995.
李慶逵,『中國水稻土』, 北京, 科學出版社, 1992.
李文治,『明淸時代封建土地關係的松解』, 北京, 中國社會科學出版社, 1993.
李文治·王太新,『淸代漕運』, 北京, 中華書局, 1995.
李惠村·莫曰達,『中國統計史』, 北京, 中國統計出版社, 1993.
林仁川,『明末淸初史人海上貿易』, 華東師範大學出版社, 1989.
張淵·王孝儉 主編,『黃道婆硏究』, 上海, 上海社會科學院出版社, 1994.
章有義 編著,『明淸及近代農業史論集』, 北京, 中國農業出版社, 1997.
張仲禮 主編,『近代上海城市硏究』, 上海, 上海人民出版社, 1994.
張仲禮 主編,『東南沿海城市與中國近代化』, 上海, 上海人民出版社, 1996.
張忠民,『前近代中國社會的商人資本與社會再生産』, 上海, 上海社會科學院
　　　　出版社, 1996.
張含英,『明淸治河槪論』, 水利電力出版社, 1986.
田汝康,『中國帆船貿易与對外關係史論集』, 浙江, 浙江人民出版社, 1987.
全漢昇,『中國經濟史論叢(上·下)』, 新亞硏究所, 1972.
錢杭·承載,『十七世紀江南社會生活』, 浙江, 浙江人民出版社, 1996.
『第二屆明淸史國際學術討論會論文集』, 天津, 天津人民出版社, 1993.
鄭有貴·李成貴,『中國傳統農業向現代農業轉變的硏究』, 經濟科學出版社,
　　　　1997.
鄭昌淦,『明淸農村商品經濟』, 中國人民大學出版社, 1989.
鄭學益,『中國價格思想史稿』, 中國物價出版社, 1993.
趙　岡 等,『淸代糧食畝産量硏究』, 北京, 中國農業出版社, 1995.
趙云田 主編,『中國社會通史(淸前期卷)』, 山西, 山西敎育出版社, 1996.
趙靖·易夢虹 主編,『中國近代經濟思想史(上, 下)』, 北京, 中華書局, 1980.
周谷城 主編,『中國學術名著提要(經濟卷)』, 上海, 復旦大學出版社, 1995(2).
周遠廉·謝肇華,『淸代租佃制硏究』, 江寧, 江寧人民出版社, 1986.
『中國經濟思想史論文集』, 上海, 上海社會科學院出版社, 1986.
『中國經濟思想史資料選輯(明淸部分)』, 北京, 中國社會科學出版社, 1990.
『中國農業百科全書(農業歷史卷)』, 北京, 農業出版社, 1995.
『中國稅收通史』, 北京, 光明日報出版社, 1991.
中國農業科學院南京農學院中國農業遺産硏究室編著,『中國農學史(上·下)』,
　　　　北京, 科學出版社, 1984.
秦國經,『中國明淸珍檔指南』, 北京, 人民出版社, 1994.

陳　鋒,『清代軍費研究』, 武漢, 武漢大學出版社, 1992.
陳春聲,『市場機制与社會變遷-18世紀廣東米價分析』, 中山大學出版社, 1992.
陳學文,『中國封建晚期的商品經濟』, 湖南, 湖南人民出版社, 1989.
湯象龍,『中國近代財政經濟史論文選』, 四川, 西南財經大學出版社, 1987.
太湖地區農業史研究課題組 編著,『太湖地區農業史稿』, 北京, 農業出版社, 1991.
彭信威,『中國貨幣史』, 上海, 上海群聯出版社, 1954.
彭信威,『中國貨幣史』, 上海, 上海人民出版社, 1988.
彭雨新·張建民, 『明淸長江流域農業水利硏究』, 武漢, 武漢大學出版社, 1992.
彭雲鶴,『明淸漕運史』, 北京, 首都師範大學出版社, 1995.
彭澤益,『19世紀後半期的中國財政与經濟』, 北京, 人民出版社, 1983.
郝延平 著·陳潮·陳任 譯,『中國近代商業革命』, 上海, 上海人民出版社, 1991.
許道夫 編,『中國近代農業生産及貿易統計資料』, 上海, 上海人民出版社, 1983.
許滌新·吳承明 編,『中國資本主義 萌芽(第一卷)』, 北京, 人民出版社, 1985.
許滌新·吳承明 編,『中國資本主義 萌芽(第二卷)』, 北京, 人民出版社, 1990.
許風儀 等,『揚州史話』, 上海, 江蘇古籍出版社, 1985.
洪煥椿,『明淸史偶存』, 南京, 南京大學出版社, 1992.
洪煥椿·羅侖 等編,『長江三角洲社會經濟史研究』, 南京, 南京大學, 1989.
黃麗鏞 編著,『魏源年譜』, 湖南, 湖南人民出版社, 1985.
J. Lossing Buck 編·岩田孝三 譯,『支那 土地利用地圖集成』, 東京, 東學社, 1938.
Geoffrey S. Shepherd·農業總合硏究所 譯,『農産物價格分析論』, 東京, 東京大學出版會, 1953.
渡部忠世 等編,『中國江南の稻作文化-その學際的硏究』, 東京, 日本放送出版會, 1984.
百瀨弘,『明淸社會經濟史硏究』, 硏文出版, 1980.
森正夫 等,『明淸時代の基本問題』, 東京, 汲古書院, 1997.
桑原正信編,『農業の經營分析』, 富民協會, 1969.
西嶋定生,『中國經濟史硏究』, 東京, 東京大學出版會, 1966.
西山武一,『アジア的農法と農業社會』, 東京, 東京大學出版會, 1971(2).

小島淑男 編著,『近代中國の經濟と社會』, 東京, 汲古書院, 1993.
小山正明,『明淸社會經濟史硏究』, 東京, 東京大學出版會, 1992.
小葉田淳,『金銀貿易史の硏究』, 法政大學出版局, 1976.
岸本美緒,『淸代中國の物價と經濟變動』, 硏文出版, 1997.
安部健夫,『淸代史の硏究』, 東京, 創文社, 1971.
田中正俊,『中國近代經濟史硏究序說』, 東京, 東京大學出版會, 1973.
佐藤武敏 編,『中國災害年表』, 東京, 國書刊行會, 1993.
中國水利史硏究會編,『佐藤博士退官記念中國水利史論叢』, 東京, 國書刊行會, 1984.
中國水利史硏究會編,『佐藤博士還曆記念中國水利史論叢』, 東京, 國書刊行會, 1981.
重田德,『淸代社會經濟史硏究』, 東京, 岩波書店, 1975.
中村哲,『近代世界史の再構成-東アジアの視點から-』, 靑木書店, 1993(2)/安秉直 譯,『世界資本主義와 移行의 理論-東아시아를 중심으로-』, 서울, 比峰出版社, 1992(2).
曾田三郞,『中國近代製糸業の硏究』, 東京, 汲古書院, 1994.
川勝守,『明淸江南農業經濟史硏究』, 東京, 東京大學出版會, 1992.
川勝守,『中國封建國家の支配構造』, 東京, 東京大學出版會, 1980.
天野元之助,『中國農業の地域的展開』, 東京, 龍溪書社, 1979.
天野元之助,『中國農業史硏究』, 東京, 御茶の水書房, 1962.
『淸國行政法』, 東京, 汲古書院, 1972.
村松祐次,『中國經濟の社會態制』, 東洋經濟新報社, 1949/復刊, 1975.
狹間直樹 外,『データでみる中國近代史』, 東京, 有斐閣選書, 1996, 1997(2).
橫山英,『中國近代化の經濟構造』, 亞紀書房, 1972.
黑田明伸,『中國帝國の構造と世界經濟』, 名古屋大學出版會, 1994.
Boserup, Ester, *The Condition of Agricultural Groth : The Economices of Agrarian Change under Population Pressure*, Chicago, 1965.
Chuan Han-sheng · Richard A.Kraus, *Mid-Ch'ing Rice Market and Trade : An Essay in Price History*, Harvard University Press, 1975.
Elvin, Mark, *The Parttern of Chinese Past : A Scioal and Economic interpretation*, Stanford University Press, 1973/李春植 · 金貞姬 · 任仲爀 共譯,『中國歷史의 發展形態』, 신서원, 1989.
Fairbank And K.C.Liu., *The Cambridge of China vol.11 part II*, New York,

Univ. of Cambridge, 1980.
Fairbanke d., *The Cambridge History of China Vol.10--Late Ch'ing 1800-1911 Part I*, Cambridge, Cambridge University Press, 1978.
Feuerweker, Albert ed., *States and Society in Eighteen-century China : The Ch'ing Empire in Its Glory*, Ann Arbor : Center For Chinese Studies, Univ. of Michigan, 1976.
Fred W. Drake, *China Charts the World : Hsu Chi-yu and His Geography of 1848*, East Asian Research Center, Harvard University, 1975.
Greenberg, Michael, *British Trade and Opening of China, 1800-42*, Cambridge, England, 1951.
James C.Shih, *Chinese Rural Society in Transition : A Case Study of the Lake Tai Area, 1368-1800*, The Regents of the University of California, 1992.
Jerome Ch'en, *China and the West-Society and Culture 1815-1937*, Bloomington And London, Indiana Univ. Press, 1979.
Li Bozhong, *Agricultural Development in Jiangnan, 1620-1850*, ST.Macmillan Press, 1998.
Lloyd E.Eastman, *Constancy and Change in China's Social and Economic History, 1550-1949*, Oxford University Press, 1988/로이드 E. 이스트만 지음・이승휘 옮김, 『중국사회의 지속과 변화』, 서울, 돌베개, 1999.
Lloyd E.Eastman, *Family, Field, and Ancestors : Constancy and Change in China's Social and Economic History, 1550-1949*, New York, Oxford, Oxford University Press, 1988.
Paul A.Cohen, *Discovering History in China, American Historical Writing on the Recent Chinese Past*, Columbia University Press, 1984/폴 A. 코헨・장의식 외, 『미국의 중국 근대사 연구』, 고려원, 1995.
Perkin, Dwight H., *Agricultural Development in China, 1369-1968*, Chicago, 1967/양필승 역, 『중국경제사(1368-1968), 신서원, 1997.
Ping-ti Ho, *Studies on the Population of China, 1368-1953*, Harvard Univ. Press, Cambridge, Massachusetts, 1974(3)/정철웅 역, 『중국의 인구』, 서울, 책세상, 1994.
Susan Mann, *Local Merchants and the Chinese Bureaucracy, 1750-1950*,

Stanford Univ. Press, 1987/臺北, 南天書局, 1987.
William G. Skinner, *The City in Late Imperial China*, Stanford University Press, 1977/王旭 等 譯,『中國封建社會晚期城市研究』, 吉林教育出版社, 1991.
Yen-p'ing Hao, *The Commercial Revolution in Nineteenth-Century China -The Rise of Sino-Western Mercantile Capitalism*, California, University of California Press, 1986.

3. 論文

姜判權,「淸 嘉慶·道光時期 江蘇省 南部地域의 벼 農業 硏究-姜皐의『浦泖農咨』를 중심으로 -」,『啓明史學』6, 1995.
_____,「淸 康熙~乾隆時期 江蘇省의 米價動向」,『慶北史學』19, 1996.
_____,「淸 道光 12년(1832) 江蘇省의 物價-林則徐의『奏議』分析-」,『大丘史學』52, 1996.
_____,「淸代(1644~1850) 江蘇省의 벼 品種과 收穫量」,『中國史硏究』1, 1996.
_____,「淸代 江蘇省의 農業經濟-農作物 分布를 중심으로-」,『啓明史學』8, 1997.
_____,「淸 順治~雍正時期(1644~1735) 江蘇省의 自然災害와 淸朝의 對策」,『明淸史硏究』7, 1997.
_____,「乾隆~道光時期(1736~1850) 江蘇省의 災害와 淸朝의 荒政」,『中國史硏究』2, 1997.
_____,「淸代 江蘇省 蘇州府의 農業과 農家經濟」,『啓明史學』9, 1998.
_____,「淸代 江蘇省 鎭江府·常州府의 農業과 農家經濟」,『大丘史學』55, 1998.
_____,「淸代 農書 硏究-『江南催耕課稻編』·『多稼集』·『浦泖農咨』의 分析-」,『중국근대사연구』창간호, 2000.
_____,「淸代 江南의 蠶桑農書와 蠶桑業의 發達」,『明淸史硏究』12, 2000.4.
_____,「淸 前·中期 江蘇省 蘇州府의 田價」,『啓明史學』12, 2001.11.
_____,「趙敬如의『蠶桑說』과 淸代 四川 太平縣의 蠶桑技術」,『明淸史硏究』16, 2002.4.
_____,「許旦復의『農事幼聞』과 淸代 浙江省 湖州府의 穀物農業」,『明淸史硏究』17, 2002.10.

_____,「郝懿行의『寶訓』과 淸代 山東省 棲霞縣의 農業」,『大丘史學』69, 2002.11.
_____,「張宗法의『三農記』와 淸代 四川 成都府의 農業 : 穀物과 蠶桑을 중심으로」,『大丘史學』70, 2003.2.
_____,「淸代 安徽省 徽州府의 穀物과 蠶桑 農業-沈練・仲學輅의『廣蠶桑說輯補』와 관련하여-」,『中國史硏究』25, 2003.8.
_____,「李聿求의『桑志』와 淸代 浙江省 海鹽縣의 蠶桑業」,『大邱史學』74, 2004.2.
金鍾博,「明淸時代蘇松地區市場開設과 商品流通網」,『祥明史學』5, 1997.
閔耕俊,「江南 絲綢業市鎭의 客商活動과 客商路」,『釜大史學』21, 1997.
_____,「淸代 江南 蠶絲業의 專業化에 대한 一攷-嘉興・湖州를 중심으로-」,『釜大史學』18, 1994.
_____,「淸代 江南의 棉紡織 生産構造-紡・織分業과 관련하여-」,『中國史硏究』23, 2003.
閔成基,「明淸代 商業性農業의 一考察」,『震檀學報』78, 1994.
朴基水,「명청시대 생산력과 상품유통의 발전-『中國資本主義的萌芽』에 대한 소개와 비판-」,『成大史林』10, 1994.
_____,「太平天國運動 실패이후 江浙皖지역에서의 자작농의 형성」,『成大史林』12・13, 1997.
吳金成,「中國近世의 農業과 社會變化」,『東洋史學硏究』41, 1992.
鄭哲雄,「중국 근대 경제 발전에 대한 접근방법-Philip C.C.Huang의 연구성과를 중심으로-」,『歷史學報』151, 1996.
_____,「淸代 農書를 통해본 陝西省의 農業發達」,『明知史論』9, 1998.
_____,「淸代 農業 發達에 미친 官僚들의 영향-陝西省을 중심으로-」,『明知史論』7, 1995.
_____,「淸代 揚子江 中流地方의 人口變化」,『崇實史學』7, 1992.
_____,「淸末 揚子江 中流地方의 商業活動」,『東洋史學硏究』39, 1992.
洪成和,「淸代前期 江南地域 農村 綿紡織業의 先貸制 生産에 대하여」,『明淸史硏究』9, 1998.
孔祥賢,「江南各省的雙季稻是在康熙後期開始推廣的」,『農業考古』1983-5・6.
郭松義,「淸代國內的海運貿易」,『淸史論叢』1983-4.
郭蘊靜,「略論淸代商業政策和商業發展」,『史學月刊』1987-1.

羅　倫,「論淸代蘇·松·嘉·湖地區農業計量硏究的發展趨勢」,『中國社會經濟史硏究』1989-1.
羅侖·范金民,「淸前期蘇松錢粮蠲免述論」,『中國農史』1991-2.
凌　中,「江蘇灘涂農墾發展史硏究」,『中國農史』1991-1.
唐傳泗,「中國近代商業史統計資料(茶葉的貿易與價格)1-4」,『上海經濟科學』1984-1~4.
董廷之,「近代中國農村經濟商品化的歷史命運」,『山東社會科學』1991-4.
鄧友揆,「19世紀後期銀價·錢價的變動与我國物價及對外貿易的關係」,『中國經濟史硏究』1986-2.
鄧雲鄕,「淸代三百年物價述略」,『物價理論与實踐』1982-4·5.
馬立博,「淸代前期兩廣的市場整合」, 葉顯恩主編,『淸代區域社會經濟硏究』, 中華書局, 1992.
閔宗殿,「江蘇稻史」,『農業考古』1986-11·12.
_____,「明淸時期太湖農業發展的道路」,『農史硏究』10, 1990.
方　行,「淸代江南農村經濟發展釋例」,『中國農史』18-1, 1999.
_____,「淸代商人對農民商品的豫買」,『中國農史』17-1, 1998.
范金民,「淸前期蘇州農業經濟的特徵」,『中國農史』1993-1.
桑潤生,「明淸農業資本主義萌芽發展遲緩原因的探討」,『上海農學院學報』1990-8-2.
上海市社會局,「上海最近56年米價統計」,『社會月刊』1-2, 1929.
石　錦,「明淸間農業結構的轉變」,『新史學』創刊號, 1990.
薛國中,「16至18世紀的中國農業革命」,『武漢大學學報』1990-2.
楊端六,「關于淸朝銀錢比價變動的問題(上·下)」,『武漢大學學報』1956-1·1957-1.
葉依能,「明淸時期太湖地區市鎭發展之硏究」,『農業考古』1985-9·10.
吳承明,「論淸代前期我國國內市場」,『歷史硏究』1983-1.
吳量愷,「淸前期農業雇工業工價」,『中國社會經濟史硏究』1983-2.
吳仁安,「淸代江南社會生活與風俗民情淺說:從淸代方志筆記中所反映的江南社會風貌一斑」,『淮北煤師院學報』1988-1.
吳　峻,「近代杭嘉湖地區的農業專業化生産」,『中國農史』17-1, 1998.
王宏斌,「乾嘉時期銀貴錢賤問題探源」,『中國社會經濟史硏究』1987-2.
_____,「晚淸銀錢比價波動與官吏貪汚手段」,『中州學刊』1989-4.
王　達,「明淸蠶桑書目匯介」,『中國歷史』1986-4.

王道瑞,「淸代糧價奏報制度的確立及其作用」,『歷史檔案』1987-4.
王業鍵,「淸代的糧價陳報制度」,『故宮季刊』13-1, 1978.
王業鍵・黃國樞,「18世紀中國糧食供需的考察」, 中央硏究院近代史硏究所編, 『近代中國農村經濟史硏究討會論文集』, 1989.
王永作,「江蘇兩千年來水災史槪與分析」,『中國農史』1992-3.
熊元斌,「淸代河運向海運的轉變」,『江漢論壇』1984-1.
魏金玉,「明淸時代農業中等級性雇傭勞動向非等級性雇傭勞動的過渡」, 李文治等,『明淸時代的農業資本主義萌芽問題』, 北京, 中國社會科學出版社, 1983.
劉 翔,「明淸兩代煙草種植及對外貿易」,『中國農史』1993-2.
劉瑞中,「18世紀中國人均國民收入估計及其英國的比較」,『中國經濟史硏究』1987-3.
游修齡,「占城稻質疑」,『農業考古』1983-5・6.
_____,「淸代農學的成就和問題」,『農業考古』1990-19・20.
劉永成・趙罔,「18・19世紀中國農業雇工的實質工資變動趨勢」, 中國第一歷史雇案館編,『明淸檔案与歷史硏究(下)』, 北京, 中華書局, 1988.
劉 崴,「淸代糧價奏摺制度淺議」,『淸史硏究通訊』1984-3.
柳詒徵,「江蘇各地1600年間之米價」,『史學雜誌』2-3・4, 1930.
劉志偉,「試論淸代廣東地區商品經濟的發展」,『中國經濟史硏究』1988-2.
劉翠溶,「明淸時期南方地區的專業生産」,『大陸雜誌』56-3・4, 1978.
李文治,「論淸代鴉片戰爭前地價和購買年」,『中國社會經濟史硏究』1989-2.
李伯重,「明淸時期江南水稻生産集約程度的提高」,『中國農史』1984-1.
_____,「桑爭稻田與明淸江南農業生産集約程度的提高-明淸江南農業經濟發展特點探討之 二-」,『中國農史』1985-1.
_____,「明淸江南農業資源的合理運用-明淸江南農業經濟發展特點探討之三-」,『農業考古』1985-2.
_____,「明淸江南農種稻業戶生産力初探-明淸江南農業經濟發展特點探討之四-」,『中國農史』1986-3.
_____,「"天"・"地"・"人"的變化與明淸江南的水稻生産」,『中國經濟史硏究』1994-4.
_____,「宋末至明初江南農業技術的變化-十三・十四世紀江南農業變化探討之二-」,『中國農史』17-1, 1998.
_____,「宋末至明初江南農民經營方式的變化-十三・十四世紀江南農業變

　　　　　化探討之三-」,『中國農史』17-2, 1998.
_____,　「宋末至明初江南農業變化的特點和歷史地位-十三・十四世紀江南
　　　　　農業變化探討之四-」,『中國農史』17-3, 1998.
李志茗,　「論淸代俸給制度的嬗變」,『史林』1998-1.
李　瑚,　「淸代嘉道年間漕運與鹽法的改革」,『求索』1983-5.
林滿紅,　「世界經濟与近代中國農業-淸人汪輝祖一段乾隆糧價記述之解析」,
　　　　　中央硏究院近代史硏究所編,『近代中國農村經濟史硏討會論文集』,
　　　　　1989.
任振球,　「中國近五千年來氣候的異常期及天文成因」,『農業考古』1986-11・
　　　　　12.
張　芳,　「乾隆皇帝和海塘」,『中國農史』1990-1.
張　岩,　「試論淸代的常平倉制度」,『淸史硏究』1993-4.
章有義,　「康熙初年江蘇長洲三冊魚鱗簿所見」,『中國經濟史硏究』1988-4.
張照東,　「淸代海運的興起與沙船商」,『北京大學硏究生學刊』1988-3.
全漢昇,　「乾隆13年的米貴問題」,『慶祝李濟先生70歲論文集』, 台北, 1972-2.
_____,　「明代北边米糧價格的變動」,『新亞學報』7-2, 1976.
_____,　「淸康熙年間(1662-1722)江南及附近地區的米價」,『香港中文大學中
　　　　　國文化硏究所學報』10-上, 1979.
_____,　「淸代蘇州的踹布業」,『新亞學報』13, 1980.
全漢昇・王業鍵,「近代四川合江縣物價与工資變動的趨勢」,『中央硏究院歷
　　　　　史語言硏究所集刊』34, 1962.
_____,　「淸雍正年間(1723-35)的米價」,『中央硏究院歷史語言硏究
　　　　　所集刊』30, 1972-2.
_____,　「淸中葉以前浙浙米價的變動趨勢」,『中央硏究院歷史語言
　　　　　硏究所集刊』外篇 第4種, 1972-2.
趙　岡,　「生態變遷的統計分析」,『中國農史』1994-4.
趙岡・陳鍾毅,「明淸的地價」,『大陸雜誌』60-5, 1980.
周新國,　「林則徐在江蘇的政積」,『楊州師範學院學報』1983-3.
朱自振・葉依能・曾京京,「淸前期宜興長興商品性農業的發展」,『中國農史』
　　　　　1990-1.
曾雄生,　「明淸桑爭稻田・棉爭糧田和西方圈地運動之比較」,『中國農史』
　　　　　1994-4.
陳金陵,　「淸朝的糧價奏報与其盛衰」,『中國社會經濟史硏究』1988-3.

陳文亮,「林則徐經濟思想淺析」,『學習月刊』1985-10.
陳仲方, 「亞洲棉(Gossypium arboreum L.)品種研究」, 『江蘇農業學報』 1987-3.
陳支平,「試論康熙初年東南諸省的"熟荒"」,『中國社會經濟史研究』1982-2.
秦佩珩・秦聞一,「清代晋商的發展・性質及其歷史地位」,『貴州財經學院學報』 1988-2.
鄒大凡・吳智偉・徐雯惠,「近百年來旧中國糧食價格的變動趨勢」,『學術月刊』1965-9.
彭澤益, 「鴉片戰後10年間銀貴錢賤波動下的經濟与階級關係」, 『歷史研究』 1981-6.
夏明方, 「從清末災害群發期看中國早期現代化的歷史條件-災害與洋務運動研究之一-」,『清史研究』1998-1.
邢湘臣, 「從"桑爭稻田"看明清發展"桑基漁塘"的必然趨勢」, 『中國農史』 1992-1.
黃國樞・王業鍵, 「清代糧價的長期變動(1763-1910)」, Academia Economic Papers. vol. 9 No. 1, 1981.
臼井佐知子,「清代賦稅關係數值の一檢討」,『中國近代史研究』1, 1981.
北田英人,「張履祥家の經營と雇傭勞動の台頭」,『北大史學』16, 1976.
北村敬直,「清代にをける湖州府南潯鎭の棉問屋について」,『經濟學雜誌』(大阪市立大學) 57-1, 1967.
寺田隆信,「蘇松地方における都市の棉業商人について」,『史林』41-6, 1958.
＿＿＿＿,「蘇州踹布業の經營形態」,『東北大學文學部研究年報』18, 1968.
寺田浩明, 「清代土地法秩序における「慣行」の構造」, 『東洋史研究』 48-2, 1989.
山本進,「清代前期の經濟政策」,『史學雜誌』98-7, 1989.
＿＿＿,「清代前期の平糶政策」,『史林』71-5, 1988.
＿＿＿,「清代市場論に關する一考察」,『歷史學研究』603, 1990.
三木聰,「抗租と抗米—明末清初の福建を中心として—」,『東洋史研究』45-4, 1987.
三田明,「清代常州の浚河事業について」, 中國水利史研究會編,『佐藤博士退官記念中國水利史論叢』,東京, 國書刊行會, 1984.
西嶋定生, 「16・17世紀を中心とする中國農村工業の考察」, 『歷史學研究』 137, 1949.

_____, 「支那初期棉業の考察」, 『東洋學報』 31-2, 1947.
_____, 「支那初期 棉業の形成とその構造」, 『オリエンタリカ』 2, 1949.
西川喜久子, 「硏究ノート中國近代史硏究方法論序說―田中正俊著 『中國近代經濟史硏究序說』批判―」, 『東洋文化』 55, 1975.
小竹文夫, 「淸代における銀錢比價の變動」, 『近世支那經濟史硏究』, 東京, 1942.
松田吉郞, 「廣東廣州府の米價動向と米穀需給調整」, 『中國史硏究』(大阪市立大學) 8, 1984.
岸本(中山)美緖, 「モラル·エコナミー論と中國社會硏究」, 『思想』 792, 1990.
_____, 「『租穀』市場論の經濟思想史的位置」, 『中國近代史硏究』 2, 1982.
_____, 「康熙年間の穀賤につにて」, 『東洋文化硏究所紀要』 89, 1982.
安部健夫, 「米穀需合の硏究―『雍正史』の一章としてみた―」, 『東洋史硏究』 15-1, 1957.
岩井茂樹, 「16·17世紀の中國辺境社會」, 小野和子編, 『明末淸初の社會と文化』, 京都大學人文科學硏究所, 1996.
日山美紀, 「淸代典當業の利子率に關する一考察」, 『東方學』 91, 1996.
田尻利, 「淸代の太湖南岸地方における桑葉賣買(上)」, 『鹿兒島經大論集』 27-4, 1987.
_____, 「淸代の太湖南岸地方における桑葉賣買(下)」, 『鹿兒島經大論集』 28-1, 1987.
田中正俊, 「アジア社會停滯論批判の方法論的反省」, 『歷史評論』 204·205·206, 1967.
足立啓二, 「大豆粕流通と淸代の商業的農業」, 『東洋史硏究』 37-1, 1978.
_____, 「明末淸初の一農業經營」, 『史林』 6-1, 1978.
_____, 「明淸時代における錢經濟の發展」, 中國史硏究會編, 『中國專制國家と社會統合』, 文理閣, 1990.
_____, 「明淸時代の商品生産と地主制硏究をねぐって」, 『東洋史硏究』 36-1, 1977.
_____, 「明淸時代長江下流の水稻作發展-耕地と品種をとして」, 『文學部論叢(熊本大學, 史學編)』 21, 1987.
_____, 「中國における近代への移行―市場構造を中心として―」, 中村哲

編,『東アジア專制國家と社會・經濟』, 靑木書店, 1993.
佐伯富,「中國近代史發展と銀の問題」,『中國史研究』3, 同朋舍, 1977.
佐佐木正哉,「鴉片戰爭以前の通貨問題」,『東方學』8, 1954.
中山美緖,「淸代前期江南の米價動向」,『史學雜誌』87-9, 1978.
重田德, 「淸初における湖南米市場の一考察」,『東洋文化硏究所紀要』 10, 1956.
中井英基,「中國農村の在綿綿織物業」, 安場保吉・齋藤修 編,『プロト工業化期の經濟と社會』, 日本評論社, 1983.
秦 惟人, 「淸末湖州の蚕絲業と生絲の輸出」,『中嶋敏先生古稀記念論集』下, 1981.
川勝守,「明末淸初, 長江デルタにおける棉作と水利(1)・(2)」,『九州大學東洋史論集』6・8, 1977・1979.
_____, 「十六・十八世紀中國における稻の種類, 品種特性とその地域性」,『九州大學東洋史論集』19, 1991.
則松彰文, 「雍正期における米穀流通と米價變動」,『九州大學東洋史論集』14, 1985.
_____,「淸代における『境』と流通」,『九州大學東洋史論集』20, 1992.
_____, 「淸代中期の經濟政策に關する一試論-乾隆13(1748)年の米貴問題を中心に-」,『九州大學東洋史論集』17, 1989.
坂野良吉, 「中國近代-半植民地社會變革の把握をめぐって」,『歷史學硏究』387, 1972.
香坂昌紀, 「淸朝中期の國家財政と關稅收入」,『和田博德敎授古稀記念明淸時代の法と社會』, 汲古書院, 1993.
和田博德,「淸代のヴェトナム・ビルマ銀」,『史學』33-3・4, 1961.
橫山英,「淸代における踹布業の經營形態」,『東洋史研究』19-3・4, 1981.
_____, 「淸代における包頭制の展開」,『史學雜誌』71-1・2, 1962.
黑田明伸,「乾隆の錢貴」,『東洋史研究』45-4, 1987.
_____, 「淸代備蓋考」,『史林』71-6, 1988.
_____, 「淸代銀錢二貨制の構造と崩壞」,『社會經濟史學』57-2, 1991.
Dernberger, "The Role of the Foreiger in China's Ecnomic Development, 1840–1949", in Perkin, H. Dwight, ed, *China Ecnomy in Historical Perspective*, Stanford University Press, 1975.
Elvin, Mark, "The Technology of Farming in Late-Traditional", ed.by

R.Barker and R. Rose, *The Chinese Agricultural Economic*, Boulder, Colorado, 1982.

Frederic Wakeman, 'Canton Trade and The Opium War', *The Cambridge History of China Vol.II-Late Ch'ing 1800-1911 Part 1*, Cambridge University Press, 1978.

Lillian M.Li, "Workshop on Food and Famine in Chinese History", *The Ch'ing-shih wen-t'i*(December 1980), 4(4).

Nathan Sivin, "Imperial China : Has Its Present a Future?", *Harvard Journal of Asiatic Studies*, Desember, 1978.

Paul R.Greenough, "Food, Famine, and the Chinese State-Symposium", *Journal of Asian Studies*(August 1982), 41(4).

Philip C.C.Huang, The Paradigmatic Crisis Chineae Studies, Paradoxes in Socia land Economic History, *Modern China* Vol.17 No.3, July, 1991.

R.Bin Wong, Chinese Economic History and Development : A Note on the Myers-Huang Exchange, *The Journal of Asian Studies*, Vol 51-3, 1992.

Ramon H.Myers, How Did the Modern Chinese Economy Develop?-A Review Article, *The Journal of Asian Studies*, Vol 50-3, 1991.

Riskin, Surplus and Stagnation in Modern China, in Perkin, H. Dwight, ed, *China Ecnomy in Historical Perspective*, Stanford University Press, 1975.

Roman Myers, "Transformation and Continuity in Chinese Economic and Scocial History", *Journal of Asian Studies*, 33(2), February 1974.

찾아보기

【ㄱ】

家桑 178
가정현 80, 98, 143, 181
가흥부 85, 157, 183
姜皐 39, 204
『江南催耕課稻編』 34, 47, 48, 110, 208
江寧府 16, 32, 33, 71~73, 75, 82, 87,
 88, 98, 113, 121, 129, 134, 140~
 143, 145, 146, 150, 175, 181, 182
『강녕부지』 175
강녕현 87, 113
강소성 17, 32, 40, 87, 110, 136, 139,
 145, 151, 156, 158, 171, 181, 208
강음현 75, 76, 82, 89, 91, 98, 117, 146,
 147, 176
강포현 87
客米 135, 211
粳 50
秔 50
갱도 103
『건륭주접』 138
『格物粗談』 68
『耕架代牛圖說』 34
經絲 189
『畊心農話』 34, 51, 52, 53, 153, 211
『古今圖書集成』 50, 87, 97, 145, 146
高斌 133, 134

고순현 87
膏壅 43
高昌國 66
穀賤傷農 130
곤산현 78, 91, 92, 94, 98, 108
官布 185, 186
광동성 40
『廣蠶桑說輯補』 178
『廣州記』 65
구용현 72, 87, 175
區田法 52, 55, 56
扣布 185, 186
『群芳譜』 70
귀안현 85, 102
靳輔 130
금궤현 89, 106
금단현 88
금산현 95

【ㄴ】

『南潯志』 57, 63
南匯縣 95, 117, 182
낫 41
『農具記』 34, 35
『農事幼聞』 34, 56, 57, 62
『農桑器械』 34
『農桑輯要』 65, 67, 68

280

『農桑通訣』 50
農書 20
『農書』 34, 42, 55, 65, 67
『農政全書』 65, 68, 69
『農圃便覽』 68
耒耜 45
『耒耜經』 34
누현 95

【ㄷ】

『多稼集』 34, 52, 53, 110, 208
단경사 189
單季稻 113
단도현 74, 88, 106, 146
단양현 74, 88, 108
『代耕架圖說』 34
大稻 106
대맥 144, 146, 149, 151, 152
貸米 59
大餠 43
大小布 177
代田法 52
大軿車 60
덕청현 85
도롱이 41
陶澍 48
豆餠 43, 44, 63, 145

【ㅁ】

馬彦 34
馬一龍 28
馬祜 157
晚稻 50, 55, 103
忙工 195, 196, 204

孟祺 65, 67
면 22, 23
면포 186, 187, 196
면포가 188
『木棉譜』 34, 51, 64, 65, 66, 67, 70, 152, 186, 212
무강현 85
무석미 108
무석현 89, 106
무진현 89

【ㅂ】

半工 195
裵淵 65
氾勝之 52
『補農書』 204
보산현 80, 98
福山塘 158
봉현현 95, 182
富農 54, 145
『豳風廣義』 68

【ㅅ】

沙綠布 177
山桑 178
撒秧穀 58
『三才圖會』 34
揷秧 59
상 22, 23
上繭 189
上農 54, 62, 145
上囤 61
상숙현 78, 91, 94, 143, 146, 158
상원현 87, 113

常州府　16, 32, 36, 74, 75, 81, 87, 89,
　　　　90, 95, 98, 106~108, 117, 140~142,
　　　　147, 151, 156, 157, 159~161, 176,
　　　　181, 182, 204, 206, 213
『상주부지』 146, 176
上車　40
上海縣　95, 97, 129, 147, 182
생산관계　17
생산기술　20, 21
徐光啓　65, 68
西嶋定生　180, 197, 198
鋤棉　69
秈　50
선경사　189
先貸制　197
선도　103
盛永俊太郎　86
성택진　183
小麥　144, 146, 151
소문현　91, 130, 158, 179, 184, 185
小氷期　210
巢絲　174
蘇州府　16, 17, 32, 33, 53, 64, 75, 76,
　　　　78, 81, 94, 103, 104, 107~110, 113,
　　　　117, 121, 129, 131, 134, 139~143,
　　　　146, 148, 151, 153, 157, 159, 161,
　　　　175, 178, 179, 181, 182, 189, 193,
　　　　199~201, 206, 211, 213
蘇州府　87
小布　185, 186, 187
紹興府　16, 64
松江府　16, 17, 32, 33, 39, 40, 64, 78,
　　　　79, 82, 87, 95, 97, 105, 107, 117,
　　　　118, 120, 121, 129, 140~143, 146,
　　　　147, 149~151, 153, 157, 172, 180~
　　　　182, 184, 189, 193, 194, 196, 199,
　　　　206, 211, 213
『송강부속지』 182
『송강부지』 45, 181
『授時通考』 48, 50, 89, 97, 98, 105, 106,
　　　　107, 108, 112, 115, 145, 146, 147
水田　105
수차　37, 38, 39, 40
收春花　58
숭명현　98, 106, 147
스키너　16
市鎭　143
『신수강녕부지』 143
신양현　91, 108
沈練　177
沈秉成　178
쌍계도　113
써레　41

【ㅇ】

아편전쟁　20
牙行　187
안길현　85, 103
앙마　37
䭔餠　43
楊㠭　28, 68
良田　105, 108
양호현　89
御稻　48, 111~113, 116, 209, 210
燃絲　174
撚絲　189
『열세편』 185
廉州府　40
刈稻　60
오강현　91, 95, 146, 148, 178, 179, 200,
　　　　201, 206, 213

『오강현지』 178
吳金成 25
吳淞江 157
오정현 85, 102
吳學濂 178
吳縣 78, 91, 94, 98, 198
阮元 170
完租 61
王圻 34
王達 26
汪士信 145
王毓瑚 26
王禎 34, 35, 42, 55, 65, 67
王徵 34
姚東升 34
撩草揚田 59
龍尾車 37
牛耕 44, 45
圩田 156, 212
운당 41
耘田 59
운조 37
耘蕩 37, 41, 42
원화현 91, 94, 146
『원화현지』 179
緯絲 189
圍田 156
劉河 157
陸龜蒙 34
陸世儀 36, 37, 42, 55, 56
육합현 87, 145
율수현 72, 87
율양현 88
『율양현지』 178
陰陽化生論 28
의흥현 89

二期作 48, 110, 111, 209, 210
이맥 145, 147, 152, 153, 210
이모작 22, 48, 55, 110, 116, 144, 145, 210
李彦章 47, 48, 110, 152, 209
『이원총화』 138
이후 112, 113
『李煦奏摺』 112
人耕 45
林則徐 48, 110, 152, 209

【ㅈ】

자본주의맹아 173, 180
資本主義萌芽論爭 15
자연재해 22
『資治通鑑』 70
蠶桑농서 26, 28, 30
『蠶桑說』 177
『蠶桑輯要』 34, 201
長工 204
『張五典種法』 70
장주 91
장주현 78, 94, 146
張楷 133, 134, 135
장흥현 85, 102
재숙도 52
쟁기 41
저화 186
전영 138
田中正俊 174
절강성 33, 56, 82, 84, 98, 157, 183, 213
절구 41
정강현 75, 76, 89, 91, 95, 98, 108, 146, 147, 177
丁宜曾 68

井田法 53
除蟲 60
趙過 52
趙琪 160
早稻 47, 48, 49, 50, 51, 58, 103, 110
趙翼 65
足立啓二 47
種稻法 54
佐白有一 174
周經雲 57
中繭 189
『中國農業百科全書農業歷史卷』 26
『中國農學書錄』 26
『中國蠶桑書錄』 26
中機 185
中稻 50
中山美緖 135, 138
『知本提綱』 28
지주 51
鎭江府 16, 32, 33, 62, 64, 73, 75, 87, 88, 98, 106, 107, 108, 140, 141, 142, 143, 146, 151, 160, 177, 178, 181, 182
『진강부지』 143, 146
陳敷 28
진양현 98
震澤米 109
진택진 183
진택현 91, 179, 201
『震澤縣志』 60, 63
陳恒力 145

【ㅊ】

車水 60
採買 139

천사청 95
川勝守 145
鐵搭 41, 45
철탑 57, 62
청포현 95, 97, 182
春花 51, 55, 57, 63, 144, 145, 147, 148, 151, 152, 153, 210, 211
緇布 177
則松彰文 135
浸種 58

【ㅌ】

太倉州 17, 32, 50, 80, 82, 87, 98, 105, 107, 140~143, 147, 148, 151, 181, 193, 212
태평천국 181
太湖 82, 83, 182
吐魯番 66
통주 181

【ㅍ】

耙 41
퍼킨스 86
扁擔 41
『平望志』 138
『浦泖農咨』 34, 39, 41, 46, 51, 63, 152, 181, 194, 195, 211
標布 185, 187
風車 41

【ㅎ】

荷葉車 40
下壅 59

下車　40
何天培　134, 135
旱田　105
杭州府　16, 64, 85, 157
해금정책　131
해문청　181
奚盛　53, 110
『陔餘叢考』　65
海運論爭　161
許旦復　56
형계현　89
滸關産　43
호남성　139

湖桑　177, 178, 214
湖田　156
湖州府　16, 33, 56, 62~64, 82, 83, 85,
　　　87, 98, 101, 103, 104, 118, 157, 208,
　　　213, 214
胡之駿　157
洪亮吉　188, 204
홍성화　198
華德公　26
화정현　95, 182
闊布　177
黃道婆　66, 212
효풍현　85